GIFTS OF THE GODS

A HISTORY OF FOOD IN GREECE

希臘美食史

眾神的禮物

GREECE

安德魯·道比 ANDREW DALBY

瑞秋·道比 RACHEL DALBY

杜蘊慈 譯

[目錄]

符號標示說明，例：

〔1〕引用書目

1 阿拉伯數字為譯注

序幕

　　這個故事講述的是希臘的食物，以及人們如何享用這些食物。故事開始於史前時期。沒有人能夠說清楚，在那段漫長的時間裡，講希臘語的人一開始是何時來到這個地區的；事實證明，比較容易確定的是希臘人何時開始享用橄欖油、葡萄酒和上等魚類。古典希臘發展出了世上最古老的本地特產食品與葡萄酒傳統。羅馬統治時期的希臘，雖然在財富與人口方面是個微不足道的省分，但它的蜂蜜和山區香草植物在整個羅馬帝國都很出名。拜占庭希臘是帝國的中心地帶，為中世紀歐洲提供它傳奇的甜葡萄酒。土耳其統治下的希臘，再次成為落後地區，為君士坦丁堡及士麥那（Smyrna）[1]這兩座偉大的希臘城市提供食物，也是世界移民的來源。現代希臘是一個民族國家，擁有歐洲最多樣的風景；它的美食與葡萄酒，一如既往具有地方特色與個性，直接從土地與海洋中汲取其特質。希臘的餐飲與慶祝方式一直是獨一無二的；如果幸運的話，將會永遠延續下去。

　　在米諾斯和邁錫尼宮殿的時代之前，政治情況不明。這些宮殿無論是遭外力摧毀或者被自身重量壓垮，都早已頹圮，從那時起，此地的政治地理一直在變化。古典希臘是一個令人欽佩的、不安定的世界，由獨立的「城邦」組成，其中一些只不過和村落一樣大，這些城邦經常彼此交戰，總是受到以強凌弱的大城邦與帝國的威脅。這些大城邦與帝國當中，波斯是第一個，然後是馬其頓，接著是亞歷山大大帝之後希臘化時期的君主，然後是當中最大的羅馬。希臘在羅馬統治下保持平靜，並向羅馬傳授文明與烹飪，但說不上繁榮。

---

1 位於安納托利亞半島西部愛琴海岸，今土耳其的伊茲密爾（İzmir）。

扎金索斯島的卡必村（Kambi，Zakynthos），酒館的希臘食物與葡萄酒。

之後羅馬帝國衰頹，成為拜占庭帝國，定都希臘城市君士坦丁堡，於是希臘成了自用的莊園農場，但仍未達到該有的興盛。帝國對希臘並沒有好處，但帝國終將衰落。拜占庭之後的鄂圖曼帝國——統治中心依然在君士坦丁堡——並不是最好的帝國，而它也垮台了。一八三二年起獨立的現代希臘，至今自有其起落，它的領土不斷擴大，直到一九四七年義大利放棄多德卡尼斯群島（Dodecanese）[2]，由希臘收回。如今，希臘可能再次感覺自己是殖民地，受到觀光客支配，積欠北方歐洲國家的債，它的大多數遊客也來自歐洲北部；但是目前它所屬的這個不成形的新帝國[3]，肯定也會像其他帝國一樣衰落。

如前所述，本書的故事始於希臘的地景，以及從史前到我們的時代所發現的動物與植物飲食（第一章）。接著追溯有記載的飲食、烹調與美食文化的歷史，包括古典時代（第二章）、羅馬與早期拜占庭（第三章）、中世紀與鄂圖曼（第四章）。然後我們著眼於希臘境外的希臘人其飲食傳統（第五章），再回來探索希臘各地區與島嶼的當地飲食（第六章），最後我們綜觀整個國家的現代飲食傳統（第七章）。在簡短的尾聲中，將希臘飲食明確地放在更廣泛的背景下，那就是歡宴。這樣的結構表現了希臘對飲食世界的獨特貢獻。希臘非凡的地景與微氣候，使得本地產品與美食文化蓬勃發展，比起世界其他地方，希臘產生這些觀念的時間要早得多。希臘是旅行與貿易中心，需要對外部世界特別開放，這種開放性使得希臘熱情好客的特質活躍至今。在我們這次共同探索中，歷史相關內容大部分由安德魯完成，食譜及許多照片出自瑞秋。我們對希臘地名的拼寫是否應該一致？事實並非一直如此；瑞秋從現在的帕羅斯島（Paros）[4]開始，而安德魯從二千七百年前的《奧德賽》開始。

---

2 位於愛琴海東南部，接近安納托利亞西南海岸，意譯為十二群島。
3 指歐盟。
4 位於愛琴海中部，屬於基克拉澤斯群島。

MACEDONIA

Sitagri • • Drama
Kilkis • Strymon Dikili Tash ♣
Kastanas • Kryoneri ♣
Florina • Pella ♣
Koritsa • Prespes • Naoussa
Kastoria • Veroia • Thessaloniki • Lake Volvi
CHALKIDIKI
Kozani •
Siatista • Aliakmon
Grevena • Mount Athos ▲
Mount Olympos ▲ Mende ♣
Saranda •
EPIRUS
Marmariani •
Ioannina • Meteora • Tyrnavos • MAGNESIA Aegean Sea
Syrrako • Trikkala • Larisa •
Pindos Mountains ▲ THESSALY Mount Pelion ▲
Corfu (Kerkyra) Ambrakia (Arta) • Farsala (Pharsalos) • Volos • Pagasai ♣
Paxos Nikopolis ♣
Preveza • EURYTANIA
AKARNANIA
Stratos ♣ former Lake Kopais Euboia
AITOLIA Amphissa • Arachova •
Mesolongi • Naupaktos • Delphi ♣ Livadia • Chalkis
Kephallenia Ithake Kalydon ♣ Patras • Thebes • BOIOTIA
Kalavryta • Eleusis • ATTIKE
Mount Erymanthos ▲ ACHAIA Megara • ATHENS
Zakynthos Stymphalos ♣ Cornith • Nemea • Piraeus • Mt. Hymettos ▲
Mycenae ♣ Phaleron
Mantineia ♣ Tiryns • Aigina
Andritsena • Argos • Nafplio
ARKADIA Kythnos
Phigalia ♣ Megalopoli • Franchthi cave •
TSAKONIA Porto Cheli • Hydra
MESSENIA Mistra ♣ Sparta •
Kalamata • LAKONIA
Pylos • Mount Taygetos ♣
Methoni (Modon) • Koroni •
Monemvasia •
Mani peninsula
Porto delle Quaglie •
Kythera
Kydonia (Chania) •
N
Crete Kissamos •

0 50
km

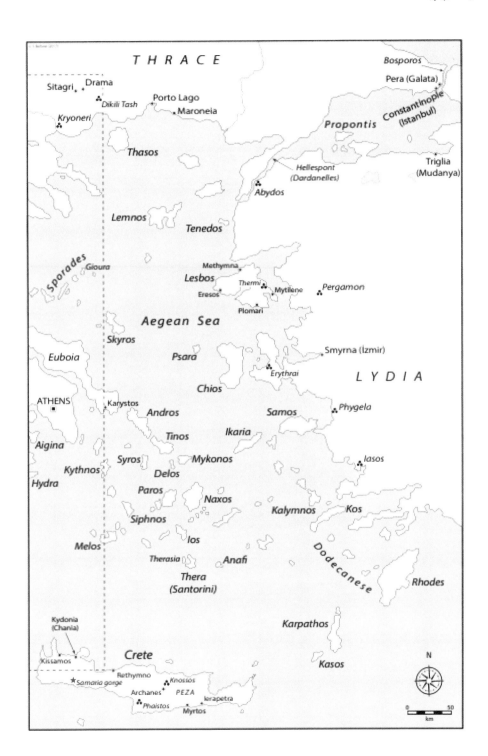

第一章
根源

　　在這片土地上，陡峭的山脈、低矮的平原、島嶼與海洋犬牙交錯。山上樹木繁茂，有著生長緩慢的橡樹、圓柄黃連木（terebinth, *Pistacia terebinthus*）、椴樹。山麓與平原比較無水乾燥，主要也是由這三種樹木的開闊林地組成，往南有一些杜松。這裡有野梨、野李子、杏仁、山楂、大果山茱萸（cornel）、矮接骨木（danewort）、玫瑰、懸鉤子（bramble），但梨樹與李子樹和山楂樹一樣多刺，果實也不像聽起來那麼甜。開闊的山坡上散布著百里香、鼠尾草、冬香薄荷（mountain savory），氣味芬芳。憑著技巧與嗅覺，還可以找到其他香料植物，比如茴香、大茴香（anise），也許還有芫荽。這裡有莢果類：野豌豆（vetch）、扁豆、羽扇豆（lupin）、山黧豆（grass pea，又稱香豌豆），但是沒有我們現在熟悉的豆類，而且以上這些也不是每一種都能隨意食用。低地長了草。燕麥值得人們關注，蒲公英和胡蘿蔔等綠色植物與根莖也很有價值，但是與莢果類一樣，需要仔細挑選。季節性的嫩芽、野生蘆筍等都是非常好的食物。野外有野驢、紅鹿、獐子、野兔、狐狸、野豬，有松鼠與各種小動物、鴿子與許多其他鳥類。北部山區有羱羊（Capra ibex）與歐洲山羚（chamois），隨著季節在高地與山谷之間遷移。除了鴨子，濕地中最多汁的居民則是蠕蟲、蛞蝓及蝸牛。淺水區有介殼類、蝦類與許多品種的小魚，河裡有一些較大的魚，還有更多魚類在離岸不遠的海中盤旋，令人垂涎。

　　首先，一片多山的大陸半島，從一個更大的、幾乎同樣多山的北方大陸，向南方與太陽的方向延伸。高脊向西；向東則下降為一連串低窪平原，彼此之間由較窄的山脈分隔。大陸以東是一片中等深度、有時風波猛

烈的寬闊海面。海的中央有一座單獨的、較大且相對低平的島嶼，稱為基克拉迪亞（Cycladia）[1]，此外還有許多小島；在它的南面有一座狹長多山的島嶼，將它與更大的海洋區隔開來，這座島就是克里特島。因此這片海並不完全是內陸海。有時它與北方完全隔絕；在其他時期，一條狹窄的海峽從東北方貫通，連接到更遠、偏北，非常深而且有冰雪的海。在這條時斷時續的海峽兩邊，北部與東部海岸上是較寬廣的、類似歐亞草原的平原，有一連串大河流過。

北面的山裡有猛獸，包括獅子與熊，不過並不多。克里特島的侏儒河馬、侏儒象和本地的鹿沒有堅持這麼久，已經滅絕了。無論如何，以其在可食物品中所占的比例來說，這類稀有動物都沒有什麼食用價值。

人類數量很少，但有不少適宜居住的洞穴。從發現的頭骨和骨骸可以明顯看出，其中一些洞穴在遙遠的過去已經有人類（尼安德塔人及其近親）居住過。

以上是公元前一萬五千年，舊石器時代末期的希臘。幾乎是內陸海的那片海是愛琴海，而大島基克拉迪亞，據我們所知可能在人們的記憶中存在了很久，成為希臘神話中的亞特蘭提斯。[1] 當時是北半球的冰原最遼闊的時候，天氣也最冷，海平面比今天低了至少一百米。一萬七千年前的希臘是一個美麗的地方，哪怕它勇於冒險的稀少居民並不這麼認為。我們崇拜體型優美的人，或者值得獵殺的動物，至於開始欣賞風景則晚得多。從我們在現代希臘海岸線上堆積的塑膠與水泥來看，到目前這種欣賞之情還沒有充分發展。

石器時代

一萬七千年前的希臘人，從事採集與狩獵為生。他們必須住在靠近食物來源的地方。在高山上，他們觀察羱羊與歐洲山羚的季節性遷徙。他們

---

1 這個區域現在是愛琴海南部的基克拉澤斯群島，位於愛琴海中部，希臘大陸東南方。

在位置險要的地點，利用岩石形成的蔽身之處——懸崖峭壁，而非舒適的洞穴，在這些地點，他們可以捕食遷徙的羊群。在低地，雖然幾乎所有食物都是季節性的，但至少全年都可以找到一些。洞穴是居住的好地方，提供了躲避寒冷與風暴的庇護所。

那些低地平原現在大部分在水下，它們的痕跡已無法接觸，或者已經被沖走了。這就是為什麼位於克利港（Porto Cheli）[2]的弗冉克希洞穴（Franchthi）如此重要。它位於低地平原的邊緣，但從未被淹沒。新的人群一次又一次發現了它，並決定在洞穴內定居。此處人類聚落的歷史比希臘其他地方都要長，從這段歷史的大部分時間裡，我們可知弗冉克希洞穴居民的食物選擇。從北方伊庇魯斯（Epiros）春秋季的蔽身處克利提岩穴（Klithi），到可能全年有人居住的弗冉克希洞穴，我們可以觀察到今天希臘烹調最遙遠的起源。

在公元前一萬二千年左右的弗冉克希，紅鹿與野驢是偶爾才有的美食，日常飲食是野扁豆、野豌豆、杏仁、橡子、野梨、圓柄黃連木的果實（比阿月渾子〔開心果〕小，但同樣有營養），常見的搭配美味是介殼類與近海魚類。一千年後，弗冉克希周圍的人開始更具冒險精神：取用天然火山玻璃黑曜石的鋒利碎片，當作切割瘦肉的刀具——這是希臘最早的廚具——這種黑曜石來自愛琴海中的米洛斯島（Melos），即使在海水最低的時期，此處也一直是島嶼。只有在米洛斯周圍划行獨木舟並注意到兩塊閃亮岩壁上不尋常的顏色，才能發現黑曜石，而且只有兩座島嶼之間耗時數天的航行，再加上一段很長的步行，才能把黑曜石從米洛斯帶到弗冉克希。

如果當時希臘的人類如此長途跋涉，他們一定也會嘗試捕撈深水魚吧？當然，有證據顯示他們的確這麼做，不過不是在弗冉克希，而是在更遠的北方，位於現在斯波拉澤斯群島的小島伊烏拉上的獨眼巨人洞穴，當時這是比較大的島嶼，而洞穴的位置已經非常靠近大海了。到了公元前九千年，居住在這裡的人們開始製作骨製魚鉤。當時和現在一樣，愛琴海

---

2 位於希臘東南愛琴海岸，阿爾戈利斯海灣的基拉達灣（Kiladha Bay）。

鯖魚（Mackerel）

　　一萬一千年前，鯖魚是用骨製魚鉤釣到的美味之一，當時人們住在斯波拉澤斯群島（Sporades）[3]的小島伊烏拉（Gioura）上的獨眼巨人洞穴（Cave of the Cyclops）。

　　這裡記述的日曬鯖魚乾（parianigouna）是帕羅斯島的特產，但是希俄斯島（Chios）[4]也有類似菜餚。曬乾是古老的食物保存技術，在這樣一個乾燥且陽光普照的國家是很有效的（當然不是所有讀者都有條件這麼做）。以下這個方法是馬諾里斯（Manolis）給我們的，他是帕羅斯島瑙烏薩村（Naoussa）附近的科林比菲列斯餐廳（Kolymbithres）燒烤大廚。

　　這道菜的分量，兩個人大約需要一條新鮮的中號鯖魚。將魚洗淨，去掉內臟及魚頭，然後把魚單邊剖開攤平，像一本打開的書，而另一邊不要剖開。去除魚骨，將內部清理乾淨。放在一只淺盤中，撒上白葡萄酒、鹽、胡椒粉、大量牛至（oregano）。要將魚弄濕，但不要浸泡在酒裡。牛至要足夠覆蓋表面，聽起來似乎很多，但這道菜的味道必須濃郁。

　　把魚放在架子上，比如烤餅乾用的冷卻鐵架上，然後放在夏天的烈日下，用細紗布覆蓋以防蒼蠅，放置二到三小時。翻

以多種魚類聞名。這些魚鉤釣到的是鯛、鯖、石斑魚（grouper），還有一些無鬚鱈（hake）、鰡、大鱗鮋（rascasse）[5]、海鰻（moray），最後這種是危險的對手，正如英國作家勞倫斯‧杜瑞爾（Lawrence Durrell）於一九三七年在科孚島海岸（Corfu）[6]遇上的那樣，在「Zmyrna！」[7]的呼喊聲中，一條海鰻被刺穿，但「三個人合力才把它拖到岩石上，兩根魚叉刺

---

3 位於希臘東部，愛琴海北部海域。伊烏拉是無人小島，獨眼巨人又譯為庫克洛普斯。
4 位於愛琴海東部，距離土耳其僅十七公里，據說是荷馬的故鄉。
5 *Scorpaena scrofa*，常用名 red scorpionfish、large-scaled scorpion fish。
6 希臘語名稱 Κέρκυρα，克爾基拉島。位於希臘西北海域，愛奧尼亞海。
7 此種海鰻的現代希臘語名稱。

面後再放置幾個小時。時間長短視口味而定，日曬時間愈長，魚肉就愈乾燥堅硬。有些人會讓它乾燥數天之久。

吃的時候，只需在炭火上（或烤盤上）直接烤，再擠上適量檸檬汁就可以了。一盤夏天的番茄，或者用油和檸檬調味的包心菜絲與胡蘿蔔絲沙拉，都是很好的配菜。

雅典中央市場上出售的金頭鯛（gilthead bream），希臘語 tsipoura，以及紅鯔（red mullet）[8]，希臘語 barbouni。

穿牠的腦部，牠在旱地上野蠻掙扎了一刻鐘……我能聽見牠乾巴巴的上下顎猛然咬合……牠具有撒旦的兇猛與決心」。當天晚上，杜瑞爾一家的晚餐是海鰻搭配紅醬。[2]

以下繼續獨眼巨人洞穴的故事。住在那裡的人也嘗試飼養並繁殖豬。

---

8 *Mullus barbatus*，英文常用名又稱 goatfish，中譯名羊魚。

與此同時，弗冉克希洞穴的居民吃的是各種獸類與鳥類，並享用突然出現的大量蝸牛，一旁還有野燕麥與野大麥。然後出現了新群體，他們的生活著重在捕捉鮪魚，這一點從他們丟棄的鮪魚骨架就看得出來。鮪魚和海鰻一樣不易捕捉，都是兇猛的大魚，遠離海岸，成群游弋。如今，鮪魚每年兩次經過希臘水域，從黑海遷徙到大西洋，然後返回。牠們顯然是在公元前八千年後不久開始這種習性，連接黑海與愛琴海的博斯普魯斯海峽及達達尼爾海峽很可能是在這個時候首次出現，希臘人也從此時開始愛上鮪魚，包括鮮魚、醃魚、鹹魚、魚乾。在遙遠的未來，希臘人在遷徙路線上建立了一連串殖民地，拜占庭（君士坦丁堡、伊斯坦堡）將是這些殖民地中最偉大的城市。

然後變化來了，此一巨大的變化稱為「新石器時代革命」。它從東向西傳播，在公元前七千年後不久抵達希臘。有了新的植物與動物性食物，但不是採集獵殺得來，而是種植飼養。人們的生活方式開始不一樣了，也許更加單一，但由於農業帶來的可靠收成，很快就有了更多聚落。人口開始增長，人們種植大麥與二粒麥（emmer wheat）、扁豆、豌豆，不久之後還有蠶豆與鷹嘴豆，並飼養豬、綿羊、山羊與牛，希臘的地景也隨之發生變化。從那時起，這些新品種一直是希臘飲食的核心。

在此之前，這些新做法中有些已經在部分地區嘗試過了，但這些馴化的品種是從安納托利亞或近東引進，對希臘來說是新的。本地品種、野扁豆與豌豆、野生大麥與野豬愈來愈邊緣化，北部山區的羱羊和歐洲山羚也是如此。

這種變化可能是遷徙民族帶來的。在克里特島就是如此，因為在這之前，克里特島沒有已知的居民。然後，在公元前六千九百五十年左右，在今天的克諾索斯遺址（Knossos）出現了第一個聚落。這些移民種植大麥、二粒麥，以及一種近似硬粒麥（durum wheat）的作物。他們飼養綿羊、山羊、豬、牛，他們一定是帶著大麥與這兩種小麥及四種動物，經過海上，到了克里特島。

一趟古老而大膽的開拓行動選中了克諾索斯，就這樣，克諾索斯成為

近東以外最早實行村落農作的地區之一。克里特島的山脈從很遠就可以望見，最初的旅程需要在海上航行數天。克諾索斯持續存在並成長，它位於克里特島最大的耕地之一的北緣，土地可採用犁耕且肥沃，遺址下方就有一條溪流，附近有常年泉水。開拓者胸有成竹，但現在已經沒有人知道他們來自哪裡，也沒有人知道他們為什麼選擇克里特島。

克里特島還可以告訴我們該地區開始製作乳酪的年代與方法。在公元前四千年之後的幾年裡，島上聚落大量增加，值得注意的是它們的位置。克里特島基本上並不適宜農作，這些新聚落只能當作夏季高原放牧（牛、綿羊、山羊）的基地，此外幾乎毫無用處，這些地點顯然沒有大量食用肉類的人口。因此，新的牛羊供應的必定是羊毛、皮革與奶，而其位置距離潛在使用者相當遠，因此奶類只有做成奶酪才有用。克里特島上還有製作乳酪的其他證據，不過屬於較晚的時期：乳酪篩子（也可能是其他東西，但沒有人能提出其他解釋）；男人領著山羊、拿著攪乳桶的圖像。如果乳酪製作得好，就很容易儲存。在這片從前幾乎不出產食物，甚至根本沒有食物的廣大土地上，乳酪幾乎是憑著一己之力，使得島上人口穩定增長。就愛琴海而言，克里特島很可能是乳酪的「發明者」，而這個作法向外傳播開來。從考古發現的乳酪篩子可以看出，公元前三千年的色薩利地區（Thessaly），以及公元前二千年的米洛斯島和基克拉澤斯群島（Cyclades）中的幾個島，都已經開始製作乳酪。但克里特島從未停止大規模生產上等乳酪。

還有更多來自克里特島的事物。孢粉學家研究考古沉積層中發現的花粉，指出即使在公元前五千年之前，克里特島新石器時代的早期，雖然本地的橡樹與松樹依然是主要的林木，但第三個物種—橄欖樹，卻更明顯地欣欣向榮。當時還是野生橄欖，不是真正的栽培品種，但是克里特島的居民一定一直在促進它生長。[3] 當然，於公元前三千年或之後不久，在克里特島東南海岸的米爾托斯（Myrtos）的大農場或者小宮殿，人們的物資不僅包括大麥與硬粒小麥、山羊、綿羊、豬、牛、葡萄酒（稍後我們會再談到葡萄酒），還有大量橄欖。米爾托斯遺址沒有橄欖磨坊或榨油機，但是

並非所有鮪魚都那麼大而兇猛。

有槽，可能用來從橄欖果肉中提取油，並且有儲存罐：「我們把二十二號房間儲存罐中的焦土樣本浸入水中，進行穀物浮選化驗，得到的混合物明顯呈現出油脂狀的薄膜。這些罐子裡很可能原本有油。」[4] 甚至還有燒焦的橄欖木，米爾托斯最受歡迎的燃料是修剪下的橄欖樹枝條，這些枝條只能來自定期養護的成熟橄欖樹。米爾托斯預示著全面發展的米諾斯文明，以及克諾索斯與斐斯托斯（Phaistos）的宏偉宮殿，其倉庫與地窖裡裝滿了穀物、橄欖油與葡萄酒。

　　沿著愛琴海的北岸，在現代的色雷斯與馬其頓，則是不同的情況。從新石器時代革命開始，聚落穩定增加，這裡的食物問題吸引了塞薩洛尼基大學（Thessaloniki University）的塔尼亞・瓦拉莫蒂（Tania Valamoti）。她從幾處北部遺址梳理出證據。當地主食的選擇與克里特島不同，穀物有二粒麥、大麥、一粒麥（einkorn），最受喜愛的是最簡單的小麥品種一粒麥，這種小麥在克里特島上從未種植過。萊果類包括現在依然很常見的扁豆，

早期米諾斯骨灰箱上的狩獵場景。

搭配山鬣豆與苦野豌豆（bitter vetch）[9]；後面這兩種在浸泡之前是有毒的。油從一開始就很重要，但在希臘北部，橄欖還不為人知，當地油料植物是亞麻，偶爾是亞麻薺（gold-of-pleasure，學名 Camelina sativa）。亞麻提供纖維、可咀嚼的種子，以及亞麻籽油，但這種油與橄欖油非常不同，無法儲存，因為很快就會酸敗。人們採集黑莓、野梨、橡實、圓柄黃連木的果實、葡萄、無花果。

在兩處新石器時代遺址，不僅發現了無花果種子，還有完整的無花果乾，其中一處是迪基利塔什遺址（Dikili Tash），靠近古典時代的腓立比（Philippi）。野生無花果在耕地附近很常見，似乎是本地物種。事實上，野生無花果和栽培無花果一樣，都是有意種植的。無花果栽植者需要隨手可得的野生無花果，正如十八世紀關於希俄斯島的記述中所解釋的：

他們大約在五月或六月收集一些野生無花果，並將其固定在栽培無花

---

9 Vicia ervilia，常用名又稱 ervil。

果樹的樹枝上，在這些無花果中繁殖的小飛蠅就可以在栽培無花果上安家，並在裡面產卵，以這種方式，這些無花果就能比原本更成熟。[5]

　　以上這一段差不多完全正確。在野生果實中繁殖的無花果黃蜂是唯一能夠為無花果授粉的昆蟲，而且大多數栽培品種除非經過授粉，否則果實不會成熟。首先在美國加州種植無花果的人損失了多年產出，就是因為他們忽視了這種古老的智慧，而在新石器時代革命後不久將無花果從西亞引入希臘的人們，一定非常了解這項訣竅。

　　新鮮無花果是奢侈品，但是只要夏末天氣炎熱乾燥、足以在陽光下曬乾無花果，那麼曬乾依然是迄今最好的利用方式：無論是整顆食用或者用於烹飪，無花果乾是豐富的糖分來源，而且儲存效果極好（在迪基利塔什發現的完整無花果乾就是明證）。它幫助消化的功能也無與倫比，在錫拉島（Thera，即聖托里尼島〔Santorini〕）的青銅時代阿克羅蒂里遺址（Akrotiri），一處廁所下方的排水溝中，發現了無花果籽和葡萄籽，這也就無足為奇了。

　　在迪基利塔什遺址，還有希臘北部新石器時代一項更令人振奮的發現：壓榨過的葡萄，壓縮的種子和果皮，年代在公元前四千年左右。這些葡萄是野生的，至少其果籽的大小形狀與野生葡萄籽沒有區別，但果汁一定夠甜，才值得壓榨，而且一經壓榨，葡萄皮上始終存在的野生酵母就一定會使其發酵；因此壓榨葡萄的目的一定是釀酒。

　　葡萄酒的發源地不是希臘，也根本不是歐洲。而是高加索南部的山區：今喬治亞共和國的舒拉維利遺址（Shulaveri）[10]，發現內有葡萄酒殘渣的儲存罈，年代約為公元前六千年；在亞美尼亞的阿雷尼（Areni）一個洞穴中發現了明確無誤的釀酒作坊，有壓榨機的遺跡和儲存罈，年代約為公元前四千年，與迪基利塔什遺址同一時期。但野生葡萄也是希臘的原生植物，並沒有跡象顯示栽培葡萄品種是從高加索地區傳到希臘。在迪基利塔

---

10 位於喬治亞共和國東南，一九二五年後此地改名為修米亞尼（Shaumiani）。

什發現的葡萄，以及附近西塔格里遺址（Sitagri）的一串葡萄籽，年代大約在公元前四千五百年至二千五百年，正是當地野生葡萄轉為栽培品種的階段。葡萄果實逐漸增大，這是因為人們選擇並繁育能夠產出更大果實的葡萄樹，否則不會發生這種情況；古希臘哲學家德謨克里特（Demokritos）[11]也就不會說葡萄的品種是「不可計數且無限」，而那是在公元前四世紀。正是這個時期，克里米亞的希臘殖民地克森尼索陶里卡（Chersonesus Taurica）的葡萄園發展起來，無疑地，這些克里米亞葡萄樹不是從希臘帶來的，而是從當地的野生葡萄馴化而來。無論原生葡萄樹原產在哪裡，在人類的幫助下，它從野生種群逐漸衍生出許多品種，並透過扦插進行繁育。在此一漫長過程中，我們不可能確定野生品種變成馴化品種的時間。釀酒技術主要在各地個別發展並傳承。自然發酵所得的成品是令人愉快陶醉的飲料，但這只是故事的開始。發酵過程的熟練操作，以及葡萄酒的精心儲存，對葡萄酒的最終品質有很大的影響，而這些主要取決於當地條件。因此，雖然迪基利塔什距離釀酒的起源還有很長一段時間，但它依然屬於非常早期的章節，在這個故事中給希臘北部帶來意想不到的重要地位。

　　就這樣，橄欖與葡萄樹首次出現在當地舞台上，比其他作物都更能賦予希臘景觀獨特的個性。這兩種作物很快傳播開來。比如雷斯博斯島（Lesbos）[12]的塞爾墨遺址（Thermi），在公元前二千七百年至前二千三百五十年期間，使用橄欖木，而葡萄藤木甚至更早，是從公元前二千九百年至前二千七百年；這些葡萄樹（和迪基利塔什的情形一樣）「可能是一種本土類型，人類很早就開始栽培」。[6]

---

11 前四六〇――前三七〇或前三五六，出生在色雷斯。
12 位於愛琴海東北部，靠近安納托利亞，為前七－前六世紀詩人莎孚的故鄉。

青銅時代

　　這個故事中的第二次革命和第一次革命的時間一樣長，在這個時期，史前希臘晚期的基克拉澤斯文明（Cycladic）、米諾斯文明、邁錫尼文明崩潰了。藝術史學家關注的是它們的極盛，而不是它們的衰敗，但實際上並沒有什麼不同。我們能夠知道這些文化、知道它們的飲食與藝術，正是因為它們衰落了。

　　這些文明衰落了三次。第一次是公元前十七世紀末，可能是一六二九年或一六二七年，錫拉島的火山大爆發。火山灰至少掩埋了兩座城鎮，並引發海嘯，摧毀了附近的島嶼及克里特島北岸。第二次大約在公元前一四五〇年左右，希臘大陸的邁錫尼人征服了克里特島的米諾斯文明。第三次是邁錫尼文明本身被某種或某些不明原因連根拔起；邁錫尼宮殿在公元前一二〇〇年左右遭大火燒毀，之後沒有重建。這三次災難每一次都破壞了整個城鎮，包括它們的藝術、用具、商店與紀錄，而這種破壞為現代考古學家留下了豐富的遺跡。

　　如果藝術透露的事物是真實的，那麼從米諾斯人的藝術看來，他們是和平的民族，有跳牛的雜耍演員和袒胸的女祭司。他們的語言以線性文字A（Linear A）寫在泥板上，還沒有破譯。最明顯的假設，也可能是最真實的假設，就是他們的文明是新石器時代文化的直接延續，也是最後的花朵，這種文化是在公元前六九五〇年左右被帶到克里特島。征服他們的是好戰的邁錫尼人，邁錫尼人說希臘語，用長矛作戰，他們複製了米諾斯人使用泥板的做法，並以線性文字B（Linear B）寫下紀錄。關於他們最直接的假設是，他們是希臘南部與中部新石器時代民族的直系後裔，不過目前只有少數考古學家接受此一假設。

　　米諾斯人是這個故事的中心。在自然災害與暴力征服之中，他們根深蒂固的文化繼續蓬勃發展，對愛琴海諸島人民的影響非常深遠，最終被邁錫尼征服者廣泛採用。邁錫尼人也很重要，因為他們不同於到目前為止提到的其他民族：他們寫下的語言是我們可以閱讀的（在一定程度上）。米諾

納克索斯島（Naxos）上卡爾奇村（Chalki）的阿吉奧斯格奧爾吉奧斯（Agios Georgio, 聖喬治）教堂旁邊，橄欖園中的一棵橄欖樹，已有數百年歷史，依然很茂盛。

斯藝術與邁錫尼文字為我們了解青銅時代的食物來源增添了視角，這些視角是更早的時代沒有的。此外，還有《伊利亞德》與《奧德賽》[13]，是在邁錫尼滅亡幾個世紀後創作並寫下來的，依賴的是口述傳統，保留了那個早期世界的許多細節。但是我們不能以這兩部作品為起點，因為我們無法判斷哪些細節是真正的邁錫尼文化。當代發現的證據是必要的，這就是為什麼考古學始終占據著首要地位。

　　法國地質學家費迪南・福凱（Ferdinand Fouqué）在一八六〇年代調查聖托里尼火山時，發現了被火山灰掩埋的兩座古鎮遺跡，一處在錫拉島的阿克羅蒂里，另一處在小島瑟拉希亞（Therasia）。他猜測毀滅這兩座古鎮的火山爆發是在公元前二千年。考古學在當時仍處於起步階段，但是他在

---

13 約在公元前九世紀後半至前八世紀前半之間，或公元前八世紀末至前七世紀初，以古希臘語愛奧尼亞書面方言記錄。

儲藏室中發現了近四千年前的食物，這對任何科學觀察者來說都是一份大禮。

　　福凱發現了大量儲藏的大麥、扁豆、鷹嘴豆，以及「島上仍在種植的一種豌豆，當地人稱為『arakas』」（我們會再回到這個話題）。他辨認出綿羊、馬、驢、狗、貓和山羊的骨頭，包括三具完整的動物骨骼，火山爆發時這三種動物正在畜棚裡。他觀察到大量碳化橄欖木和乳香黃連木（mastic wood，Pistacia lentiscus），由此推斷在火山爆發前，錫拉島的樹木覆蓋率比現在高。他注意到沒有小麥和牛，兩者顯然和現在一樣不適合錫拉島。更令人驚訝的是，沒有葡萄樹和葡萄。他發現了麵粉磨，以及一個原始的橄欖磨，他請工人示範如何使用這個橄欖磨。一名與他合作的當地人甚至在一口儲存罈裡發現某種「糊狀物質」，他們猜測這一定是乳酪，但他們兩人都沒有嚐過。[7]

　　基於福凱的觀察，最近克莉尼斯·瓊斯（Glynis Jones）與阿納雅·薩爾帕基（Anaya Sarpaki）在阿克羅蒂里遺址的新發現，證實了在聖托里尼火山爆發前，當地無疑已經至少栽種一種獨特的基克拉澤斯食物：山黧豆品種（Lathyrus clymenum），在地中海地區其他一些地方被視為野生植物，在錫拉島稱為 arakas，儲存在罈子裡，數量很大，不可能從野外採集。福凱與兩位接續的研究者對當地食物有足夠的了解，知道這種幾乎沒有人注意的物種依然生長在錫拉島及鄰近的阿納菲島（Anafi）和卡爾帕托斯島（Karthphos）。據推測，當地人從遺址時代至今一直栽種這種植物。這種史前遺存至今的植物，最有名的名稱是聖托里尼豆（fava Santorinis），如今已經成為時尚而昂貴的食品，在希臘各地的酒館裡供應給美食家。[8]

　　迄今為止，尚無跡象顯示當時聖托里尼釀造葡萄酒，而自古典時代[14]至今，當地釀酒的效果非常好。不過這個島群的火山十分活躍，地理環境已經改變了很多，因此我們無法確定；畢竟許多人類活動的痕跡可能已經完全破壞，而且正如福凱所發現，許多痕跡現在可能已經深深掩埋。我們

14 在地中海地區，從前八世紀至六世紀。

可以說，在米諾斯和邁錫尼世界的其他地方，葡萄酒和橄欖油同等重要。但是有多麼重要呢？每個人都想知道，因為在後來的希臘與地中海飲食中，葡萄酒和橄欖油是如此不可或缺。但目前沒有達成共識；科林·倫福儒（Colin Renfrew）在米洛斯島及西塔格里遺址等地從事考古發掘，他在《文明的崛起：公元前第三千紀的基克拉澤斯群島和愛琴海》（The Emergence of Civilisation: The Cyclades and the Aegean in the Third Millennium BC；1972）闡述了自己的理論，即愛琴海青銅時代的文化是在當地發展起來的，以穀物、葡萄酒、橄欖三種食物為基礎，而且後兩者在當時已開始人工栽種。有人說他錯了，認為愛琴海是在後來才開始種植葡萄和橄欖，但這種看法尚有商榷餘地。

在米諾斯早期的米爾托斯遺址以及青銅時代早期的雷斯博斯島，都發現了炭化的橄欖枝條與葡萄枝條，由此可見，這兩種植物在當時已經得到照顧與保護，因此數量豐富。在倫福儒出版《文明的崛起》的同一年，米爾托斯的發掘者彼得·沃倫（Peter Warren）稱：「在這個時期，栽種橄欖和栽種葡萄是新的事物，其潛力充分發揮，為生活帶來了全新的模式，並推動了進步。」[9]米爾托斯位於愛琴海世界的最南端，葡萄酒在那裡可能是新的，但現在我們知道，在遙遠北方的迪基利塔什，葡萄酒甚至更早就為人所熟知。

後來，關於酒與油──尤其是油──的庫存，記載在邁錫尼的線性文字 B 泥板上，通常數量非常大。目前已經挖掘出葡萄酒與油的大型儲藏室，尤其是在伯羅奔尼撒半島上皮洛斯（Pylos）的宮殿。與此有關的還有《奧德賽》，其中描述奧德修斯的宮殿──據說與皮洛斯王國[15]同時代，儲藏室裡有著「芬芳的橄欖油，還有……一罐罐陳年好酒，口味香甜，不摻水的神聖酒漿，靠著牆根，成排站立，等待著奧德修斯，有一天回到家鄉」。[16]

---

15 公元前一六〇〇－前一二〇〇。皮洛斯位於伯羅奔尼撒西南端。
16《奧德賽》譯文部分參考陳中梅譯本。

山鯦豆[17]，在希臘稱為 arakas 或聖托里尼豆，是地中海野生豆科植物，但在聖托里尼島、阿納菲島、卡爾帕托斯島栽種了至少三千五百年。

　　飲食史學家可能想修改倫福儒堅持的理論，主張愛琴海文明是在三種植物食品的基礎上發展起來的，因為幾乎在所有古代與現代社會中，人類生存所倚賴的食物都比這些廣泛得多。尤其是愛琴海的飲食，由於當地收成不穩定，所以必定是多樣的：農民不得不種植多種作物，以充分利用不同地形。大麥是比一切小麥品種都更安全的選擇，小麥是很好的食物，但每四年就可能有一年歉收。在歉收的年分，為了防止糧食短缺，最好有莢果類，這些植物可以在毀掉大麥的乾旱中存活下來。但其中有一些（包括人們喜愛的錫拉島山鯦豆），如果食用過多，會嚴重危害人體健康，這些

17 常用名 Spanish vetchling。

敘利亞，塞吉拉（Sergilla）[18]城內的橄欖油作坊，不久後此地被阿拉伯人征服。

希臘的住民最遲從公元前十七世紀就開始養蜂了，從那時到現在，一半以上的時間裡，伊米托斯山（Mount Hymettos）的百里香蜂蜜享有盛名。人們曾經使用陶土製的蜂箱。現在的蜂箱是木製的，如圖中這些蜂箱，放置在島上山坡梯田的橄欖樹林裡。

---

18 也拼寫為 Serjilla。約建於四七三年，位於敘利亞西北部，是一至七世紀阿勒坡與伊德利布（Idlib）貿易線上的城鎮之一，以葡萄及橄欖聞名。這些聚落在七世紀阿拉伯征服之後衰落廢棄。

豆類不能單獨作為主食。如果附近有森林就好了，栗子是一種有用的物資。在非常嚴重的荒年，我們可能必須讓豬挨餓，把豬平時吃的橡實拿來吃，或者磨成麵粉：

> 他從地上收集了一些橡實，去殼，吃掉。科斯馬斯驚訝地看著他，他說：「這些不是橡實，是栗子。至少到了晚上，我們沒有東西吃，也看不清楚的時候，這就是栗子。」[11]

由於這些原因，豬可能無法熬過歉收的年分。乾旱時，放牧的動物可能找不到食物而死亡，那麼人類的肉食也會隨之減少。一次毀掉所有食物來源的災難性荒年很少發生，但許多可能發生的情況使得人們需要替代性的穀物與莢果類、不同蔬菜與根莖作物，甚至除此之外，人們還需要知道在野外可以找到什麼。以上這些都是壞消息，但隨之而來的也有好消息。如果你有多樣化的飲食，如果你記住了野生的食物，那麼在豐年你也能擁有更美味、更多樣、更滋補的飲食；而且大多數的年分都是好的。

已經有許多證據顯示，在米諾斯與邁錫尼滅亡之前，這些舉辦盛宴以凝聚文明的人們，能夠品嘗到哪些變化多端的滋味。線性文字 B 的泥板上列出的香料與調味包括蜂蜜、芫荽、小茴香、芹菜、茴香、芝麻、薄荷、唇萼薄荷（pennyroyal）[19]、紅花（safflower）、「腓尼基香料」。[12]這份清單還可以加上蒔蘿、芥末、大茴香、罌粟籽、番紅花、黃連木乳香（mastic）[20]，雖然這些並沒有出現在泥板上；在青銅時代的考古遺址中曾發現罌粟、蒔蘿、芥末這三種植物的種子，在米諾斯的壁畫中有採集番紅花的場景；在聖托里尼的兩處遺址中，福凱辨認出大茴香種子以及炭化的乳香黃連木（lentisk wood）。以上某些香料值得更深入研究。

在福凱挖掘發現一個世紀之後，現代的考古學家在火山爆發前的阿克

---

19 *Mentha pulegium*。古希臘人通常將其加在葡萄酒中。
20 產於希俄斯島，也稱洋乳香，是漆樹科黃連木屬，希俄斯乳香黃連木（*Pistacia lentiscus var. chia*，mastic）的樹脂。《飲膳正要》稱為馬思答吉。並非橄欖科乳香屬產出的乳香（frankincense）。

羅蒂里遺址聚落開始發掘，他幾乎沒有碰過這個地方，但它現在因非凡的壁畫而聞名。這些新發現包括希臘最古老的蜂箱。野蜂蜜是許多掠食者都知道的資源，但只有人類說服了蜜蜂定居在人工蜂箱中，這樣就可以安全收取蜂蜜（或者偷竊蜂蜜，視你的觀點而定）。這項發明可能是從埃及傳入希臘，因為從壁畫及其他發現中可看出，阿克羅蒂里和埃及人有接觸。

芫荽是目前已知希臘人最早愛上的香料；在弗冉克希洞穴，發現了公元前七千年的芫荽果實。在青銅時代，西格塔里的芫荽數量很多，因此一定是人工栽種的。此後不久，在瑟拉希亞島及阿克羅蒂里（以及不久之後在圖坦卡門的墓中）也發現了大量芫荽。

在現代希臘飲食中，芫荽的用途很少，但在野外生長的茴香卻有很多用途：它的葉子用來製作油炸麵點，茴香本身與多油的魚類、章魚和淡菜一起烹調，也是橄欖與醃漬蔬菜圖爾希（toursia）[21]的調味料；它的種子撒在麵包上，並且出現在基克拉澤斯群島和愛琴海南部島嶼的臘腸中，在當地，野外生長的茴香是常見的景象。

芹菜同樣原產於愛琴海，不僅出現在泥板上的記載中，鐵器時代遺址也發現了種子。在色薩利地區的馬爾馬里安尼（Marmariani），青銅時代的遺址中發現了一袋白芥末種子。在青銅時代的卡斯塔納斯聚落（Kastanas）發現了古希臘文本中經常提到的蒔蘿，是當作種子使用。對福凱來說，很難把大茴香與茴香及蒔蘿區別開來，不過他對青銅時代瑟拉希亞島做的識別應該是正確的。[13] 大茴香原產於安納托利亞西部及愛琴海東部，現在希臘最好的烏佐茴香酒（ouzo）[22]依然使用，不太好的茴香酒可能還有中國的八角茴香。

為什麼邁錫尼人想要 sa-sa-ma，泥板上並沒有解釋。這種東西從東方引進（古伊拉克稱之為 šamaššammu），原產於印度洋沿岸，顯然就是我們所知的芝麻。這是極好的油源，但在希臘一直是一種香料，用於麵包、蛋

---

21 一般使用複數形 τουρσ / toursi。源自波斯語「酸的」。
22 烏佐酒是以大茴香籽加味的葡萄渣釀白蘭地，經過兩次蒸餾。

鹽膚木果最為人所知是製成一種深紅色粉末，撒在米飯上的時候，果味的芬芳散發得淋漓盡致。人們很難猜得到它的來源，這其實是一種鹽膚木 Rhus coriaria 的果實，曬乾之後壓碎，磨成粉。

納克索斯島上，醒目的野生番紅花生長在通往宙斯山洞（Zeus's Cave）[23]的小徑石縫間。橙紅色的雄蕊驕傲地伸展著，這是世界上最昂貴的香料。

---

23 神話中宙斯的出生地，位於島上的宙斯峰（Zas）。納克索斯島及克里特島都有宙斯出生地山洞的傳說。

愛琴海南邊不遠是錫拉島（聖托里尼），這幅少女摘採番紅花的壁畫是在阿克羅蒂里遺址發現的，該城毀於公元前十七世紀的火山爆發。

糕和糖果。在雷斯博斯島的塞爾墨遺址，以及卡斯塔納斯遺址，都發現了罌粟籽，罌粟的種子以及具有藥效的汁液都是有用的。芝麻、罌粟籽、亞麻，這三種多油且芳香的種子都用來裝飾麵包；斯巴達詩人阿爾克曼（Alkman）將這三種都寫進一首詩中，這首詩也正巧只留下了以下片段：

七張躺椅，七張長桌
擺滿了罌粟籽麵包、亞麻籽麵包、芝麻麵包
還有為少女們準備的，一籃又一籃蜂蜜亞麻籽糖果。[14]

　　現在有數個地中海和中東國家種植番紅花。目前在全世界都沒有番紅花野生種群，但番紅花似乎是從卡氏番紅花（*Crocus cartwrightianus*）[24]馴化而來，這個物種生長在希臘南部的崎嶇山坡上。如果是這樣的話，馴化

---

24 卡氏番紅花原生於希臘本土及克里特島。目前通稱為香料番紅花的植物學名為 *Crocus sativus*。

應該是在愛琴海地區發生，至於是多久以前，就不得而知了。不久前在阿克羅蒂里出土的一棟房屋，原本在公元前一六二九／一六二七年被一場火山爆發掩埋，該建築有一個引人注目的房間，裝飾壁畫完全以番紅花為主題，畫中少女們在巉岩層疊的風景中採集紅色雄蕊，貴婦們將花蕊放在提籃內，最後獻給女神。這幅壁畫清楚表現了番紅花在愛琴海宗教中的重要地位。雖然畫中番紅花的分布密集，似乎表示這是花園，而非隨機生長在野外，但並不能由此證明這種植物當時已經被馴化了。

　　現代希臘的芫荽，在某些方面已經被來自中亞的異國小茴香所取代。小茴香的希臘名稱（kyminon，線性文字 B 稱為 ku-mi-no）可能源自敘利亞某種閃語族的語言，在邁錫尼時代，敘利亞必定種植小茴香。「腓尼基香料」（邁錫尼泥板上如此稱呼）是另一種香料，可以確定是鹽膚木果（sumach）[25]，這是一種果味的健康香料，從最早的古典時代文學可以看出，希臘人對其一直很熟悉，但在考古環境中很難找到。「腓尼基的」有兩種含意，一是深紫紅色[26]，這是古典希臘語 phoinikeos 一詞的通常含意；二是這種香料只在敘利亞製作，由腓尼基船隻運到希臘。

　　這些史前希臘香料的最後一種，也是當地原生產品，弗冉克希洞穴的中石器時代居民採集的圓柄黃連木的果實，就有一點它的影子。另一個證據在新石器時代的克里特島，根據花粉樣本，大約在公元前五千年前後，圓柄黃連木與橄欖意外地繁茂，這可能是因為人類的助力。還有一個是在火山爆發前的聖托里尼，如果福凱辨認正確的話，那麼他找到的是炭化的乳香黃連木。該屬的所有物種，都具有可利用的果實與芳香樹脂，包括灌木圓柄黃連木（*Pistacia terebinthus*）、喬木翅軸黃連木（*P. atlantica*，terebinth）[27]、灌木乳香黃連木（*P. lentiscus*，即福凱辨認出的 lentisk），還

---

25 也拼寫為 sumac，鹽膚木屬（Rhus）的幾個品種結出的紅色果實曬乾磨粉，可供食物染劑或香料，味酸。

26 腓尼基人以骨螺（Bolinusbrandaris）腮下腺分泌物製造的深紫紅色染料，大約從公元前十七世紀開始是腓尼基人的重要商品。

27 翅軸黃連木（*P. atlantica*），常用名 Mt. Atlas mastic tree、Atlantic terebinth、亞特拉斯山黃連木，經常與圓柄黃連木（*Pistacia terebinthus*）混淆。作者稱翅軸黃連木常用名為 terebinth，事實上此為圓柄黃連木之常用名。希臘先民採集這兩種的果實食用。翅軸黃連木種子含油量高，類似同為黃連木屬的 *Pistacia vera* 種子，阿月渾子（開心果）。

有小型喬木、希俄斯乳香黃連木（*P. lentiscus var. chia*，mastic）。最後這一種，僅產於南方的希俄斯島，樹脂最豐富。這種樹脂稱為希俄斯乳香，在古典時代和今天都因其香氣和有益健康而受到珍視。對古希臘人來說，希俄斯乳香的獨特味道，與清新氣息及乾淨的牙齒密不可分，這就是為什麼雖然各種木材都可以用來製造牙籤，但帶有殘餘香氣的希俄斯乳香黃連木牙籤是最時髦的。詩人馬提亞爾（Martial）[28]評論道：「希俄斯乳香黃連木是最好的。」[15]製作儲存葡萄酒的雙耳瓶需要使用樹脂[29]，而乳香樹脂就是其中一種。它的芬芳經久不散，但有些人覺得這還不夠，於是希俄斯島製造的藥用黃連木乳香酒與油成為出口商品。希俄斯黃連木乳香是配製複方藥的一種原料，偶爾也用作烹飪香料，而且在烤製麵包時經常加在麵團裡，直到今天依然如此。

並非保守，但是古典

古希臘人知道，來自陸地與海洋的野生食物必須靠自己努力得來的。阿耳忒彌斯是狩獵女神，波賽頓是全能的海神，但他們並沒有幫助獵人與漁民。相反的，對凡人來說，靠近阿耳忒彌斯和波賽頓會很危險。

農業就不一樣了。希臘人明白，如果沒有神的幫助，他們永遠不可能學會種植莊稼，也不可能發現橄欖，或者知道葡萄的正確用途。即使是不起眼的橡實、弗冉克希洞穴的舊石器時代人類採集的食物之一——在古典時代的伯羅奔尼撒半島上多山的阿爾卡狄亞（Arkadia）[30]，橡實依然是著名的食物——如果沒有神話英雄之助，人類也不會知道這種橡實、並將其磨成粉。地理學家帕烏薩尼亞斯（Pausanias）[31]在介紹阿爾卡狄亞的時候告

28 公元三十八至四十一年間－一○二至一○四年間。出生於西斯班尼亞（今西班牙）的古羅馬詩人。以短詩雋語（Epigram）聞名。
29 雙耳瓶成形乾燥之後，在內部塗上樹脂，預防儲存的酒漿滲漏。
30 位於半島中部，神話中潘神的故鄉。
31 約一一○－一八○，羅馬時代希臘裔學者，著有《希臘志》（Ἑλλάδος Περιήγησις／ *Description of Greece*）。

島上的廚房蔬果園有數種南瓜和果樹，包括一棵無花果。蓄水池是夏季灌溉蔬菜不可少的。遠處山坡上有部分梯田，種著橄欖。

訴我們：「人們過去慣於吃新鮮的葉子、草和根，這些東西不能吃，有些是有毒的。」而「佩拉斯戈斯（Pelasgos）[32]阻止他們這麼做，正是他發現橡實是食物──但並非所有橡樹的果實，只有 phegos 這一種。從佩拉斯戈斯時代到今天，這種食品在一些阿爾卡狄亞人中一直存在。因此，當皮提亞女祭司[33]攔阻斯巴達人吞併該地區，她說了這樣幾句話：

> 阿爾卡狄亞住著眾多食橡實者，
> 這些人將把你阻擋……[16]

對大多數希臘人來說，橡實通常是餵豬的，穀物才是人的主食。穀物是女神得墨忒耳（Demeter）送給人類的禮物。她在尋找失蹤的女兒珀耳塞福涅的時候，得到了厄琉息斯（Eleusis）國王刻琉斯（Keleus）的庇護。刻琉斯之子特里普托勒摩斯（Triptolemos）告訴她，黑暗之神普路托（Pluto）[34]

---

32 神話中是他教化了阿爾卡迪亞的野蠻人從事農業，建立了阿耳戈斯城（Argos）。
33 希臘中部帕納索斯山上阿波羅的德爾菲神殿內，地位最高的女祭司稱謂，專司阿波羅神諭。
34 冥王黑帝斯，普路托是他的別名，後來的拉丁文名稱源於此。

將她女兒擄走的經過。當她找回珀耳塞福涅，她對特里普托勒摩斯的回報是贈送小麥和大麥以及栽種的知識，然後他將這些知識傳授給全人類。她送給刻琉斯的禮物則是厄琉息斯祕儀（Mysteries），後來雅典人每年舉行此祕密儀式：

> 親眼得見祕儀，在大地凡人之中最富足。
> 若對此一無所知，不曾參與盛舉，
> 一朝死去，下界幽冥，不再有此厚福。[17]

厄琉息斯祕儀保證了四季更迭，以及春天大地繁茂，每年這個季節，珀耳塞福涅必定從下界歸來。

雅典是人類開始了解橄欖的地方。歷史之父希羅多德簡要敘述了這個故事：「在衛城，有一處屬於厄瑞克透斯（Erechtheus）的聖地，他被稱為『生自大地』[35]，這處聖地裡有一棵橄欖樹和一口鹽泉。雅典人的故事說，波賽頓和雅典娜在爭奪這塊土地時，將這兩樣東西安置於此，以表明自己的主權。」[18] 沒有多久，帕德嫩神廟的浮雕上就紀念了這件事，於是這個故事成了範本，有人將其併入一則常見的神話，在這則神話中，各城成為眾神各自的封地。但很難解釋雅典娜如何贏得這場比試：

波賽頓第一個來到阿提卡（Attike），他以三叉戟敲擊衛城中心，地上出現一口鹽泉，人們稱此處為厄瑞克透斯。接著雅典娜來了，她召喚國王凱克洛普斯（Kekrops）見證她宣告所有權，她種下一棵橄欖樹，這棵樹現在位於潘多拉索斯神廟（Pandroseion）。然後這兩位為了這塊土地而爭鬥。宙斯將他們分開，任命十二位神祇為仲裁者。他們判定這塊土地屬於雅典娜，凱克洛普斯證明雅典娜是第一個種植橄欖樹的。她以自己的名字命名這座城市。[19]

---

35 據希臘神話，鍛造之神赫菲斯托斯意圖非禮雅典娜未遂，雅典娜將其落在腿上的精液以一團羊毛擦拭，丟在土地上，厄瑞克透斯從中出生，故有此名。在一些神話版本中，他是雅典的第一位國王，也有一些版本稱凱克洛普斯（Kekrops）是雅典第一位國王。

　　在希臘神話放大局部的凹面鏡中，小麥、大麥和橄欖是希臘的發現，但葡萄酒是外來者，是從邊境以外某個地方帶到希臘的，是一位神祇的禮物，他不曾位列奧林帕斯聖山十二主神，這就是狄俄尼索斯。狄俄尼索斯是宙斯的兒子，這一點眾所周知，其母是塞墨勒，他出生在希臘最古老的城市之一底比斯（Thebes）[36]。葡萄藤是他在旅行中撿到的，可能是在安納托利亞東北部，（神話的作者並不知道）那裡早在數千年前就釀造了葡萄酒；或者他是在色雷斯撿到的，其邊界可能與迪基利塔什遺址接壤，（神話作者也不知道）在那裡有一天會發現歐洲最早的釀酒證據。狄俄尼索斯的這根葡萄藤與其上的果實，是送給埃托利亞地區（Aitolia）卡呂冬（Kalydon）國王俄紐斯（Oineus）的禮物，以示歉意，因為狄俄尼索斯回到希臘、首先在這裡停留的時候，勾引了俄紐斯的妻子。

　　古希臘盛產水果，雖然很難知道這些水果是如何以及何時傳入的。可能創作於公元前七世紀的《奧德賽》，當中一個抒情片段表達了對水果的熱愛。這段描述漂泊的奧德修斯遭遇海難，被拋上神話中的斯開里亞島（Scherie）海岸，他朝著城中走去，走近國王的住宅：

> 庭院的外面，院門兩旁，是一片廣大的果園，
> 四天才能耕完的面積，周邊圍著籬笆，
> 長著高大的果樹，枝葉繁茂，有著
> 梨樹、石榴，掛滿閃亮碩果的蘋果樹，
> 還有甜美的無花果和豐產的橄欖樹，
> 果實從不枯敗，從不匱乏，
> 無論是夏天，還是冬季，四時不斷
> 吹拂的西風，總是催生一批，又把下一批鮮果熟透，
> 梨子接著梨子，蘋果接著蘋果，
> 葡萄接著葡萄，無花果接著無花果。[20]

---

36 古希臘語 Θῆβαι，Thebae，特拜。

　　這段描寫抒情而且完全正確。斯開里亞島是神話中的地方，但人們普遍認為它很像是富饒的科孚島，位於希臘世界西北角。希臘並非到處都像科孚那樣，擁有溫和氣候或者適合果園的地形。例如，雅典的腹地種植無花果十分理想，也適合葡萄和橄欖，但對於溫帶水果來說，這裡過於乾燥且崎嶇。因此，雅典在古典時代已經引進一批水果，

　　公元前五世紀的一首雅典喜劇詩殘篇中，作家信手拈來其中幾種。「梨子和胖胖的蘋果」就生長在附近[21]、尤卑亞島（Euboia）[37]中部的肥沃平原，從當地經海路可以在一兩天內抵達雅典──如果細心處理的話，這個速度足以讓水果保持完美狀態，送到大市場的攤位上。

　　堅果則無須如此匆忙，因此同一殘篇提到的「栗子與光亮的杏仁」是從帕夫拉戈尼亞（Paphlagonia）[38]來到雅典，那是一片森林茂密的土地，遠在希臘邊界之外，但靠近黑海南岸一連串希臘殖民地及希臘貿易路線。從當地果園到雅典的餐桌上可能需要幾個星期，但這也無所謂。這些水源充足的山丘位於現在的土耳其北部，出產的不只是栗子與杏仁。還有兩種榛子從這個地區傳入古希臘：其中一種以該地一座城市名命，稱為「赫拉克里歐提克」（Heracleotic），此城在現代稱為埃雷利（Ereğli）；另一種榛子稱為「朋提克」（Pontic），這個名稱源自「朋土斯」（Pontos），是黑海本身的名稱，也是今天土耳其東北部海岸地區的名稱。土耳其東北部多山，早在公元前七世紀，希臘移民就在此定居，一直持續到一九二二年[39]。雖然希臘也有甜栗子、杏仁、榛子與核桃，但它們在朋土斯地區更為茂盛豐產。

　　公元前五世紀，在這條路線上現名為吉雷松（Giresun）的港口，希臘人建立了殖民地，稱之為凱拉蘇斯（Kerasous），他們在這裡發現了大量櫻桃樹（kerasos）。希臘人一定是在十分了解這些櫻桃的情況下，甚至可能是因為這些櫻桃，才建立了這座城，並以櫻桃命名。甜的野生櫻桃在歐洲大量生長，但當地這種更美味的酸櫻桃，如今我們珍視並用於烹飪，在當時

---

37 位於希臘本土色薩利地區以東，愛琴海西濱。Εὔβοια，希臘語發音歐博阿。
38 位於安納托利亞北部，黑海南岸，古希臘人在此建立君主制城邑。
39 新成立的土耳其共和國驅逐包括希臘裔在內的少數民族。

可樂燉榅桲

　　與古代和中世紀比起來，榅桲（*Cydonia oblonga*）現在不那麼流行了，這種果實很美，但也很麻煩。它需要長時間烹煮，最終是一道烘烤的水果，或者做成經典的榅桲果醬與榅桲糊，其色深紅，酸酸甜甜，味道與香氣獨特。

　　大的榅桲六個，去皮，切半，去核
　　砂糖，四百克
　　可口可樂，兩罐
　　半甜紅酒，半瓶

　　將所有材料放在一個大鍋裡，榅桲在糖水中熬煮至軟。放冷；液體在冷卻後會凝結成凍。榅桲冷吃，周圍放一些凝凍，也可以再放一些濃郁的酸奶。這是一種古老作法的新版本，在現代希臘的背景下非常有意義：肉桂曾經太昂貴而不能用於烹調，但現在已成為希臘甜點中最受歡迎的香料；玉桂（cassia，便宜的肉桂）[40]是可口可樂風味的主要來源。這道甜點來自塞薩洛尼基亞里斯多德大學對面的海鮮小酒館（Kamares），深受師生喜愛。

成熟的榅桲，最早源於克里特島西部的基多尼亞（哈尼亞）。

40　*Cinnamomum cassia*，原產於東南亞與南亞。西方語境下所謂肉桂（cinnamon）是錫蘭肉桂（*Cinnamomum verum*）。

也十分值得尋覓。無論酸櫻桃是在何時引進希臘——可能是在凱拉蘇斯創建後不久——引進之後，很快就廣泛傳播開來。試驗顯示，優良的酸櫻桃可以嫁接到野生櫻桃苗木上。現在園丁仍然經常這樣做，就像處理蘋果、梨和李子樹一樣。沒有人知道這些水果的栽培品種是什麼時候開始種植的。或者更明確一點，沒有人知道是誰發明了嫁接，也沒有人知道這種神奇的方法是在何處首創，但古希臘人對它瞭如指掌。《奧德賽》中「閃亮碩果的蘋果樹」與喜劇殘篇中「胖胖的蘋果」，都不是誇大，這些是真正的栽培品種，但我們對其所知甚少。古希臘的梨子甜而多汁（在水煮之後），當作甜點食用——正如這段兩名女子之間的喜劇對話所示，其中一人顯然是因為對手得逞，所以安慰另一人：

「你見過在男人喝酒的時候，給他們端上泡在水裡的梨子嗎？」
「那可多了。好多次了。」
「是不是每個男的，都在那些漂浮著的梨子裡，給自己挑挑揀揀那個最熟的？」
「當然都是這樣了。」[22]

這位詩人——公元前四世紀初的喜劇詩人阿萊克西斯（Alexis，約前三七五－約前二七五）——又為我們描繪了雅典市場上典型的李子：「你見過煮熟的小牛肚、煮熟的塞了餡的脾臟，或者一籃成熟的李子嗎？他的臉就是那個樣子！」[23] 觀眾心目中的李子是鼓脹而且是紫色的，這個「他」顯然是中風了。

古希臘還有四種常見的水果：石榴、榅桲、甜瓜和西瓜。石榴很容易被忽略：不起眼的灌木叢，長滿了沉重的硬皮果實，果汁溫和甜美，包裹在一顆顆種皮中，每顆都有一粒苦籽，似乎不值得取食。然而史前農夫已經把石榴從其原產地伊朗向西穩定傳播。奧德修斯描述的果園裡就有石榴。它在神話中也很重要：珀耳塞福涅在逗留冥界期間，忍不住吃了清爽的石榴，因此每年都不得不返回冥界一段時間。石榴糖漿如今已是成功的

現代商品，用於提神飲料及烹飪調味，在希臘有著悠久的歷史，名為 petimezi，這個名稱也用於葡萄汁糖漿。[24]

從書面文本可以看出，還有一種伊朗的水果，在希臘流行的時間與石榴差不多，至今最少有二千五百年，那就是榲桲。但是令考古學家洩氣的是，沒有人能找到榲桲的早期證據。這些文本也很混亂，對於蘋果與榲桲的區別很模糊，有時甚至根本沒有區別。榲桲與現代蘋果和梨有很大不同，雖然看起來都很像：你可以直接咬蘋果和梨，但聰明人不會直接啃榲桲。在古代，蘋果和梨似乎沒有現代品種那麼吸引人；事實上，在過去，這三種水果都是經過烹調之後才是最好，而其中最堅硬芬芳的榲桲，只是比其他兩種更需要烹煮。

克里特島西部的古老海港城市基多尼亞（Kydonia，哈尼亞〔Chania〕），現在是柳橙種植區的中心，在整個古典時代都以榲桲聞名。榲桲的拉丁語、法語及英語名稱（cotoneum、coing、quince）都源於古希臘語的 kydonion melon，「基多尼亞果」，考古發現這一帶有古代的榲桲果園。

希臘人和羅馬人從榲桲蜂蜜與榲桲酒熟悉這種果實的獨特風味，在此我們有一份古老的食譜：

榲桲酒：將榲桲去核，像切蕪菁一樣切碎。將十二磅碎榲桲倒入一米特列特斯[41]（metretes，六加侖）濃縮葡萄汁（grape must）中；〔靜置發酵〕四十天。過濾並裝瓶。[25]

後來，大多數人將這種水果用於拜占庭希臘人所說的 kydonaton，即「榲桲糊、果醬」，至今在地中海地區仍很流行。最早的配方可以追溯到公元六世紀。大約就在那個時候，食糖在歐洲已經便宜許多，可以大量用於這種配方。然而還有更古老的作法，榲桲醬是這種古老的榲桲蜂蜜的直系後代，以下就是這種深具歷史的配方：

---

41 古希臘容積單位，約等於三十九點三公升。

　　楹梻蜂蜜：將楹梻去核，盡可能緊密塞入罐中，然後倒滿蜂蜜。一年之後即可食用。其味如蜂蜜酒，亦有相同的膳食效果。[26]

　　以上這些水果，其中大部分在史前某時期已經從東方或南方引進希臘。甜瓜和西瓜也是如此，這兩種原生於非洲，顯然大約是在邁錫尼宮殿遭掩埋的時代從埃及傳入希臘。

　　但是到了古典時代，希臘文學與藝術到達原創性的頂峰，哲學與政治思想突飛猛進，在廚房與食品儲藏室方面卻是固化不動。古典時代開始時，只有一種全新食品進入希臘，並且在當地養殖，這就是數千年前在印度馴化的雞，即家雞。第一隻雞是什麼時候抵達希臘？公元前五世紀中期的喜劇詩人克拉提努斯（Krateinos）[42] 稱雞是「來自波斯的喚醒者」，而在他的同行阿里斯托芬（Aristophanes）口中，這種禽類是「波斯鳥」。[27] 從這些名稱可以看出，對當時的希臘來說，雞很新奇，而且是從當時只有一百年歷史的波斯帝國傳來的。但這不是事實，因為更早的文本提到「黎明時分，在喚醒者第一聲召喚中回家」，以及「鵝蛋和喚醒者的蛋」，這些都沒有提到波斯。[28] 此外還有瓶畫，早在公元前七世紀，包括科林斯、拉科尼亞（Lakonia）、羅德島[43]的瓶畫，就有清晰的公雞與母雞圖案。在公元前六百年之前，一場從印度到西亞的大規模遷徙（但是沒有資料提及此事），無疑將雞帶到了希臘。

　　起初雞是稀有的高級食品，是愛者送給被愛者的典型禮物。漸漸地，雞被視為營養燉菜或濃湯的上好湯底，尤其適合病人食用。公元前四世紀膳食學家迪俄烏刻斯（Dieuches）說，可以將最好的大麥或燕麥加入「正在慢燉的雞湯中，不要攪動，而是待其自然分解，放在火上或熱水中，不要攪動直到煮透，對於患有消化系統疾病的人，添加烤過的罌粟殼，可以使其入睡」。至於現在的經典希臘組合——雞肉搭配雞蛋檸檬醬，當時還

---

42 前五一九－前四二二。又拼寫為 Cratinus。與阿里斯托芬、歐波利斯（前四四六－前四一一）是古希臘舊喜劇時期最著名作家。
43 此三地區分別位於連接伯羅奔尼撒與希臘大陸的科林斯地峽、伯羅奔尼撒東南部、愛琴海東南。

續隨子

　　Kappari，也就是續隨子（caper，*Capparis spinosa*）[44]，人們摘採它的花苞、果實與葉尖，用鹽醃製。在山村裡，這種灌木叢通常生長在石牆的裂縫中，夏季裡經常能看到老婦人採集其花苞。這種灌木多刺，因此摘採不易，所以我們的建議是讓別人代勞。將其花苞與麵包（或者馬鈴薯泥）及橄欖油混合，可製成一種非常鹹的抹醬，類似於魚子抹醬（taramasalata）[45]。把續隨子加進沙拉之前，最好在水中稍加浸泡，以減少鹹味。錫羅斯島（Syros）當地人對續隨子的喜愛十分知名。

續隨子的花與（右邊，不會被忽略的）花苞，已經成熟，可以醃製。與蔬菜一樣，續隨子也是從野外採集的；很有名的是，續隨子拒絕被馴化，只在自己選擇的廢墟與石縫中生長。

不可能存在，因為雖然雞已經引進希臘，但檸檬還沒有。[29]

　　接下來的例子說明了創新其實從未停止；但除了雞以外，食品儲藏室裡沒有什麼新東西。希臘人對自己的簡樸菜餚感到自豪，他們留下了這樣的故事：波斯皇帝薛西斯（Xerxes）在薩拉米斯（Salamis）[46]戰敗後逃離希臘，拋下司令部的輜重與人員。斯巴達國王帕烏撒尼亞斯（Pausanias）[47]看到以金銀和刺繡裝飾的波斯大帳時，命令被俘的麵包師及廚師準備一頓波

44　正確俗名為刺山柑。續隨子是台灣常用俗名，但實際上續隨子是 *Euphorbia lathyris*。
45　以鹽醃鯔魚等魚類的魚子，加上橄欖油、檸檬汁、麵包或馬鈴薯，製成的抹醬。「tarama」源自土耳其語，即魚子。

斯式晚餐：

　　他們按照吩咐做了。當帕烏撒尼亞斯看到鋪著精美織物的金銀床榻和金銀的桌子，以及上面所陳列的奢華宴席，對於眼前這些豪華的陳設，他大為吃驚，於是命令自己的僕從準備一頓斯巴達式的晚飯。這與前面那一種有著天淵之別。帕烏撒尼亞斯笑了起來，吩咐把希臘的將領召集過來。他們在此集合之後，帕烏撒尼亞斯指指其中一種晚餐，再指指另一種，對他們說：「希臘人啊，我把你們召集到這裡來，是為了讓你們看看波斯人的愚蠢：一個享受著那樣奢侈的人，卻跑來想要奪取我們這樣可憐的飯菜。」[30]

新作物，主要來自東方

　　這是一個好故事，就像希羅多德講的大多數故事一樣，而且可能是真的。這個故事還有續集，在此次勝利後的一百五十年裡，希臘人對波斯帝國愈來愈熟悉，他們在帝國境內旅行，他們為帝國戰鬥，而且其中一些人（包括希羅多德本人）出生在帝國境內，並在此居住。最終，在亞歷山大的領導下，希臘人征服了波斯。亞歷山大的目標之一是調查波斯各省的天然物產——這個興趣方向是他的老師亞里斯多德加以引導的。

　　這種調查立竿見影，發現了新的食物，其中一些很快引進希臘與歐洲，成為主要作物，而且長久以來一直是主要作物，以至於貌似本土原生。

　　在亞歷山大征服波斯帝國之後數年中，桃子和杏子迅速向西傳播，最終遍及希臘和整個地中海地區。在最早的希臘紀錄中，從其名稱可以看出，這兩種植物分別是在波斯和亞美尼亞發現的，不過原產地甚至更靠東。利西馬科斯（Lysimachos）是亞歷山大麾下將軍之一，他的內科醫生、錫夫諾斯島的狄菲盧斯（Diphilos of Siphnos）建議，桃子即「所謂『波斯

---

46 薩拉米斯島位於希臘本土南部薩龍灣內。公元前四八〇年九月，戰役發生在希臘本土與該島之間的海峽，希臘一方是由雅典政治家地米斯托克利領導的希臘城邦聯合艦隊，波斯一方是阿契美尼德王朝薛西斯一世。此次戰役屬於第二次希波戰爭（前四九九－前四四九年）。

47 －前四七七，斯巴達將軍，此處身分應為統帥。斯巴達國王列奧尼達斯一世已於公元前四八〇年八月陣亡於溫泉關戰役。

果』，汁液適中，比蘋果更有營養」。[31] 羅馬博物學家普林尼（Pliny）[48]將「亞美尼亞李子」描述為「唯一因香氣及風味而值得稱道的李子」。[32] 第三個發現是在波斯東部或阿富汗，那裡的阿月渾子樹早已被馴化，並大量種植。幸運的是，我們可以找到這種植物向西傳播的一些細節，主要是透過希臘文本。甚至在亞歷山大時代之前，希臘人就聽說過這種營養堅果的傳聞，據說這種堅果是波斯年輕人學習野外求生時的主食之一；在這些故事中，堅果稱為「黃連木果」（terebinth），因為乳香黃連木是當時希臘人所知與這種堅果最近似的物種。亞歷山大的軍隊在穿越伊朗途中遇到了阿月渾子樹，但沒有名稱。此時在希臘，泰奧弗拉斯托斯（Theophrastos）[49]收集了遠征軍的科學報告，他將這些樹描述為「黃連木，或者類似的東西」，但是果實和杏仁一樣大。[33] 不到一百年後，阿月渾子就有了正式的希臘名稱。囉嗦冗長的詩人尼坎德羅斯（Nikandros）[50]曾寫下許多治療蠍子螫傷的藥方，不過他依然認定蠍子屬於遙遠的東方：「所有 pistakia，像杏仁一樣長在枝頭，側畔是印度科阿斯珀斯（Choaspes）的響亮奔流。」[34] 兩百年後，羅馬軍隊的臨床藥劑師迪奧斯科里德斯（Dioskourides）[51]以阿月渾子治療蛇咬。他知道直到西邊的敘利亞都種植這種植物。阿月渾子可以很容易嫁接到圓柄黃連木上，而圓柄黃連木在地中海一帶非常茂盛，因此阿月渾子更容易傳播。

亞歷山大的遠征軍在伊朗還遇到一種果樹，在分類學上屬於一個不同的科，這個科的植物最終在希臘變得比所有黃連木屬（Pistaceae）更為重要。這種新水果就是香櫞（citron）。對於第一次見到它的希臘人來說，這是迷人的景象；在每個季節，枸櫞樹都會結出一些成熟的果實，同時有一些還在成熟，有一些正在開花。這種「米底果」（Median apple）[52]很快就得

---

48 二三－七九。古羅馬作家、博物學家、軍人，著有《博物志》。常稱為老普林尼，以與外甥小普林尼區別。「亞美尼亞李子」即杏子。
49 約前三七一－約前二八七。亞里斯多德弟子，繼亞里斯多德領導其逍遙學派。
50 活躍於公元前二世紀，詩人、內科醫生、語法學家。九百五十八行的詩作《有毒生物咬傷治療》（*Theriaca*），描述了許多有毒的動物，包括蜘蛛、蛇、蠍子，及其傷口與藥方。
51 四〇－九〇，古羅馬時期出身希臘的醫生、藥理學家，著有《藥物論》（*De Materia Medica*）。
52 米底（Media），今伊朗西北部一個地區

名 kitron，有著美麗的顏色、誘人的香氣，以及雖然不規則但有趣的形狀，但這種呈長圓形、滿布疙瘩、顏色明黃、白色內瓤極厚的沉重水果，似乎用途十分有限。雖然如此，園丁們還是把它向西傳播。如今希臘有許多香櫞園，至少香櫞香精有其用途，納克索斯島還有一種香櫞味的利口酒。

檸檬來自遙遠的東方，是以香櫞和苦橙雜交產生的品種。世界上其他地方都沒有聽說過這種新果實，直到公元九五一年，一位前往印度西部信德地區的阿拉伯旅行者描述了這種果實：「在他們的國家裡，生長著一種蘋果大小的水果，非常苦，非常酸，叫做 līmūn。」[35] 檸檬的起源地據信為阿薩姆地區，當時顯然已經傳遍了整個印度。從那時起，檸檬就開始往西傳播栽種。

一二二〇年左右，十字軍中一位法國主教在巴勒斯坦見到了檸檬：「酸性水果，味道類似苦艾（wormwood），在夏天將其大量汁液與肉和魚一起使用，因為它口味涼爽，不甜而澀，令人胃口大開。」[36] 此後不久，希臘種植了第一批檸檬。一首拜占庭晚期的詩歌中，稱其為 lemoniain，這首詩在列舉水果的同時隱含了政治諷刺。[37] 今天，檸檬在希臘十分盛行，在希臘烹調中占有一席之地。

接下來是柳橙。這也是雜交種，由橘子和柚子雜交而來，其尺寸正好介於兩者之間，顏色則偏向橘子。橘子原產於中國，柚子原產於東南亞，這個雜交種可能源自中國南部沿海地區。它有很長的路要走，不過中世紀的阿拉伯商人在這一帶水域航行，於是將苦橙（bitter orange，即「塞維亞柑橘」〔Seville〕）帶到了近東，就在檸檬抵達近東不久之後。第一則提到柑橘的希臘文本，是上述同一首水果諷刺詩[38]；這次有一位拜占庭學者的評註可以證明，而且這位學者顯然熱愛柑橘。[39] 甜柑橘是後來出現的，現在柑橘樹在希臘各地的園圃與果園中已經很常見。至於沿著城市街道種植的大多是苦橙，非常適合用來製作醃漬蜜餞（spoon sweets）[53]，但不能當作新鮮水果食用。

---

53 巴爾幹、東歐、中東、俄羅斯製作的醃漬蜜餞，盛在調羹中待客。

皇帝豆（Gigantes，利馬豆〔Lima Beans〕）

現在希臘非常流行的巨豆，是原產祕魯的品種 *Phaseolus lunatus*。它和其他新大陸食物一樣——櫛瓜（courgette）、南瓜、玉米、馬鈴薯、番茄、辣椒——在哥倫布的遠航之後，就成為希臘烹調的常備品。

乾的大皇帝豆，五百克
小蘇打，半小匙
三個洋蔥，切碎
四個中等大小番茄，切碎；或一個罐頭
歐芹葉，一大束
蒔蘿，一小把（可省略）
橄欖油，一百二十毫升
鹽
番茄糊，一小匙
糖，一小匙
大蒜四瓣，切碎，按個人口味（可省略）

　　還有一類來自不同植物科的果實，各自具有非常不同的烹飪用途，是最近引入希臘的第三類。茄子？這當然是蔬菜。番茄？也是蔬菜。菜椒與辣椒？是香料，也是蔬菜。茄子原產印度，於中世紀傳自東方，拜占庭時期的希臘已經知道它。怪異的顏色為它贏得「瘋狂果實」和「魔鬼果實」之類的名稱，直到鄂圖曼帝國時期，茄子才在希臘烹飪中找到真正的地位。
　　由於哥倫布的遠航及隨後西班牙征服墨西哥，其餘兩種果實從大西洋彼岸來到舊大陸。當時辣椒很快就傳入了，當時探險家正在尋找黑胡椒這樣經典的香料，在新大陸，他們發現了這種比胡椒更有用的香料，不僅給

將豆子浸泡一夜，瀝乾水分，第二天在加了一點小蘇打的水中煮沸，直到變軟。將洋蔥切碎，與磨碎的番茄或罐頭番茄、切碎的歐芹和蒔蘿（可省略），以大量橄欖油一起燉。加鹽、番茄糊、半小匙糖。當整體呈光亮、變軟，但還沒有上色的時候，將其全部與瀝乾的豆子一起倒入烤盤。徹底混和，然後鋪開，使部分豆子完全淹沒，深度約三至四公分，然後以一百七十攝氏度，烤三十至四十分鐘。如果要加大蒜，則在二十五至三十分鐘後撒上並攪拌均勻。

待表面一層起泡並呈深棕色，即告完成。烤透的洋蔥會使汁液變濃。

歐芹可以用細葉香芹（chervil）或西洋芹代替，依然使用葉以及切碎的莖。

Gigantes，「巨豆」，是皇帝豆的變種，是希臘最喜愛的配菜之一，英國人夢寐以求的烤豆。

食物增加熱量，在當時還是重要的藥用必需品，而且不必大量進口，因為在歐洲就可以栽種。辣椒讓那些買不起進口異國香料的人也能享受香料對健康的好處，這無疑是辣椒迅速傳播的原因。[40] 引進番茄則比較勉強。歐洲承認它是可食的，但沒有人知道該如何分類其膳食特性。據稱番茄直到一八一五年左右才來到希臘，當時種在方濟嘉布遣會（Capuchin）在雅典的修道院園圃內。[41] 不消說，對番茄的疑心如今已成為歷史，番茄現在受到希臘園丁喜愛，並因其對健康飲食的貢獻而受到讚揚。但有一件事必須注意：在炎熱的初夏，番茄果實開始長大的時候，必須大量澆水。這一點

即使現在能做到，也可能無法永遠做到，就目前而言，番茄在希臘食品生產與希臘廚房中的地位是有保證的；比如激發了無國界大廚克里斯托福羅斯‧佩斯基亞斯（Christoforos Peskia）的靈感，發明了招牌番茄壽司。

　　近代還有其他異國果實在希臘站住了腳，尤其是原產於中國的奇異果、墨西哥的櫛瓜與梨果仙人掌（prickly pear, *Opuntia ficus-indica*）。然後是曾經充滿異國情調，但現在已經司空見慣的新大陸豆科植物（legume）。由於哥倫布之功，有幾個物種跨越了大西洋，不過在希臘，最熟悉與最獨特的是 gigantes，即「巨豆」，這是原產祕魯的 *Phaseolus lunatus* 的培育品種，在其他地方稱為利馬豆或奶油豆（butter bean）。

　　除了新的水果與豆科食物，世界上的主食有三種在古典時代之後抵達希臘。這三種都為希臘烹調增添了特色，但沒有威脅到真正希臘主食的地位，即新鮮優良的小麥麵包。這三種之中最早來到希臘的是稻米。水稻原產於中國或東南亞，四千年前就在印度栽種，在亞歷山大征服波斯帝國的時候，就已經到達波斯帝國的中心地帶。阿里斯托布魯斯（Aristoboulos）[54] 隨同亞歷山大行旅，並觀察了阿富汗的阿月渾子樹。他指出，印度河流域的水稻「播種在園圃上，生長在充滿水的格子裡。這種植物有四肘高」，他帶點誇張繼續寫道：「有許多穗子與穀粒」。[42] 較阿里斯托布魯斯年輕的同時代人外交使節麥加斯梯尼（Megasthenes）[55]，描述了當作印度餐食的米飯：「晚餐時，每個人面前擺著一張像鍋台一樣的桌子，上面放著一個金碗，他們首先把米放進去，像煮小麥一樣煮熟，然後根據印度食譜準備許多不同調味品。」[43] 稻米太有用了，不容忽視，因此在亞歷山大的繼任者領導下，在敘利亞進行了有效的稻米種植試驗。從那以後，稻米一直是地中海的作物，但處於邊緣地位；它是推薦給病人食用的布丁的基本成分，也是很受歡迎的配菜，但並不像在印度那樣，是日常主食。在希臘烹飪

---

54 前三七五－前三〇一，又被稱為卡山德里亞的阿里斯托布魯斯，隨同亞歷山大東征，著有其遠征及統治紀錄，為後世阿里安《亞歷山大遠征記》及普魯塔克《希臘羅馬名人列傳》引用。

55 約前三五〇－約前二九〇。在塞琉古一世時期出使印度孔雀王朝旃陀羅笈多一世波咤釐城，位於今印度東北度比哈爾邦。著有《印度》（*Indica*），現有根據後世引用殘篇匯總的復原本，是西方世界第一部關於印度的著作。

中，它很快就在某道菜中找到了特殊位置，充作主要材料，這道菜曾經稱為特里阿（thria），現在稱為多爾瑪德斯（dolmades，見第一〇八頁方框內容）。

　　玉米與馬鈴薯分別是墨西哥及祕魯的主食，在哥倫布之後傳入歐洲。馬鈴薯抵達希臘的時間較晚，在馬其頓東部與色雷斯生長得很好——位於德拉馬（Drama）附近的涅夫洛科比（Nevrokopi）是馬鈴薯之都——但是希臘的馬鈴薯直到二〇一二年才得到廣泛宣傳，當時「馬鈴薯運動」推動希臘農民直接向國內消費者出售馬鈴薯與其他基本食品，與廉價進口貨競爭。

　　玉米則重要得多，到十九世紀初，已經取代小麥和大麥成為希臘部分地區的基本糧食作物。例如在伯羅奔尼撒半島，英國的古文物愛好者 W・M・里克（W. M. Leake）[56]經常注意到田地裡他稱之為 kalambokki [57]的作物，他也記錄了玉米它在家庭中的重要性：

　　　　家中的主要用具是手搖磨，用來研磨 kalambokki。這是婦女在夜間的工作，她們通常會伴隨著一首歌，悼念已故的親人，這些親人可能是被敵對家族殺害的……Cheiromylon 是古代手搖磨的直系後裔，就像伴隨著磨粉工作的歌曲是流傳下來的 odaiepimylioi。[44]

　　里克在書中其他地方寫到馬涅半島（Mani）[58]的婦女：「晚上，她們轉動手搖磨，一邊哭泣，為死者唱著哀歌，一邊研磨小麥。」[45]里克知道，odaiepimylioi 即「磨粉歌」，具有與希臘文學一般悠久的歷史。在他那個時代，這些歌曲陪伴婦女碾磨玉米與小麥；兩千五百年前，她們碾磨的則是大麥，當時在雷斯博斯島上，庇塔庫斯（Pittakos）[59]統治著公元前六世紀

---

56 William Martin Leake，一七七七－一八六〇。英國海軍軍官，以關於古希臘文物與地理著作聞名。
57 玉米，也拼寫為 kalamboki，καλαμπόκι。
58 伯羅奔尼撒延伸出的一個小半島，其東為拉科尼亞灣，西為墨西尼亞灣，為斯巴達故地。
59 約前六四〇－前五六八。軍人、政治家，古希臘七賢之一，決鬥擊敗入侵米蒂利尼的雅典軍隊統帥菲農，受推舉統治該城十年，期間制定法律，後辭職。

的米蒂利尼（Mytilene），並且始終沒有拋棄平民的生活方式：「據哲學家克雷阿爾克斯（Klearchos）[60]說，他放鬆的方式就是磨粉。」[46]古代科學家泰利斯（Thales）[61]也證實了這個故事，他回憶道：「有一次我在雷斯博斯島的埃雷索斯（Eresos），聽見一名女奴在磨盤旁唱歌」：

　　磨吧，石頭，磨吧；
　　　連庇塔庫斯也磨粉呀，
　　大米蒂里尼的君王。[47]

<hr />

60 前四世紀－前三世紀。通常稱索利（Soli）的克雷阿爾克斯，亞里斯多德弟子。
61 約前六二四－約前五四六。通常稱米利都（Miletus）的泰利斯。數學家、天文學家，前蘇格拉底哲學家，古希臘七賢之一。

第二章
古典盛宴：最早的美食文化

　　在文字記載出現後的最初幾個世紀裡，與當時和現在世界上任何地區比起來，希臘都與眾不同。它是一群城邦，每一個城邦各自不同，就像最自豪的瑞士地方州郡或最尖銳的民族國家一樣極度獨立。這些「城邦」通常很小，只有數千或數百居民，大部分城邦都自認為民主政體。事實上，與現代國家相比，它們在某些方面更民主，但在另外一些方面卻較不民主：只有男人，而且只有自由人，且屬於該城邦的人，才是民主政體的成員，但這些自由的男性公民親自集會、發言、投票及立法。其中某些城邦由國王或「暴君」（希臘語 tyrannos，「絕對統治者」）統治，這是在過去某些時候由公民決定的。理論上，公民可以改變主意。某些城邦之間發生爭鬥，這是當時一直持續發生的情況，這也是公民自己投票決定的，而且當他們做出決定後，就親自出發上戰場了。

　　隨著史前時代進入有記載的歷史時代，隨著考古得到文學的補足，人們更容易想像出希臘人從公元前七世紀開始享用的整套餐食和個別菜餚。但是在一開始，歷史與文學之間有著奇怪的差異。大約在這個時期創作的兩部史詩，《伊利亞德》和《奧德賽》，為我們呈現的似乎是詩人想像的社會裡典型的一餐。可是這些城邦在哪裡呢？在這些詩歌中，無論是國王的大廳還是牧豬人的小屋，晚餐都是烤肉——豬肉或羊肉，或者如果遇上獻祭一頭牛，那麼就是牛肉。端上來的籃子裡有麵包，還有「火一般的美酒」。男人們烤肉，女人們烤麵包。在墨奈勞斯（Menelaos）¹居所舉行的

---

1 阿伽曼農之弟，海倫之夫。

婚禮上，男性賓客「趕著肥羊，帶著男子漢的美酒，步入神聖的王者的廳堂，他們的妻子，送來宴食的麵包」。[1]

早餐則是昨天晚餐剩下的食物（《奧德賽》裡只寫了一頓早餐）。但也有其他情況，還有稍微提及的更多種類，使人嚮往。比如某位不速之客得到了主人分享的食物，是昨天晚餐剩下的，但有「各種風味」；少女娜烏西卡（Nausikaa）去河邊洗衣，她的母親為她準備的午餐是「各種可口的飯菜」和葡萄酒一起裝妥。卡呂普索（Kalypso）也為奧德修斯準備過一次類似的野餐。

《奧德賽》裡有乳酪，但並不是文明人的產物，而是可怕的獨眼巨人庫克洛普斯（Cyclops）製作的。獨眼巨人的日常食品是綿羊產的奶，以及他用羊奶製作的凝乳和乳酪。奧德修斯和他的水手發現「一只只柳條筐，滿裝著乳酪，一個個圈欄，擁擠著綿羊與山羊的羊羔；分別關在不同的柵欄裡，頭批出生的，春天出生的、還有出生不久的，都有自己的地方。所有整齊的奶桶和盛接鮮奶的盆罐，裝著滿滿的乳清。」[2]不久，他們看到巨人「彎身坐下，擠取鮮奶，他的綿羊和咩咩叫喚的山羊，依次一頭接著一頭，隨後將各自的羊羔塞在母羊腹下喝奶。他把一半的白奶凝固起來，放入編織的籃裡瀝乾。將另一半留在桶裡，以便取來飲用，並當作點心」。[3]巧合的是，用綿羊奶和山羊奶混合製成的乳酪，正是後來西西里島出口到希臘的那種，還有巧合的是，西西里島正是後來的希臘人想像獨眼巨人居住的地方。他的生活方式，除了碰運氣能吃人之外，其實就是一名溫順和平的牧羊人，在春天遷徙到山區牧場，秋天返回低地的牧羊人。

還有一些食物可以使健康恢復，或使之惡化。女性似乎有準備這類食物的特殊技能。在《奧德賽》中，墨奈勞斯和他的兩位疲憊的賓客需要海倫照料，海倫「倒入一種藥劑，在他們飲用的酒中，可令人舒心，驅除煩惱，忘卻所有的悲痛」。[4]據說她熟悉埃及的藥草。其他女性也一樣，雖然她們把烤肉的工作交給男人，她們知道如何為疲憊和心事重重的男人調製庫克奧恩（kykeones）[2]，即「有療效的調製甜酒、調製藥水」。[5]《伊利亞德》中，涅斯托爾將受傷的馬卡昂帶回營帳：

　　美髮的赫卡墨得給他們做了一盅庫克奧恩。她把一只青銅圓盤放到桌上，盤裡放著一個洋蔥，是這酒飲的調料，還有黃色的蜂蜜，一些神聖的大麥的粗磨麵粉……她用普蘭那（Pramnian）美酒[3]為他們調製庫克奧恩，以青銅銼銼進一些山羊乳酪，撒上一些大麥粉，備製好了，她請他們飲用。[6] 4

　　這裡沒有提到藥物，但背景讓我們想起了前述的海倫，以及女巫基耳凱接待奧德修斯一行人的時候，做法也是一樣的：「她把他們引到裡面，在靠椅與凳椅上就座，然後用普蘭那美酒，攪拌（ekyka）大麥粉、黃色蜂蜜與乳酪，再加入藥物。」[7]正是這種混合飲料把奧德修斯的水手們變成了豬。[8]

　　還有一則幾乎是同一時期的不同資料，呈現的是一名農夫的野餐。赫西俄德（Hesiod）[5]的長詩《田功農時》（*The Works and Days*）口吻是給一名農夫的建議，內容包括農事月曆，其中仲夏是在戶外用餐的季節：

　　當黃金般的薊草花盛開，喧鬧的蟬
　　穩坐樹梢，時常把響亮尖削的歌聲
　　從雙翅底下流洩，難熬的夏季，
　　山羊最肥，葡萄酒最美
　　女子最風流，男子意志最薄弱，
　　當天狼星[6]烤焦了頭頂與雙膝，
　　酷熱底下曬乾了皮，此時正該享受
　　岩壁下的蔭涼與拜博林美酒（Bibline）[7]
　　加上細膩的大麥粉與最後一批山羊奶
　　還有樹林裡放牧，未曾產崽的母牛肉
　　與頭胎的山羊羔肉；伴著火一般的美酒飲用
　　坐在蔭涼地裡，肚子裡一頓飽餐，

---

2 來自 κυκάω，「攪拌、混合」。
3 一種甜葡萄酒，產於普蘭那山。此山據說在小亞細亞西海岸的伊卡利亞島，一說在小亞細亞西海岸士麥那城附近，或在雷斯博斯島。
4 《伊利亞特》譯文部分參考羅念生、王煥生譯本。
5 約活躍於公元前七五〇－前六五〇。《田功農時》譯名又為《工作與時日》。
6 夏季裡，天狼星在黎明前出現在太陽的軌道中，這是乾旱酷熱的開始。
7 產在色雷斯。

烤麵包的婦女：塔納格拉（Tanagra）的陶製人偶，公元前五世紀早期。

這肯定是荷馬史詩中的場景，不過是布里塞伊斯為福尼克斯端酒，還是赫卡墨得為涅斯托爾調製庫克奧恩？無論是哪種，這名女子都是身分高貴的俘虜，因此她穿著正式服裝。這件雅典的瓶畫出自「布呂戈斯畫家」（Brygos painter）[8]之手，約公元前四八○／前四七○年。

面朝著清新的西風，
從一口常長年流淌的純淨清泉
掬三次清水，且讓第四杯把美酒斟滿。[9]

　　這首最早的史詩向我們講述了基本的農村生活方式，無疑地，史詩詩人們借鑑了遠古的口傳傳統；至於他們同時代的追隨者，即輓歌體與抒情詩人，也許生活方式不同，當然他們對生活的看法也不同，他們生活在已經開始繁榮的城邦，為城邦而戰，為城邦寫作。阿爾基羅庫斯（Archilochos）把他認識的一名浪蕩的帕羅斯島女人描述為「餵飽了許多烏鴉的無花果樹」，他是帕羅斯的公民，曾向北航行，征服薩索斯島（Thasos）。他們在該島殖民，占領色雷斯海岸的葡萄園，並飲用當地的葡萄酒：「我的長矛上串著我自己揉出來的麵包，我的長矛上掛著一皮囊的伊斯馬利克美酒（Ismaric）9，我倚住我的長矛把它飲用。」[10]

　　政治上的極端是斯巴達與其近鄰，以及克里特島的城邦，這些城邦的男性公民的膳食都是嚴格平等而公開的，他們在「男性之家」（andreia）一起用餐。食物很乏味，斯巴達的主食是著名的黑湯。就像雅典喜劇舞

看到這個公元前二千年左右的賽普勒斯瓶上的塑像，很難不令人想到一千三百年後赫西俄德《田功農時》裡描述的野餐。不過這個場景是準備獻祭，還是牧羊人帶著狗呢？創作這件瓶子的陶工把瓶子本身也加進塑像裡，顯然他覺得這樣很有趣。

8 雅典藝術家，活躍於公元前五世紀頭三十年。目前已知的十六件器皿上有簽名 Brygos，但是其後通常附有 epoiesen 一詞，即「製造」，因此學者認為是陶工簽名，而非畫家簽名。
9 產於色雷斯，色黑紫、味甜的美酒。

台上評論的：「難怪斯巴達人戰鬥至死，因為他們寧願死一萬次也不願再回家喝黑湯。」[11]

另一個極端是雅典與科林斯，這兩個富有的貿易城邦有自己的友誼、派系與競爭，而這些事物圍繞著食物與葡萄酒，表現得十分明顯。雅典人向他們有時假裝鄙視的東方文明學會了斜靠在榻上吃喝。他們學會了先吃東西，再把喝酒當作單獨的一餐，或者和另一些同伴一起喝。這頓飯是正餐（deipnon）[10]，我們從許多喜劇片段中得知這頓飯是什麼樣子，人們對其印象是吃的比說的多。至於一起飲酒就是柏拉圖哲學對話錄中常見的會飲（symposion），其中《會飲篇》（*Symposium*）描述蘇格拉底和朋友討論愛的本質。但最好的會飲必備物品清單是在色諾芬尼（Xenophanes）[11]的早期輓歌裡，他對整個過程解釋得非常清楚：

現在地板乾淨了，我們的手也乾淨了，酒杯也乾淨了；一個人分發花圈，一個人奉上一壺香油。用來混合酒的兌缸（krater）[12]，盛滿了歡喜；還有葡萄酒，有著溫和的花香，在罐中等待，並承諾永不放棄。焚香在我們中間散發聖潔的氣息；還有水，冰涼、甜美、清淨。黃色的麵包擺在那裡，豐盛的桌上放滿了乳酪與濃郁的蜂蜜。[12]

Krater，即「兌缸」，用以裝盛剛剛與水混合的葡萄酒。正餐與會飲大不相同，感覺起來也不同，幾乎沒有任何史料將這兩者相提並論。至於古典雅典人，有許多關於食物的文學證據，包括一個喜劇的小片段，提供了節日正餐的完整菜單。這齣戲的開頭，是一名角色發現情況有些不對勁：舞台上一扇門後的某個家庭，應該正在為喜事乾杯慶祝（命名儀式〔Amphidromia〕，原意是「四處活躍」，在嬰兒出生五天或十天後舉行），但不知為了什麼原因，當時並沒有慶祝：

10 晚餐，古希臘一天中的正餐。
11 前五七〇－前四七五。
12 古希臘的雙耳侈口陶盅，專門用來混合葡萄酒與水。

　　這是怎麼回事，怎麼門前沒有花環呢？如果今天是他們的命名式，為什麼我探嗅的鼻尖上沒有烹飪的氣味？——習俗是烤一片克森尼索乳酪，炸一些油光閃閃的包心菜，燉一些肥美的羊肉，把幾隻斑鳩和林鶇（thrush）拔毛、還有蒼頭燕雀（chaffinch），啃一些小墨魚和魷魚，敲打許多章魚的觸手，還要喝許多沒怎麼摻水的葡萄酒。[13]

　　在這裡，除了從獻祭的綿羊或羊羔身上切下的肉之外，我們還有融化的乳酪、油炸包心菜葉、野禽，以及包括章魚在內的海鮮（必須敲打其觸手，才能使肉質變嫩）。新鮮的肉，尤其是家畜的鮮肉，只有在獻祭之後才會出現在古典時代的菜單上，這是不變的鐵律。

　　野生動物則不同，並不需要獻給神祇，但在古典雅典周圍沒有多少野味可供食用。唯一的可能是野兔，這是一種示愛的禮物，顯示了求愛者的狩獵技巧或慷慨；至於到底是狩獵技巧還是慷慨，這取決於野兔是捕獲的——這與色諾芬（Xenophon）[13]的狩獵小守則一致，該守則假定野兔是常見的獵物——還是購買的。在古典膳食中，野兔並不比其他鮮肉類更常見，但我們很幸運，有一則古典食譜，或者說得更清楚一點，是幾則配方之中的一個選擇，而這個選擇是受到極力推薦的：阿爾克斯拉托斯（Archestratos）[14]是希臘第一位美食詩人，他在大約公元前三五〇年，以其獨特方式表達了對這個主題的看法：

　　烹製野兔有很多方法，很多規則，這是最好的。趁著他們在喝剛混合好的酒，把烤肉端進來，分給每個人，只要撒鹽，在還有點生的時候，從烤架上取下。如果你看到肉裡滲出汁液（ichor），不必擔心，只管大吃。對我來說，其他配方完全不合適：塗抹黏答答的醬汁、塗抹乳酪、塗抹太多的油，好像在烤黃鼠狼一樣。[14]

---

13 約前四三〇－前三五四／五。雅典軍人、史學家，蘇格拉底弟子。公元前四〇一年，色諾芬受波斯帝國小亞細亞長官小居魯士雇傭加入軍隊，在不知情的情況下於波斯帝國腹地巴比倫附近參與內戰並受困。色諾芬帶領這支希臘雇傭軍脫困，長行一年，回到希臘本土。晚年著作之一《遠征記》即記錄這段經歷，此書後為亞歷山大大帝所倚重。
14 出身西西里的雅典詩人，活躍於前四世紀中。

斜倚的會飲者，手持角杯。這座青銅雕像與色諾芬尼的詩幾乎同一時代，大約在公元前五二五年於希臘北部製作，原本是用來裝飾青銅兌缸（一種調酒的大皿）的邊緣。

　　荷馬和赫西俄德根本沒有提到過海鮮，但從書面文本看來，在古典雅典的晚餐上，魚比鮮肉常見得多。雅典喜劇中許多片段展示了和魚有關的各種事物，從市場到廚房到餐桌。雅典人不是漁民，如果他們想吃魚，他們會付錢買，而魚的價格——總是比正常的來得高——是共同話題，出現的頻率令人驚訝。甚至還有一本關於這個主題的書：「薩摩斯的呂恩克烏斯（Lynkeus of Samos）[15]為一位不喜歡採購的朋友寫了《買魚》。文中告訴他，應該給那些兇殘的魚販子出多少錢，才能合理且無痛地得到他想要的東西。」[15]這位公元前四世紀美食家的聖典，有一段倖存了下來：

　　為了壓制他們的冷酷目光與堅定不移的價格，要站在魚前面加以批評，一面回想阿爾克斯拉托斯或其他類似詩人，並且引用這句話：「沿岸的鯛魚（mormyros），糟透了，根本不值得。」在春天就說：「鰹魚？秋天才買。」在夏天就說：「冬天來的時候，烏魚才真是好！」有多種可能。這樣你就能嚇跑大多數買菜的人和看熱鬧的，於是賣魚的就不得不以你選擇的

15　前四世紀末－前三世紀初。雅典新喜劇時期作家。

公元前四世紀中葉，阿普利亞（Apulia，義大利南部）魚盤，是希臘風格陶器中非常流行的圖案，中央有一個小凹陷處，大概是用來盛裝蘸醬。盤邊緣往下翻（圖中角度看不到）是為了使這道菜更顯眼，因為魚很貴。

阿爾克西拉斯杯（Arkesilas Cup），約公元前五六○年的拉科尼亞（斯巴達）陶器。庫勒尼國王阿爾克西拉奧斯（King Arkesilaos of Kyrene）[16]在監督他的城市的交易。麻袋裡裝的可能是羊毛，但通常認為是塞爾菲昂（silphion）[17]，這種香料是庫勒尼繁榮的基礎。

16 今利比亞東北部地中海岸的古希臘殖民城市，創建於公元前六三一年，羅馬帝國時代四世紀後半葉廢棄。圖中為
　阿爾克西拉奧斯一世，前五九一－前五七五在位。
17 也拼寫為 silphium，一種不明香料植物，用於調味料、香水、催情及醫療。

價格成交。[16]

　　段落中這些短小詩句不是真正的用語，而是文學遊戲。在這個遊戲中，呂恩克烏斯的朋友應該能夠打敗魚販。「根本不值得」這句話是赫西俄德寫的，但並非用來描述鯛魚，而是描述他的家鄉阿斯克瑞（Askra）。[17]阿爾克斯拉托斯的確建議在秋天烹煮鰹魚，但說的不是這句話。

　　一旦買了魚，就必須煮熟，對於如何處理雅典市場上種類繁多的魚，喜劇裡的廚師們有一肚子學問。索塔得斯（Sotades）[18]喜劇中的一個角色，對自己的市場與廚房技能感到同樣自豪，他列舉了一整套海洋盛宴：煎鍋裡的蝦；一條 galeos，即星鯊（dogfish）──「我已經烤好了中段，剩下的部分正在用能夠搭配它的桑葚醬煮著」；兩塊扁鰺（bluefish）──「在砂鍋裡，加上一些香草、小茴香、鹽、水，和一滴橄欖油」；「一種非常好的海鱸（sea bass），把大塊魚肉取下放在烤叉上烤，其餘在高湯裡加香草和油一起煮」；烤架上的紅鯔魚與隆頭魚（wrasse），塗上油和牛至；魷魚填上餡煮熟；墨魚觸手只需簡單烤熟，搭配「各種綠色蔬菜沙拉」；以油調味的小魚；以「帶有濃烈香草味的高湯」烹煮的海螺；蝦虎魚（goby）和鮋魚（rockfish），撒上麵粉後油炸；一條鰹魚「蘸過油，裹在無花果葉裡，撒上牛至，然後像火種一樣藏在堆積的灰燼下」；「一些法勒戎（Phaleron）[19]小鯷魚，加上一杯水就足夠；我要把香草剁碎，倒上一大壺油……這是藝術，你沒法在書本和筆記裡學到。」[18]有時食譜是廚師對奴隸的指示。以下這段簡潔的對話出自安提法奈斯（Antiphanes）[20]：

　　「不對不對，石鱸用滷水小火煮，我告訴過你了。」
　　「那麼海鱸呢？」
　　「整條燜烤。」

---

18 一般稱為雅典的索塔得斯。雅典中喜劇時期作者（前四○○－前三二三）。
19 古代雅典的港口，位於其西南方五公里處。
20 約前四○八－前三三四。雅典中喜劇時期最重要的作者。

「星鯊？」

「跟新鮮切碎的香草一起煮。」

「鰻魚？」

「鹽、牛至、水。」

「海螺？」

「一樣。」

「鰩魚？」

「綠色蔬菜。」

「這有一片鮪魚。」

「燜烤。」

「山羊羔？」

「火烤。」

「另外那塊？」

「放在它對面。」

「脾臟？」

「填上餡。」[19]

　　令人驚訝的是，無論這個話題如何以玩笑形式出現在喜劇對話中——比如：「你知道怎麼煮馬鯖魚嗎？」「等你教我的時候我就會了。」[20]——提到的食譜都是真實的。我們之所以能夠確定這一點，不僅是因為這些食譜完全說得通，而且還因為偶爾有其他食譜倖存，其內容與這些喜劇裡的食譜一致。請注意這些食譜的簡單特色。沒有小茴香，沒有芫荽，甚至連洋蔥和大蒜都沒有，雖然這些調味料使用得當的話，是很受歡迎的。魚只需要橄欖油、好的新鮮香草，偶爾還有好的野生綠色蔬菜。不加香辛料——當然沒有胡椒，當時胡椒在歐洲仍十分罕見。即使是已知古典雅典使用的兩種異國香料，也沒有出現在魚類烹調中，即邁錫尼人熟悉的果味鹽膚木果，以及古代利比亞傳說中的塞爾菲昂。

　　塞爾菲昂是一種粗壯的茴香狀植物的樹脂，在北非以外的地區從未發現過這種植物。這種樹脂進口到希臘，以高價出售，受到古典時代的廚師與膳食專家的青睞，認為它對胃有好處。人們將它與乳酪、醋、油一起磨

中亞的阿魏，*Ferula assa-foetida*，在羅馬及拜占庭時期的希臘當作塞爾菲昂的替代品。圖中是烏茲別克斯坦的茂盛阿魏。

碎，塗在禽類身上火烤，也以同樣的方式加上乳酪和醋給魚調味。它是醃汁和醬汁的一種成分，在希臘美食中的地位，可以與法國烹調中的大蒜相媲美。羅馬人從希臘人那裡知道了塞爾菲昂，他們喜歡吃整個莖和葉，切成薄片，以醋保存起來。據普林尼說，羅馬人過度摘採這種食物：「目前在世的人們所記得的最後一株莖，獻給了皇帝尼祿。」[21]亞歷山大的軍隊則是在中亞發現了種替代品，是我們所知的樹脂阿魏（asafoetida），但希臘烹飪從未採用。

　　另一種重要調味品對古典希臘來說是新風味，這就是希臘或腓尼基人發明的「魚露」（garos），最初的產地是克里米亞的希臘殖民地，以及西班牙地中海岸的希臘與迦太基殖民地，考古學者在這些地方發現了大型設施。從生產者的角度來看，這是極佳的利用方式，可以使用準備出口的魚的邊角料及內臟，無論是魚乾、燻魚或者鹹魚。從古代廚師的角度來看，魚露是一種發酵的醬汁，是世上許多地方都很熟悉、增加滋味與鹹味的醬汁之一。其中最有名的是醬油，但最接近古代魚露的是東南亞魚露，其製作方法完全相同。魚露製法傳給了羅馬人，並保存在拜占庭帝國（姑且這

塞爾菲昂本身是一種高大粗壯、類似茴香的植物，其根與莖產生芳香的汁液，這枚古代庫勒尼的硬幣背面圖案就是這種植物，正面是希臘神祇阿波羅。這種植物現在已滅絕。

麼說），而已知的歷史配方是拜占庭的，用於海邊農場的小規模生產。以下是兩種製法：

製作魚露：所謂的 liquamen[21] 是這樣製作的：把魚內臟放在容器中，用鹽醃；還有小魚，尤其是沙銀漢魚（sandsmelt）、小的紅鰡魚或黑斑棒鱸（mendole）或鰻魚，或一切足夠小的魚，都同樣用鹽醃；然後放在陽光下醃製，經常攪拌。當熱力將其醃好之後，魚露就從中產生了：將一個深而密的編織籃子插入這些魚的中央，魚

馬賽克鑲嵌畫，出自龐貝商人翁布里修斯‧斯考魯斯（Umbricius Scaurus）宅邸，上面是他自己的魚露品牌，以拉丁文寫道 G(ari) f(los)scom(bri)Scauri ex offi(ci)na Scauri，「斯考魯斯牌，最佳魚露，來自斯考魯斯工廠」。

21 大約在五世紀或更早的時候，這個詞開始用以指魚露。原意來自「融化」。

球莖（Bulbs）

接近二月底或三月初，群山突然開滿了花。首先是銀蓮花（anemone），有淡紫色與紫色；其次是杏花，這是春天到來的標誌；接著是入侵的黃花酢漿草（Bermuda buttercup），鋪滿了梯田、小路與山壁；再來是番紅花（crocus）、嬌嫩的粉紅岩薔薇（rock rose）、香豌豆、蘭花、羽扇豆。羽扇豆種子歷來是大齋期間很好的補充食品，但需要徹底浸泡與煮熟，以去除有毒的苦味。然後，突然間，在蒲公英與矢車菊中，數百株細小的藍色風信子發芽了。

這些小球莖深深嵌在岩石地裡，需要很長時間才能收集到一公斤，但是在伯羅奔尼撒、克里特島與其他地方，這些流蘇風信子（tassel hyacinth，*Leopoldia comosa*）[22]的球莖稱為 volvoi，是很珍貴的。其季節通常與大齋同時，在齋戒的日子裡，與其他傳統開胃菜（mezedes）[23]一起食用，其味略苦但清爽，質地鬆脆，與醋和橄欖油相得益彰。

以下方法是克里斯托斯・斯塔瑪蒂亞諾斯（Christos Stamatianos）為我們提供的作法。他說，在他的家鄉斯巴達，球莖加上油，輕輕搗碎，當作主菜，只需加上麵包與一壺葡萄酒。在以前，人們跟在犁地的騾子後頭，從田地上摘採新鮮的球莖。現在許多希臘的年輕人完全不知道這種東西。除了在春天的克里特島，其他季節及其他地方的餐館菜單上很少見到 volvoi（畢竟誰會選擇菜單上光禿禿的「球莖」這種東西呢？）。

---

22 天門冬科綿棗兒亞科藍蓬花屬。
23 Meze、mezze，來自土耳其語，源自波斯語「滋味」，是同時上桌的各種開胃菜，鄂圖曼帝國境內包括西亞、中東、巴爾幹的傳統飲食。

球莖處理

　　小心剝下每個球莖的黑色外皮，修剪，但保留根部，這樣球莖就不會在烹飪過程中分解。在大量水中煮沸，轉小火慢燉十五分鐘左右，然後瀝乾。重複此過程三次以洗去苦味。將球莖與數顆胡椒粒及一片月桂葉裝進罐子，加入上等白酒醋，漫過全部。需要的時候馬上可以食用，但風味在儲存過程中能夠逐漸成熟。搭配香味強烈的初榨橄欖油、大蒜末、新鮮蒔蘿、牛至或克里特岩愛草（Cretan dittany）[24]。

自古以來，流蘇風信子的球莖是希臘和義大利南部的流行食品。可以種植在花園裡，在其他地區被視為花園植物，但通常是從野外採集。其壯陽的名聲在很久以前就已經消失了。

野生的流蘇風信子花（grape hyacinth）[25]。

---

24 *Origanum dictamnus*，常用名 hop marjoram。
25 Grape hyacinth 指天門冬科綿棗兒亞科葡萄風信子屬（Muscari）植物，又稱藍壺花屬，也可指流蘇風信子所屬的藍蓬花屬（Leopoldia），藍蓬花屬曾經包括在葡萄風信子屬，但現在已區分。

露就會流進籃子裡……

　　另一種上等魚露稱為 haimation，是這樣製作的：取鮪魚內臟、鰓、汁液與血，撒上足夠的鹽，放在容器中最多兩個月，然後刺破容器，被稱為 haimation 的魚露就會流出來。[22]

　　魚露在公元前五世紀就已經廣為人知（有趣的是，已知最早提到它的作家是悲劇作家埃斯庫羅斯（Aischylos，約公元前五二五—前四五六），直到十六世紀，法國博物學家皮耶‧貝隆（Pierre Belon）在鄂圖曼帝國的君士坦丁堡看到這種東西——但當時它只剩下最後一口氣了。

　　君士坦丁堡的魚露製造商大多在佩拉（Pera）[26]。他們每天準備新鮮的魚，油炸出售，並利用內臟與魚卵，將其浸泡在鹽水中，製成魚露。使用哪種魚很重要，只有威尼斯人稱為 suro 的地中海竹筴魚（scad）以及鯖魚才可以。[23]

　　古希臘人沒有錢買肉和魚，更不用說進口醬汁和香料了。「窮人買不到的東西，」一段喜劇殘篇裡一名貪婪的角色這樣提醒我們，「鮪魚肚、鱸魚或康吉鰻（conger）的頭、或者墨魚，這些東西，我想連蒙福的眾神都不會鄙視。」[24]以這個標準，雅典的「窮人」比例不得而知，但由於城邦節日有免費食物，這些人也固定每年兩次前往觀賞這些喜劇，在這類台詞中看見自己的身影：

　　我男人是個要飯的，我是個可憐的老太婆，我們的女兒、我們的兒子，都還小，加上這個乖女兒，一家五口，三個人吃晚飯，兩個人跟他們分一點大麥餅……我們吃的零碎全是豆子、羽扇豆、野菜、蕪菁、豇豆、山鷬豆、橡實、球莖（bolbos）、蟬、鷹嘴豆、野梨，還有太陽曬乾，我可喜歡的傳家寶，無花果乾。[25]

---

26 君士坦丁堡的一個區，位於歐洲側（西側），金角灣以北，現名為貝伊奧盧（Beyoğlu）。

在這份當地傳統的非肉類食品名單中，有一種幾乎不花錢的東西，值得多看一眼，那就是球莖（bolboi，葡萄風信子或流蘇風信子的球莖），通常從野外採集，是古代雅典附近墨伽拉（Megara）的園丁帶到市場上的蔬菜之一。這種球莖曾經有催情的名聲。拉丁農業詩人科魯邁拉（Columella）[27]寫道：「從墨伽拉帶來具有繁殖力的種子球莖，能夠激發男性，使他們能夠與女性交媾。」[26]

這種名聲如今早已消失，但在希臘的一些地方，球莖依然是很受歡迎的配菜，雖然需要長時間燜烤（傳統上是埋在熱灰下），而且，正如某部希臘喜劇所強調的那樣，球莖還需要合適的調味：「如果你願意的話，看看球莖這種奢侈品受到的重視：它堅持使用乳酪、蜂蜜、芝麻、橄欖油、洋蔥、醋和塞爾菲昂。至於其本身的滋味則是單薄且酸。」[27]古羅馬烹飪書《阿庇修斯之書》（Apicius）[28]提供了一些有希臘特色的羅馬烹調方法：

> 球莖。用油、魚露、醋，撒上一點小茴香，食用。──或者，將其搗碎，在水中煮熟，然後以油煎炸。這樣做醬汁：百里香、胡薄荷（pennyroyal）、牛至、蜂蜜、一點醋，如果喜歡的話就加一點魚露，撒上胡椒粉，即可食用。──或者，煮熟後壓入煎鍋中，加入百里香、牛至、蜂蜜、醋、濃縮葡萄汁（must）、椰棗、魚露和少許油，撒上胡椒，即可食用。[28]

本地特色

香辛料和配菜並不是故事主線。從公元前七七六年第一屆奧運會，到公元前三三六年亞歷山大大帝成為馬其頓國王，在這段短暫的古典時代盛世裡，我們可以看到希臘多變的地理環境以及其支離破碎的政治現況，這

---

27 四─七○。羅馬帝國時期重要作家。
28 成書於五世紀。此書得名於美食家阿庇修斯，據說他喜愛收集食譜。

兩者之間開始了充滿創造力的非凡互動。現在，在這個地區，也是在全世界，人們第一次開始珍視每個島嶼、每個城邦的特產。

　　古希臘寫作中也到處是這種論述。女神雅典娜提起忒勒馬科斯（Telemachos）前往斯巴達，描述為 Sparten es kalligynaika，「趕往斯巴達，出美女的城市」，她並不是在取笑奧德修斯之子的冒險經歷，也不是在詩句中隨意使用形容詞[29]；這是真正屬於該城邦的特點。在此可以看看阿波羅的女祭司，在德爾菲向認真的求問者發出致命的嚴肅神諭：

>　色薩利的母馬，斯巴達的女人，
>　飲用阿瑞圖薩美泉（Arethousa）[29]的男人，
>　但最好的戰士，卻是在
>　梯林斯（Tiryns）與盛產綿羊的阿爾卡狄亞之間。
>　戰爭的先鋒，是亞麻前襟的阿耳戈斯人（Argos）。[30]

　　寫作頌歌的古希臘抒情詩人品達（Pindar），在簡要列舉各地特產時，也採用了同樣嚴肅的語調：「陶格托斯山（Taygetos）的拉科尼亞犬，是渴望追逐獵物的走獸。斯基羅斯島（Skyros）的山羊，產出乳汁最佳。」[31]不知何故，經常提到的是食品與飲料：阿瑞圖薩的火山泉（曾為位於尤卑亞島的卡爾基斯〔Chalkis〕提供飲用水）、斯基羅斯島的山羊奶、阿爾卡狄亞山間的綿羊。這樣的列舉在六音步詩句中最動聽，比如《奧德賽》及德爾菲女祭司傳達的神諭。甚至雅典喜劇在列舉地方特產時，也採用史詩的六音步：

>　庫勒尼的塞爾菲昂與牛皮；
>　赫勒斯滂（Hellespont）[30]鯖魚與每一條鹹魚……
>　來自色薩利的麥子粉與牛肋……

---

29 Arethusa，海洋女神，阿爾忒彌斯的侍女，為躲避河神阿爾甫斯追求，向阿爾忒彌斯呼救，化為一泓清泉。但此處所指並非位於西西里島東南奧提伽島的同名泉水。
30 達達尼爾海峽。

神話中，希臘酒神狄俄尼索斯（即巴克斯〔Bacchos〕）的追隨者裡，西勒諾斯（Silenos）居於首位。他的形象通常是肥胖、年老、醉醺醺的狂歡者，搖搖晃晃騎在驢背上；有時則是與一名邁納得（Mainad）──即酒神的女性追隨者，一起狂歡，如這枚薩索斯錢幣的圖案所示。

> 敘拉古（Syracuse）供應的豬隻與乳酪……
> 羅得島運來葡萄乾與夢中的無花果。
> 尤卑亞的梨子與胖胖的蘋果……
> 帕夫拉戈尼亞人給我們送來栗子
> 還有油亮的杏仁，盛宴的裝飾。[32]

　　以上這些列舉的名單內容一致，因為陳述的是真正的事實。富有的薩摩斯（Samos）國王波呂克拉特斯（Polykrates）為自己的示範農場尋找最好的山羊和豬，選擇了斯基羅斯島的山羊（有品達的認可），及西西里的豬（如上述喜劇節選）。[33] 這些名單甚至互相補充，吸引了講究美食的學者編寫古希臘美食指南。

　　難怪狄俄尼索斯──一位廣受崇敬的神祇，雅典舞台上經常出現的人物──在以下這部喜劇中列舉古典希臘各種最佳葡萄酒：

31 位於今希臘中馬其頓哈爾基季基的卡桑德拉半島（古稱帕里尼）西岸。

土耳其博德魯姆博物館（Bodrum），多德卡尼斯群島古代沉船上的葡萄酒雙耳瓶，以古代運輸時的擺放方式展出。這些是科斯島式（Kos）雙耳瓶，因此瓶中可能是以海鹽增味的科斯島葡萄酒。

　　為了門得（Mendaean）[31]的葡萄酒，神明都尿濕了自己的軟床。
　　甜美濃郁的馬格涅希亞（Magnesian）與薩索斯，蘋果的香氣飄蕩，
　　由我評判，這些最好的酒，都位列高貴而不傷人的希俄斯之下。[34]

　　這是在公元前五世紀末。如果幾十年後有人向酒神索取一份類似的名單，他一定會加上雷斯博斯。

　　古希臘葡萄酒的故事，發展過程穩定，非常注重當地特色。有幾個城邦以自己的葡萄酒為榮。用我們的話說，他們的政策是建立品牌形象。每一個葡萄酒產區都有自己獨特外型的赤陶雙耳大瓶，用以裝瓶運輸。雙耳瓶上都有戳印，或者貼上標籤。產酒城邦將葡萄、雙耳瓶及其他與葡萄酒有關的主題當作錢幣的圖案，比如公元前五世紀的門得錢幣，上有狄俄尼索斯、西勒諾斯及葡萄樹。葡萄酒本來是沒有橡木香氣的，今天人們很熟悉松脂酒（retsina）[32]的這種香氣，不過當時松脂已經存在了，第一件書面

32　一種白葡萄酒或桃紅葡萄酒（rosé）。

證據來自迪奧斯科里德斯，他是位羅馬帝國時期以希臘文寫作的藥理學家；但考古發現塗有松脂的雙耳瓶，顯示了希臘葡萄酒在很久以前就有這種味道了。這些松脂是用來密封陶器的孔隙，使酒不易變質，並增加獨特風味——並非葡萄酒所能擁有的最佳風味，但也不是最差的。

第一批美食家

　　如果我們目光不局限於葡萄酒，尋找食品品質的地理分布，那麼第一個、同時也是最重要的資料來源，是西西里希臘人阿爾克斯拉托斯的美食詩，寫於公元前三五〇年左右，精心挑選的片段保存在古老的美食聖經，阿特納奧斯（Athenaios，二世紀晚期－三世紀早期。）的《智者之宴》（Deipnosophistai）；後來的年代還有更多資料。

　　阿特納奧斯的語言直截了當，鏗鏘有力，經常是辯論性的，台詞很容易記住，是美食家在晚餐對話時引用的理想選擇。以下這段告訴讀者與聽眾，何時可以買到品質最佳的某些食品：

> 當獵戶座在天上就位
> 葡萄叢的母親褪去長長的捲髮[33]，
> 拿上一塊撒了乳酪的燜烤鯛魚（sargue）
> 大小適中，熱氣騰騰，以濃郁的醋劃開……
> 一切質地堅韌的魚，也是如此處理。
> 當你拿到好魚，天生柔軟，肉質豐滿，
> 只要輕輕撒上鹽，用油滋潤它。
> 只需它本身內在，就有愉悅的能耐。[35]

　　愉悅是這種美食哲學的開始與結束。與赫西俄德一樣，阿特納奧斯仰

---

33 北半球的五月至七月，獵戶座在白天出現，八月開始夜空中可見；葡萄叢母親的「捲髮」指葡萄，所以此處指收成葡萄之後的九月。

埃爾穆波利（Ermoupoli，位於錫羅斯島）的碼頭上，出售剛捕到的魚。

望星星（「當獵戶座在天上就位」）並非出於占星學的緣故，而是因為每座古代城邦都有自己的日曆。而阿特納奧斯是「為整個希臘」而寫作，所以月分的名稱對他來說沒有用處，他必須使用星辰的起落指代季節。[36]

　　阿特納奧斯強烈反對他的西西里同胞的飲酒習俗：「不要和那些敘拉古人一樣，喝得像青蛙，卻不吃東西。」[37] 對希臘西西里的廚師，他也沒有一句好話：

　　　他們不曉得如何烹煮好魚
　　　只會糟蹋東西，每一樣都撒上乳酪
　　　澆上摻水的醋和塞爾菲昂泡菜。[38]

　　阿特納奧斯知道，在迦太基海濱和馬其頓佩拉的市場可以買到什麼魚。他知道獨立雅典的產業用麵包爐，以及波斯統治下的埃呂特萊亞（Erythrai）[34]的黏土烘爐。他整理的範圍，起自義大利南部的希波尼昂

米蒂里尼著名的扇貝，比聖雅各扇貝小，但滋味一樣好。

（Hipponion）[35]，那裡的人使用奧斯坎語字母（Oscan）[36]的錢幣，到小亞細亞南部的伊阿索斯（Iasos），這裡由一位成為波斯總督的國王統治。在他現存的詩歌片段中，提到了六十個地方。他一定去過這些地方，因為除此之外，無法以其他方法進行研究。他的旅行花費不多，足以讓他對自己的食物產生濃厚興趣，但並不至於買不起最好的食品、品嘗不到最好的滋味。他的一些建議，比如他稱讚的雅典麵包、法勒戎鯷魚、科派斯湖（Kopais）[37]的鰻魚，都與常見的美食觀點一致。但這只是冰山一角，還有許多其他觀點，將我們帶到遠遠超出任何其他資料來源的地方，帶到了較小的希臘港口與市場，以及其他著作中沒有的大量食品（尤其是魚類）。在每一個城邦，除了文學之外，還有當地流傳的美食知識傳統；而阿特納奧斯自己的文字雖然已是異彩紛呈，但他還是按照各地的傳統寫作，因此我

---

34 位於愛奧尼亞，即安納托利亞西南海濱地區，是愛奧尼亞十二個城邦之一。
35 今義大利的維博瓦倫蒂亞（Vibo Valentia）。
36 分布於義大利南部，公元七九年之前已滅絕，屬於印歐語系義大利語族，奧斯坎—翁布里亞語支（Osco-Umbrian）。
37 位於今中希臘大區奧維蒂亞洲。十九世紀下半葉以人工運河排水，遂消失。

們讀到的是漁民、魚販和購物者、旅人與客棧老闆之間流傳的知識片段。

　　阿特納奧斯最喜歡的主題是魚，但他的詩是從穀物開始。穀物是希臘的主食，（大家都知道）是女神得墨忒耳送給人類的。阿特納奧斯詩中的資料與所有現存的考古學及文學證據相符。回顧史前時代，大麥的確在雷斯博斯島受到喜愛，而二粒麥的確是色薩利選中的小麥品種。雅典進口小麥，並以烘爐烤製的小麥麵包聞名（雅典喜劇中經常提及，並有柏拉圖對話佐證）；而且各處廣泛使用黏土烘爐。[39]

> 首先我要歷數，美髮的得墨忒耳賜下的禮物……
> 人類所能得到最好的，一切物品中最精緻的，
> 從成熟的大麥穗上，去殼乾乾淨淨，
> 來自雷斯博斯島著名的埃雷索斯（Eresos），大海沖刷的胸膛，
> 遠比風中飛翔的雪片潔白。如果眾神也吃
> 珍珠大麥，赫爾墨斯 Hermes 就是到這裡來採買……
> 拿一個色薩利的麵包捲，如打轉的漩渦
> 出自雙手揉透的麵團；當地叫它「脆屑」，
> 也就是其他地方人們說的麥餅……
> 美名的雅典有潔淨的麵包
> 在她的市場上出售給凡人。
> 盛產葡萄的埃呂特萊亞，白色的麵包出自黏土爐，
> 成熟得蓬鬆柔軟，在晚餐桌上帶來愉悅。[40]

　　關於葡萄酒，阿特納奧斯可能也說過很多，但只被簡短引用。關於開胃菜，他也表示了意見，那就是反對。「我告別了裝著球莖與塞爾菲昂的小碟子，以及所有其他配菜！」[41]關於介殼類，則留下有趣的片段，因為它與其他古代記載和現代資料都有關聯：「米蒂里尼出產扇貝，安布拉基亞（Ambrakia）也是，數量很多，而且個頭很大。」[42]愛奧尼亞海岸的安布拉基亞大扇貝，一定是聖雅各扇貝（coquilles St-Jacques），比阿特納奧斯所說的米蒂里尼海峽扇貝大得多。米蒂里尼扇貝較小，品種可能是法國海扇貝（pétoncle，學名 *Chlamys varia*），味道和聖雅各扇貝一樣好，至今在

雷斯博斯周圍的海域依然很有名。在古代，這些扇貝放在鹽水中出口，或者新鮮食用，可是「火烤並搭配醋及塞爾菲昂一起食用，由於過甜，往往容易腹瀉；如果燜烤，就更多汁、更容易消化」。[43] 後來的文學作品中多次出現赫勒斯滂（達達尼爾海峽）所產的「阿卑多斯的牡蠣」（Abydos）。[44] 羅馬詩人卡圖盧斯（Catullus）[38]暗示過，「赫勒斯滂，比其他海岸生長更多牡蠣」。[45] 阿特納奧斯這首殘篇的真正重點，當然也是整首詩的重點，就是身為膳食核心的魚：該選擇哪個產地的哪個品種，要在哪個季節，還有該如何烹調。食譜總是十分簡單。以下這篇是「秋天的鮪魚」，直到現在，這種鮪魚在伊斯坦堡，依然與當年在中世紀君士坦丁堡及古代拜占庭一樣美味。

> 要用無花果葉，還有牛至（別放太多，）
> 不要乳酪，不要亂七八糟，只是整齊捲好
> 在無花果葉子裡，細繩綁緊，
> 埋在熱灰下，仔細看著時間。
> 不要過頭，燜烤適中。
> 只認美好的拜占庭，如果你要把這道魚做好。[46]

還有一個片段推薦鮪魚，與上述是同一物種。中石器時代，牠們洄游穿越了愛琴海新近形成的出口，而弗冉克希洞穴的漁夫打斷了牠們的航程：

> 如果你來到美名的聖城拜占庭，
> 聽我的，再吃一片味美質嫩，一歲的鮪魚。[47]

阿爾克斯拉托斯以簡單方式烹調這種魚。如果你拒絕這種簡單風格，想要給你的鹽醃鮪魚加上醬汁，那麼必須再等七百年，才能從羅馬烹飪書《阿庇修斯之書》參閱材料：

---

38 約前八四－約前五四，羅馬共和晚期的抒情詩人。

鹽醃鮪魚醬汁
胡椒、歐當歸（lovage）、小茴香、洋蔥、薄荷、芸香（rue）、核桃、
椰棗、蜂蜜、醋、芥末、橄欖油。[48]

　　阿爾克斯拉托斯是最偉大古代美食作家，但不是第一位。古典時代的
希臘烹飪書都沒有倖存下來，但是我們可以從一連串這類早期文本中，讀
到一兩則食譜，這同樣也得感謝阿特納奧斯的《智者之宴》。希臘烹飪書籍
的第一位作者是「米泰科斯（Mithaikos），他寫了一本關於西西里烹飪的
書」。[49] 這句話出自柏拉圖的對話《高爾吉亞篇》（*Gorgias*）[39]，由此可證
明米泰科斯有一定知名度，否則哲學文本不會提及他。在這篇對話中，柏

公元一世紀，章魚攻擊龍蝦，龐貝「跳舞的農牧神之家」（House of the Dancing Faun）內部的馬賽克細部。

---

39 約寫於公元前三八〇年，追述蘇格拉底與高爾吉亞的對話。

紅酒燉章魚（Octopus in Red Wine）

如今在清晨的海邊，仍然經常可以看到年紀較大的男女，在岩石上敲打捕捉到的章魚。捕捉章魚要用長柄三叉戟，或者只用手，然後以木槳在岩石上反覆敲擊，或者把這個倒楣的東西直接往石頭上砸，如此使肉質變軟。根據古老的規則，「章魚要被打兩回七次。」現代智慧則要求打四十二下，或者在冰箱裡待上一段時間。

一整隻章魚，洗淨
月桂葉兩片
胡椒粒一小匙
洋蔥半個，切碎
一瓣大蒜，切片
水
一玻璃杯紅酒，乾澀或者半甜
三分之二玻璃杯橄欖油

陽光下的一隻章魚，剛剛捕獲宰殺，即將烹煮。

將整隻章魚放入尺寸正好的平底鍋中，放入月桂葉、胡椒、洋蔥、大蒜，加上水，水量幾乎漫過章魚。蓋上鍋蓋煮一小時。倒入葡萄酒與油，小火慢燉，直到醬汁變稠，接近淡奶油的質地，且章等魚肉質變軟。將章魚切成大塊，與其醬汁一起溫熱食用，搭配燉鷹嘴豆湯（revithada）最佳。

幾條炭烤章魚觸角，一片檸檬，放在一個小碟子裡，這可能是搭配烏佐酒的典型傳統開胃菜。在夏天，火烤或者煮熟的章魚冷吃，佐以醋與乾牛至。在冬天，可以與酒一起燉，或者做成 chtapodokeftedes，即章魚丸子。有一道流行的大齋期菜餚是短通心粉燉章魚。

拉圖筆下的蘇格拉底諷刺地說，麵包師提亞里安、米泰科斯、酒商撒拉姆博斯三人，都善於從物質上照料雅典人：他們為這個城市提供精美麵包、豐富菜餚、外邦葡萄酒……但結果不是健康，而是頹廢。還有一些關於此人的記載，但只有阿特納奧斯引用了米泰科斯的書；這是一則完整的食譜，但實在簡短得無以復加。該食譜用於一種叫做塔伊尼亞（tainia）的魚，公元前五世紀的西西里就已經使用這個名稱，後世認為是法國人所說的cépole[40]，一種不怎麼講究的帶狀魚：「tainia：剖淨，去頭，洗淨並切片，加乳酪與油。」[50]

米泰科斯有一名繼承者格勞科斯（Glaukos），老家距離米泰科斯出身的西西里不遠，是義大利南部的希臘城市洛克里（Lokroi）。他的作品中，也只有一種醬汁的配方流傳下來：「血醬（Hyposphagma）[41]，將血、塞爾菲昂、葡萄汁糖漿（或蜂蜜）、醋、牛奶、乳酪、切碎的香草食物，一起煎。」[51]還有來自希臘城市塔拉斯（Taras，即塔蘭托 Taranto）的赫格西普斯（Hegesippos），他有一則食譜，但阿特納奧斯只引用了寥寥數語，這是一道著名的古代菜餚，並非源自西西里或義大利，而是呂底亞（Lydia）王國，位於希臘世界東緣，歷史早於波斯帝國。

阿特納奧斯引述道：「呂底亞人也提到某類 kandaulos[42]，其實這不是一種，而是三種，非常奢華豐富；據塔拉斯的赫格西普斯說，材料是炸肉、磨碎的麵包、弗里吉亞（Phrygia）乳酪、蒔蘿、濃郁的肉湯。」[52]

從這些僅存的證據看來，這些烹飪書籍都是商業性的，而且極為簡潔。在同一時代，還有一種完全不同的飲食寫作方式正在發展。大約在公元前四百年，出現了純粹描寫一頓飯的文本，這可能是所有語言中最早的：〈晚餐〉這首詼諧詩，出自基特拉島的費羅薩努斯（Philoxenos of Kythera, 約前四三五－前三八〇），他以其中一位賓客的口吻，向某位密友

---

40 赤刀魚科赤刀魚亞科赤刀魚屬，屬名 Cepola。
41 古希臘文 ὑπόσφαγμα，動物的血加上其他配料製成的各種食物。
42 此名一說與呂底亞國王頭銜有關，一說意為「嚙住狗」。究竟是甚麼型態的菜餚，也不確定，但可知一種是甜餅，一種是鹹味菜餚，有肉、高湯、麵包丁，第三種不明。

描述一場奢華的宴會。多虧了阿特納奧斯的長篇引文，今天我們還能讀到這首詩，他顯然認為這首詩比那些早期烹飪書更有趣。

　　他的主題可能是羅薩努斯的贊助人，即敘拉古國王大迪奧尼西奧斯（Dionysiosthe Elder, 前四〇五－前三六七在位）提供的某次娛樂活動。用餐者在一座大廳裡共用許多小桌。他們飯前洗手，主菜後又洗手；有花環與香油增進氣氛。大量各種菜餚：一開始主要是魚和海鮮，接著的菜餚包括燉章魚；有 thrymmatides，即以油酥麵糰或派餅包裹的禽類，還有許多肉類菜餚。大麥餅與小麥麵包搭配主菜，最後是「柔軟多層的麵包捲」，與蜂蜜、鮮奶油或淡乳酪一起食用。主菜之後上酒，但沒有任何配菜（阿爾克斯拉托斯不會贊成這麼做）。然後是甜點，除了雞蛋、杏仁、核桃以外，還有「牛奶小麥粥……蜜汁芝麻餅……油炸然後裹上芝麻的乳酪芝麻甜食」，以及其他甜點心，主要使用番紅花、蜂蜜與芝麻。然後大家玩起 kottabos 遊戲，這是古希臘人最喜歡的飯後遊戲，手腕輕輕一甩，把杯子裡剩下的酒渣投向目標。[53]

　　同時代的知識分子討厭〈晚餐〉這首詼諧詩。亞里斯多德也批評那些半瓶水，他們「公開發言……但是除了費羅薩努斯的〈晚餐〉，可能什麼也沒讀過，甚至這首詩也沒讀全」。對這些人來說，這似乎是一篇嚴肅但易於接受的文學作品。[54] 安提法奈斯的喜劇片段中，某個角色嘲弄這種人：「費羅薩努斯！遠邁一切其他詩人！首先，他把自己的新詞放得到處都是。然後，他以音調與色彩給自己的詩句灌水。他是人類中的神，論文學，他真正內行。」[55] 這些批評是對的，費羅薩努斯的確把新詞放得到處都是，有時甚至整篇燉菜或糕餅的食譜都放在一個詞裡，但他並不是認真的，〈晚餐〉是一篇「智力遊戲」（jeu d'esprit），把他擅長的酒神頌格律語言（dithyrambic），運用在不協調的遊戲性主題上。他當然不知道他發明的詞語，會在兩千年後被飲食史學家挑出來。

　　之後沒多久，阿爾克斯拉托斯的作品出現了。它也遭到喜劇舞台的諷刺與哲學家的批評，他們將其視為頹廢的典型，致力於並不值得討論的話題，是這類文學的樣本。

　　無論人們對費羅薩努斯的看法如何，我們現在可以看到，阿爾克斯拉托斯的錯誤是領先於他的時代。亞里斯多德即將開始對於動物生物學的系統研究。他的繼承者泰奧弗拉斯托斯，借助亞歷山大遠征的科學報告，寫了一篇關於植物學的文章，尤其注意地理上的變化。薩摩斯的呂恩克烏斯是泰奧弗拉斯托斯的學生，根據目前留存的文本，他是唯一一位提到阿爾克斯拉托斯的作品、卻沒有加以批評的古代作家，這一點絕非巧合。他很可能認為這本書輕鬆愉快，但可以與他老師的一些研究相媲美。在希臘化時期，書面研究被用於各種學術與技術領域，其態度是詳細探索和評估，就像阿爾克斯拉托斯致力於食品品質的地理調查。

　　呂恩克烏斯像其他許多人一樣，只因阿特納奧斯引用其作品而為人所知。呂恩克烏斯曾在薩摩斯島、羅德島和雅典生活過，對這三個地方的飲食習俗都有話要說。他的信件，包括《買魚》（前文已引用），顯然都是關於食物、烹飪和餐飲；別人寫給他的信件也是如此。呂恩克烏斯寫給迪亞戈拉斯（Diagoras）的信，其中只有幾段殘存下來，是雅典美食進入階段的證據：

安靜的小酒館，在科斯島南部海岸的卡爾達邁納（Kardamaina）。

　　迪亞戈拉斯，你住在薩摩斯的時候，我知道你經常參加我家的飲宴，在這樣的場合，每個人身邊的酒壺都會倒出來，讓大家高興地喝上一杯。
[56]

　　呂恩克烏斯反對雅典人的做法。在傳統的雅典會飲中，儀式的一部分是決定酒與水的混合比例，然後所有與會者一起逐漸喝醉。對於以哪些食物當作開胃菜與甜點，呂恩克烏斯也有自己的看法：「順便說一句，有時候我不像他們那樣，在飯後供應無花果，因為飽腹感已經破壞了味覺，我是放在晚飯前，當胃口還未啟發的時候。」[57]

　　阿特納奧斯建議讀者重視某某城市的特產麵包，或某某城市的特產糕餅，於是他們能做的就是開始一趟特殊的旅行。在呂恩克烏斯給迪亞戈拉斯的同一封信中說，他如果想品嘗羅德島的海膽餅（echinos），希望他也能親自走一趟：「你和我同行時，我們將品嘗羅德島作法的海膽餅，我將盡量向你解釋得更充分。」[58] 但是，如果你可以從不同城邦選擇飲食習俗，並建構自己的一套禮儀，你也可以從不同城邦選擇食譜。與呂恩克烏斯通信的希波洛科斯（Hippolochos）告訴我們，當時流行正是這樣發展的：在馬其頓的一戶人家裡，一頓飯中，希波洛科斯享用了「各種糕餅，親愛的呂恩克烏斯，有克里特、你的老家薩摩斯，還有阿提卡（Attica），而且都放在各自的容器裡」。[59]

　　為了適應這些新口味，需要新的烹飪書。阿特納奧斯引用了兩本，《麵包製作》（Bread-making）及《論糕餅》（On Cakes），作者是埃阿特洛克勒斯（Iatrokles），可能是公元前三世紀的作家。他記述的糕餅來自科斯島，也許還有色薩利、敘拉古，當然還有雅典；他寫下的食譜反映了這種新的美食自由與折衷主義。《論糕餅》的作者，門得的阿爾波克拉提翁（Harpokration of Mendes），出身埃及，記錄了一種用莎草紙包裹的亞歷山大甜食食譜。阿特納奧斯引用過兩段長文的《麵包製作》，作者是提亞納的克律西波斯（Chrysippos of Tyana），書中記錄的食譜來源包括他的家鄉安納托利亞，以及克里特島、敘利亞、埃及，但更多的是與羅馬及義大利有

關的食譜，顯然是在公元前二世紀或一世紀初寫的。

帕克薩摩斯（Paxamos）[43]是這個時期一位不太出名的希臘作家，可能在羅馬工作。他的興趣廣泛，據一本拜占庭辭典記載：「帕克薩摩斯，作者。《烹飪》（Cookery）按字母排列。《Boiotika》分為兩冊。《十二倍的藝術》（The Twelvefold Art）：這是關於性愛姿勢的……」[60]阿特納奧斯的《智者之宴》引用了《烹飪》，這本書在當時似乎仍在流行。如今帕克薩摩斯仍然以另一種形式被人們記住：大麥硬麵包，即 rusk，稱為 paximadion，就是源自帕克薩摩斯的名字，二世紀時古羅馬哲學家蓋倫（Galen 一二九一二〇〇）首次提及，在後來的拜占庭及現在的希臘依然非常有名。蓋倫寫下的食譜不是普通的大麥硬麵包，而是用於通便。考慮到此一特殊用途，使用白麵粉似乎很奇怪。然而在當時，全穀物被視為廉價且「骯髒」，因此對於使用此類處方的富裕患者來說，是無法接受的。

通便大麥硬麵包：取二或三德拉姆（dram）[44]墨牽牛子（scammony），三德拉姆希俄斯黃連木乳香，二德拉姆芹菜籽，四德拉姆水龍骨蕨（polypody），一德拉姆肉桂，一磅白麵粉麵團，混合並加入乾配料，仔細揉捏。[61]

這則食譜的記錄者是帕克薩摩斯，帕加馬的蓋倫加以引用。它提醒我們，在這整個時期，從米泰科斯開始，一直到羅馬帝國，還有一種截然不同的飲食寫作也在蓬勃發展，即營養與特殊膳食書籍。早在公元前五世紀末，希波克拉底醫藥文獻集中的手冊《攝生》（Regimen）或曰《論膳食》（On Diet），就把食品對健康的影響加以分類。一年四季、各種體質，都各有適當的飲食、運動、衛生與性活動。

從公元前三世紀開始，就有很多這樣的文本。著名的希臘醫生受雇於

---

43 字面意義「帕克薩摩斯式的」。
44 約等於三點四一公克。

希臘化時代各王國宮廷，其中之一是卡律斯托斯的狄奧克勒斯（Diokles of Karystos），他寫了目前已知第一本為旅人提供營養建議的書籍，阿特納奧斯引用了他的一些話。還有一位同行，錫夫諾斯島的狄菲盧斯，「生活在國王利西馬科斯治下」，撰寫了《病人與健康人的膳食》（*Diet for the Sick and the Healthy*），這本書也因為阿特納奧斯引用而為後人所知。阿波羅多羅斯（Apollodoros），為埃及托勒密王朝一位國王服務，並就選擇葡萄酒提供建議。這是飲食寫作的黃金時代，醫學作者有時提供的資料細節十分詳盡，幾乎等於食譜。與此有關的還有《論物質》（*On Substances*），作者是士麥那的海克修斯（Hikesios of Smyrna）。這本書的一則殘篇提醒我們，希臘人的餐飲涉及所有感官，而不僅僅是味覺。海克修斯認為，對於他的主題來說，會飲上使用的芬芳香料與食品一樣重要：

> 香料有些是膏，有些是水。玫瑰花香適於會飲，桃金孃和楒梓也是，而且後者健胃，適合嗜睡的人。繡線菊（meadowsweet）的香氣也能健胃，並保持頭腦清醒。馬郁蘭與早花百里香（mother-of-thyme）也適合會飲，還有番紅花，但不要混合太多沒藥。沒藥也適合會飲，甘松（spikenard）也是。葫蘆巴（Fenugreek）的香味甜美溫和。紫羅蘭（Gilliflower[stock]）芳香且促進消化。[62]

　　對於想要復興古代香氛的人來說，成分列表可見泰奧弗拉斯托斯的短篇《論氣味》（*On Odours*，約公元前三百年），以及公元一世紀的重要彙編《藥物論》（*Materia Medica*），出自阿納札爾巴的迪奧斯科里德斯（Dioskourides of Anazarba）之手。這本彙編完整保存了下來，它為研究天然物質、其人工衍生物及消化與藥理特性，奠定了新標準，並有條不紊利用了整個地中海中心與東部的動植物及食品。

　　回到食物主題上，羅馬帝國早期的一位醫學作家，阿塔萊亞的阿特納奧斯（Athenaios of Attaleia）總結了肉和魚在不同季節的品質，此一片段令人想起阿爾克斯拉托斯，但是更有系統：

精彩的六世紀《朱利安娜·安妮基亞抄本》（*Codex Anicia Juliana*）[45]，配有插圖，文字內容為迪奧斯科里德斯的《藥物論》，這本希臘文草藥大全經典對阿拉伯與歐洲醫學有著深遠影響。在典籍原文下方，後來又以安色爾字體（uncial script）加上了拜占庭希臘文的註釋，之後又加上了植物的阿拉伯語名稱。圖中是壞血草（scurvy-grass），*Cochlearia officinalis*，是水手的重要補充食品。

在古希臘比較荒涼的地方，尤其在北部，很適合從事狩獵。這是石棺邊緣的著色素描，公元前四世紀，馬其頓。

　　從春天到昴宿星團開始出現的秋天，是豬最差的時節，接下來到春天，是豬最好的時節。山羊在冬天最差，春天開始好轉，直到大角星出現[46]。綿羊在冬天最差，但是從春分後直到夏至，都會添膘；而春天結束、草開始結籽，直到整個夏天，乳牛都會長胖。至於鳥，冬季出現的鳥類──烏鶇（blackbird）、斑尾林鴿（wood pigeon）和林鷸，在冬季就是最好的；鷓鴣（francolin）在秋季；黑頂鶯（blackcaps）、金翅雀（greenfinch）、鵪鶉，在這個季節最肥。母雞在冬天不是很健康，尤其吹南風的時候；斑鳩在秋天最好。至於魚，有些魚在帶籽的時候最好，比如蝦、海螯蝦（langoustine）、軟體魷魚及墨魚；其他則是呈卵圓形時最好，比如kephalos，即灰鯔魚，這些在帶籽的時候是最瘦弱的，產卵時更是如此。鮪魚（tunny）在大角星之後最肥，夏天最差。[63]

　　二世紀最偉大的膳食學家是帕加馬的蓋倫，他是羅馬皇帝康茂德（Commodus）的內科醫生，也是一位多產作家。在《論食物特性》（*On the*

---

45 又稱《迪奧斯科里德斯維也納抄本》（*Vienna Dioscurides*）。朱利安娜・安妮基亞公主（四六二─五二七／五二八）為羅馬皇帝奧利布里烏斯之女，此抄本在五一五年為其所作。
46 北半球四月至九月。

Properties of Foods）一書中，蓋倫討論了希臘幾乎所有食品的膳食價值。他的許多作品中都有關於食物與烹飪的軼聞。膳食在古代醫學中的核心位置，從他癡迷而細緻的註解可以看得出來，這些註解主題諸如煮雞蛋、做煎餅，夾雜著軼事，生動有趣：

　　讓我們在此聊一下其他糕餅，那些以密穗小麥（club wheat）粉做成的糕餅。在阿提卡，稱為 tagenitai，我們在亞洲的人[47]稱之為 teganitai，都只是以油做成。沒有煙的爐火上放一口煎鍋，倒入油，油熱了，將混合了大量水的小麥粉倒入。當餅在油煎時，會迅速凝固並變厚，就像新鮮乳酪在籃子中定型一樣。這個時候，廚師把餅翻過來，把剛才看得見的一面放在下邊，貼著鍋底，把充分油煎的、剛才在下邊的那一面，翻到上面。當下面也定型後，再翻兩三遍，直到廚師認為餅已經全部熟了……。有些人喜歡加蜂蜜，有些人喜歡加海鹽。[64]

　　蓋倫與阿特納奧斯是同時代人，年紀較長。阿特納奧斯《智者之宴》的對話裡，有一名虛構的人物蓋倫。這就把我們帶到了阿特納奧斯本人身上，本章大部分內容都仰賴於他。他的生卒年在二世紀末至三世紀初，出身埃及瑙克拉提斯（Naukratis），但他將自己的虛構對話設定在羅馬，那裡是希臘知識分子、美食家與廚師的第二故鄉。他的這部大作似乎是在二二三年後不久完成的。

　　《智者之宴》（原意「智者」或「飲宴專家」）的形式是一系列虛構晚餐時的議論。為了模仿柏拉圖的《理想國》，這些議論是以對話形式，由「阿特納奧斯」向「提摩克拉提斯」講述。其中幾位發言者確有其人，是阿特納奧斯的同時代人，比如蓋倫；還有一些人是虛構的。這些人當中有幾位醫生，引用了膳食學文本；一位犬儒學派哲學家；學究烏里皮安（Ulpian），他要求對奇怪的食物名稱提供權威文本；以及晚餐的主人，羅馬公民拉倫

---

47 蓋倫出身帕加馬（別迦摩），今土耳其貝爾加馬（Bergama），位於安納托利亞西邊，距愛琴海二十六公里，因此自稱「我們在亞洲的人」。

西烏斯（Larensius）。從頭到尾貫穿討論的主線，是公元前最後幾個世紀的希臘及鄰近地區的飲食與娛樂。發言者偶爾會談論他們自己時代的食物和社會生活，但吸引他們的幾乎都是過去古典時代的文本：喜劇、回憶錄、史詩、歷史、科學、醫學和辭典。他們不斷引經據典，並經常打斷和質疑他人的引語。

　　阿特納奧斯喜歡公元前五至前三世紀的雅典喜劇，因此本章前文中引用了廚師的講話。他對食譜書感到厭倦，但是對關於膳食的醫學文本有興趣，他喜歡希臘化時代的軼事史書，這些書中充滿有關食物與節日的資料。在極少數情況下，他的引文可以與倖存原作互相核對，可證明他的引文都頗為準確。但此外有數千處無法核對，可是由於有了他的引文，這些原作文本才沒有完全佚失；這正是《智者之宴》的真正價值，是一項極其豐富的資源，如果沒有它，我們對希臘食品歷史與食品寫作歷史的了解，將大為貧乏，損失無法估量。

第三章
羅馬與拜占庭的滋味

　　阿特納奧斯在羅馬生活和寫作，當時希臘隸屬羅馬帝國，但是在廣博的《智者之宴》中，幾乎找不到三世紀早期羅馬臣民的生活。他只關注過去的希臘。

　　希臘身為羅馬帝國的一部分，其食物與烹飪對阿特納奧斯來說並不重要，但對我們來說很重要。這是古典希臘與拜占庭帝國之間的歷史紐帶，解釋了後者是如何從前者發展而來。在內部政治危機、頻繁叛亂、持續的邊境戰事壓力下，羅馬帝國分裂了。分裂是經過深思熟慮的，最初由皇帝戴克里先¹做出決定，他規劃了由四位皇帝組成的制度，即四帝共治制（tetrarchy），其中一位皇帝（最初是戴克里先本人）擁有最高權力。但結果並非如此。連續的爭奪將權力擁有者減少至兩人，並且這兩人之間形成了平衡。從五世紀初開始，實際上分為兩個帝國，而西部的西羅馬帝國在不到一百年後就崩潰了。

　　東部則是我們所說的拜占庭帝國。這裡使用雙語，官方文件中同時使用希臘語及拉丁語。希臘人長期居住的土地，包括希臘、馬其頓、色雷斯和小亞細亞，都是東部帝國的一部分。首都君士坦丁堡講希臘語。希臘的飲食習慣在這個帝國的中心地區根深蒂固，但大約四百年的時間裡，由於旅行、移居、通婚、帝國範圍內的貿易，希臘飲食習慣混合了羅馬人及其他人的食品與生活方式，而最後結果是如何呢？

---

1 在位時期為二八四－二八六（羅馬帝國）；二八六－三〇五（帝國東部）。

　　相關資料並不匱乏。《羅馬帝王記》（*Historia Augusta*）[2]是一系列帝王傳記，帶有許多虛構性質，大約完成於三八〇年，書中提到許多豪華菜餚。三〇一年，戴克里先的《價格詔》（*Price Edict*）列出食品與其他物資，這是為了限制軍隊為物資支付的最高價格，但最後失敗了。這份詔書是以帝國的官方語言即拉丁語和希臘語頒布的。但是皇室烹飪與美食的唯一重要資料來源是一本拉丁語食譜集，可能成書於四世紀末，以傳奇美食家阿庇修斯的名字而為人所知。

　　有些食譜書是為了讓人休閒閱讀，而不是讓廚師實際使用；這也是人們對《阿庇修斯之書》的評價，但其實這種說法是錯誤的。這不是一本為了娛樂而讀的書，這一點在它的風格及語言上都很明顯：一連串極為簡單的食譜，基本上只是材料清單，而且是以通俗拉丁語寫成，這是羅馬帝國的通俗口語。

　　有文化修養的人閱讀與寫作使用的是書面古典拉丁語；《阿庇修斯之書》展現了羅馬家庭中廚師與僕人使用的日常語言以及技術術語。這本書是通俗拉丁語的主要資料來源之一，為當時表面之下的語言和文化交流，提供了一幅無與倫比的圖景。

　　《阿庇修斯之書》有許多希臘語名稱的菜餚。食譜裡有食物名稱和烹飪術語的希臘語借詞。這並非新鮮事，同樣的希臘語詞彙也出現在其他文本中，比如在一世紀，佩特羅尼烏斯（Petronius）的拉丁文小說《薩蒂利孔》（*Satyricon*）[3]，以及羅馬帝國後期的希臘—羅馬雙語語彙書《常用對話》（*Daily Conversation*）。事實上，這是雙向交流。在現代希臘語中，食物與菜餚名稱有拉丁語借詞；現代羅曼語也有從拉丁語發展而來的希臘元素。《阿庇修斯之書》的希臘語詞彙，是真正進入拉丁語的借詞，其中一些在今天的西班牙語、葡萄牙語、加泰隆尼亞語、法語、義大利語及羅馬尼亞語中仍然存在。

---

2 從哈德良到努梅里安，一一七－二八四，成書時代有爭議。
3 約二七－約六六。Satyricon 原意為「好色男子的故事集」。亦根據義大利電影導演費里尼在一九六九年同名改編電影，中文譯名為《愛情神話》。

　　羅馬帝國烹飪中的新食品與菜餚，其名稱存在於止一種語言裡，這是很自然的。例如臘腸，有一種叫做 isikion，《智者之宴》曾加以討論，還有一種類似的叫做 salsikion（可能是鹽漬的）。這種食品可以追溯至公元前二世紀，但這個名稱是拉丁語還是希臘語？拉丁語 salsicia 留存至今，衍生出現代義大利語 salsiccia，以及法語 saucisse；而《聖葛斯默與聖達彌盎的奇蹟》（*Miracles of Saints Cosmas and Damian*）[4]使用的是拜占庭中期的希臘語，我們在此書中發現了有用的短語 seirasalsikion，即「一串臘腸」。

　　雖然沒有早期的鹽漬臘腸 salsikion 食譜，但就流行的煙燻臘腸 loukanikon 而言，我們知道，不同文化不僅都有這個相同的詞，其配方也都有一些相同細節。古羅馬拉丁語作家瓦羅（Varro, 前一一六～前二七）告訴我們，煙燻臘腸最初是在公元前二世紀，由在義大利南部盧卡尼亞地區（Lucania）服役的士兵帶到羅馬，這種臘腸就以盧卡尼亞命名。幾個世紀後的瓦羅寫下了一種羅馬煙燻臘腸配方（這個拉丁文配方裡的 liquamen 是一種魚露）：

　　製作煙燻臘腸（lucanicae）：搗碎胡椒、小茴香、香薄荷（savory）、芸香，歐芹，月桂子、香楊梅香料（bayberry spice）、魚露。加入已經徹底搗碎的肉，這樣就可以與香料充分混合。拌入魚露、完整的胡椒粒、大量肥膘與松子。把肉放進腸衣裡，把香腸拉長，掛在煙裡。[1]

　　大約在編寫這則食譜的同一時期，loukanika 這個詞也首次出現在希臘文中。如今，地中海從東到西乃至更遠的地方，都很熟悉 loukanika──盧卡尼卡煙燻臘腸：在義大利南部、希臘、賽普勒斯、保加利亞；在葡萄牙與巴西稱為 linguiça；在西班牙稱為 longaniza；在講阿拉伯語的黎凡特地區（Levant）以及黎凡特猶太人也很熟悉。以上這些不同名稱的現代臘腸，通常是香辛料濃重，而且燻製，使用羊肉而非豬肉，裝在長的單筒腸衣中，而非人工扭轉分段。

4　?－約二八七。基督教殉道者，兄弟二人，在土耳其及敘利亞行醫，

燉蝸牛（Snails Stifado）

希臘幾乎到處都喜歡吃蝸牛，許多村莊以蝸牛聞名當地。例如，帕羅斯島的勒弗克斯（Lefkes）在當地被視為吃蝸牛的村子，即「karavolades」，每年七月還舉行蝸牛節（奇怪的是，這是一年中最不可能找到蝸牛的季節）。在克里特島，蝸牛和番茄、洋蔥一起燉成 stifado，也可以簡單地與大量大蒜一起烹調，都很受歡迎。以下這道食譜出自黛安娜・法爾・路易斯（Diana Farr Louis）的《克里特島的盛宴與齋戒》（*Feasting and Fasting in Crete*）。

Stifado 意為「以洋蔥和香辛料燉煮」。要把每隻小蝸牛從殼裡吸出來。

半公斤蝸牛

一個大洋蔥，剁碎

一百二十毫升橄欖油

五百克番茄，切碎

鹽與胡椒，酌量

四百克布格麥（bulgur）或乾麥粒、即特拉卡納斯麥（trachanas）[5]

將蝸牛放入稍有深度的醬汁鍋中，加水至差不多漫過，煮沸，繼續煮五至八分鐘，煮的時候一面撇去浮沫。瀝乾並沖洗乾淨。用橄欖油將洋蔥和蝸牛一起用中小火炒，直到洋蔥呈半透明並開始呈棕色。加入調味料與番茄，攪拌。蓋上鍋蓋，用中火煮，直到番茄釋放出汁液。拿掉鍋蓋，小火煮至大部分液體蒸發掉。

取一隻蝸牛，刺穿肉並切開，看看是否已經完成。如果肉是嫩的，將蝸牛從鍋中取出，加進布格麥或特拉卡納斯麥，以

5　布格麥通常以壓碎的硬粒麥（杜蘭小麥）煮至半熟，乾燥，儲存。特拉卡納斯麥通常以壓碎的小麥與酸奶或酸牛奶混合，發酵，乾燥，儲存。

及三百六十毫升水。蓋上蓋子，小火煮至大部分水被吸收（十
至十五分鐘）。把蝸牛放回鍋裡，再小火煮五至十分鐘。

　　以上為四至六人份。

雅典，出售的蝸牛，其中幾隻還沒
有向命運屈服。

　　從臘腸到甜食，我們看到羅馬帝國兩種偉大的語言之間另一種交流。
在希臘語中出現的拉丁語後綴 asatonis，用於表示單一主要成分的調製物。
典型的地中海甜食榲桲醬，是將榲桲片置於糖漿中，長時間緩慢烹調而
成，常用的中世紀名稱 kydonaton，來自希臘語 kydonion melon（「基多尼
亞的果實」，就是榲桲），並加上這個拉丁語後綴。還有一個名稱是
melimelon，「蜂蜜果」，源自更早的時期，當時食糖仍然很貴，因此用蜂蜜
製作類似的果醬。榲桲醬的這個名稱拉丁語形式是 melimelumin，進入葡
萄牙語之後，變成 marmelada。伊莉莎白一世時代的英國流行葡萄牙榲桲
醬，這個詞就進入英語，變成 marmalade，現在指的是柑橘類果醬，而非
榲桲醬。

　　在帝國內農業文化交流的這個時期，希臘已經很熟悉的一些食物品種
開始有新的拉丁語名稱，並且沿用至今。因此，「香櫞」現代希臘語為
kitron，但在古代希臘語稱為 melon medikon，「米底果」，因為希臘人第一
次見到這種果實是在波斯皇帝的果園，位於中亞的米底。香櫞的現代名稱
來自拉丁語 citrus，而這個詞又有自己的來源。

　　羅馬的園丁與農夫在植物育種方面付出許多心血，新品種有時極為流

行，以至於其名稱（很可能是拉丁語）也取代了舊品種名。現代希臘語 marouli，「萵苣」，完全不是古代希臘語的 thridakine；而且這個現代希臘語名稱似乎來自拉丁語品種名稱，但這個品種現在已經被遺忘了，可能類似於 amarula，即「帶苦味的」。羅馬特別喜歡大馬士革品種的李子，拉丁語名 damascenum；在今天歐洲大部分地區，這依然是一個品種名稱，例如英語中的 damson，但是在現代希臘語中，這個詞已經變成梅子與李子的通稱 damaskino。在一世紀的羅馬，開花結果季節早的杏子，稱為 praecocium，「早熟的」；從這個名稱產生了中世紀希臘語的 termbrekokion，現代希臘語的 verikoko，以及中世紀阿拉伯語名稱，再由該名稱形成一系列現代西歐語文的名稱，包括英語的 apricot。大約在同一時期，某種桃子得到了拉丁語稱號 duracinus，「硬核的」，傳入希臘語，稱為 dorakinon，但是這個希臘語名稱似乎在子音轉換之後更有意義，因此現代希臘語名稱是 rodakinon，其意是「玫瑰色外皮的」。這類名稱也可以反向傳遞，從希臘語傳入拉丁語。希臘化時代出現一種栽培品種的肉質胡蘿蔔，在羅馬帝國時代的希臘語稱為 karoton，其意可能是「大頭」。這個後期希臘語名稱不僅取代了野生種 daukos 的古代名稱，還進入了通俗拉丁語及西歐各語言，這就是英語 carrot 的由來。

　　希臘與羅馬文化在美食方面的所有交流中，「肝」（liver）的名稱故事是最奇特的：中世紀希臘語 sykoton（現代希臘語 sykoti），通俗拉丁語 ficatum（這是法語 foie、西班牙語 higado 及其他一些西歐語言名稱的祖先），這兩個希臘語及拉丁語名稱的意思，都是「有無花果的」，或者說得更明確一點，是「被塞滿無花果」；這兩個詞分別來自古典希臘語 sykon，以及古典拉丁語 ficus，意思都是「無花果」。為什麼在這兩種古代語言中，字面意思「被塞滿無花果」，都衍生出「肝」的意思呢？線索就在希臘語中。最早對於人工強制餵食的填鵝格外感到興趣的人，正是古希臘的美食家；我們之所以知道這一點，是因為《奧德賽》中，漂泊的奧德修斯的妻子珀涅羅珀講述了一個夢，夢中她在自家院子裡養肥了二十隻鵝（荷馬與後來的佛洛伊德都認為，這些鵝代表那些前來向她求婚的狂熱追求者）。也正

是在古希臘，美食家首先注意到這種鵝的肝臟有其特別之處；在希臘，無花果乾是一分錢兩枚，鵝都是以無花果餵肥的。也因此，在希臘使用「被塞滿無花果」（sykoton）這樣的詞來稱呼「肥鵝肝」（foie gras），是完全有道理的。其次，由於這是最好的，所以希臘人樂於對所有肝臟都加以這個名稱（就像現代希臘人樂於把所有白蘭地都稱為 koniak〔甘邑〕）。然後，說拉丁語的人創造了意思相同的拉丁語單字，就是 ficatum，這個字首次出現在《阿庇修斯之書》一則食譜中，意思就是「肝」，只有在特別狀態下，才是「以無花果餵肥的動物肝臟」，而非在日常生活中。

在這個時期，文化真正交融。來自這兩種語言的技術詞彙，被人們視為最適合用來表達新的食品理念。羅馬帝國時期首次記錄的一些新拉丁語及希臘語技術詞彙，很難判斷是出自哪種語言，這一點很奇怪。比如，isikion 是希臘語還是拉丁語？沒有人知道。Kydonaton 是希臘語還是拉丁語？一半一半。融合正在進行，但從未完成，因為羅馬帝國後來的皇帝在東西省分之間所做的行政劃分，最後固化為文化及語言邊界。東部帝國講希臘語，由羅馬人統治，以其希臘與羅馬文化遺產而自豪，成為我們所稱的拜占庭帝國。它雖然疆域逐漸萎縮，但活躍繁榮了一千年。食物是希臘與羅馬文化遺產的重要部分，君士坦丁堡的希臘人在談論書寫他們的食物時使用的許多詞語，今天依然存在於日常的希臘語中。

羅馬帝國時代希臘的獨特之處

「我們正處於巔峰」，拉丁語詩人賀拉斯（Horace，前六五－前八）不無自信地斷言，「我們的繪畫、歌唱、戰鬥都比那些油膩膩的希臘人強。」[2] 雖然羅馬人對這個被自己征服的省分有著模稜兩可的感情，但是對當地特色食品有許多話要說。雅典通常是羅馬人向東航行的目的地，但這個曾經富裕的城市現在窮了，其歷史可供出售；古希臘詩人奧托墨冬（Automedon）暗示道：

　　帶上十斗木炭，能讓你成為公民……。對於你在當地的門路，送點包心菜梗、扁豆或蝸牛。一定要有這些，然後你可以稱自己是厄瑞克透斯、凱克洛普斯、科德羅斯（Kodros）[6]，隨便你，沒人在乎。[3]

　　此時的雅典顯然沒有什麼美食可言，但城外伊米托斯山的山坡上，有一種百里香自由生長。百里香與芝麻菜（rocket，*Eruca vesicaria*）等野菜，是雅典窮學生搭配麵包的爽口菜。

　　在雅典以外的遠方，人們也間接聽說了雅典的百里香。「最好的蜂蜜來自阿提卡，阿提卡最好的來自伊米托斯。」這種蜂蜜來自陽光明媚的山坡，是古代美食中眾人皆知的老生常談。而且當時和現在一樣，讓這種蜂蜜與眾不同的原因是百里香。[4] 伊米托斯蜂蜜是製作 mulsum 的必要材料，mulsum 是羅馬式餐食的飯前甜酒，這是一種真正的希臘—義大利混合物，「以伊米托斯的新蜜，混合陳年法勒尼葡萄酒（Falernian）」，這種葡萄酒產在拉齊奧（Lazio）[7]與坎帕尼亞（Campagna）[8]之間的丘陵。

　　前引奧托墨冬的警句在當時是少見的；羅馬文學通常盡可能避免提及希臘的真實情況，例如城市萎縮或遭遺棄，財富（如果還有的話）被消耗或被盜，政治狹隘，並依賴羅馬。相反地，當時羅馬文學勾勒出一幅希臘黃金時代的景色：狄俄尼索斯親自腳踩葡萄，「黏稠的葉子蜂蜜涓滴，肥壯的橄欖樹流著油」，獵隊的喧鬧響徹群山。[6]這些山在經濟上才是真正重要的。地中海地區最好的藥草產地是克里特島，其次是色薩利地區東南部皮利翁山（Mount Pelion）的山坡。根據神話，半人馬凱龍的家鄉就是皮利翁山，他是高明的草藥師，在帕迦薩城（Pagasai）附近的山坡上採集草藥。還有更多例子。阿普列尤斯（Apuleius）[9]的《變形記》（*Metamorphoses*）中一個角色說：「我在色薩利、埃托利亞、波奧提亞（Boiotia）四處尋找蜂蜜、乳酪與所有這類食品。」[7]希臘北部山地出產的乳酪，需求很大，而希臘

---

6 都是雅典神話中的古代雅典國王。
7 義大利中西部一個地區，羅馬城位於此處。古稱 Latium，「拉丁部族之地」。
8 羅馬城周圍的區域，面積約二千一百平方公里，在當時是重要的農業及居住區。
9 約一二四—約一八九。出身羅馬帝國北非的努密底省（位於今阿爾及利亞），曾在雅典學習柏拉圖學說。

古希臘墓碑上的典型場景之一是逝者與在世的家人共享盛宴。圖中這個例子，除了頂部破損，其他部分保存完好，原本的著色痕跡仍在。食物放在一張三腿小桌上。

雅典中央市場附近出售的香辛料。看得出來有玉桂、品質更好的肉桂、蜂蠟、薰衣草、百里香（enchorio，「本地產」）、八角、印度薑黃。

的山地蜂蜜，即使並非產自伊米托斯，在整個帝國也是最好的。

　　從古典希臘的觀點來看，馬其頓及色雷斯北部的共同特點是多產的地力，這在文學作品中可見，偶爾有果樹一年結果兩次的傳聞，或是作物產量高得離譜，還有品達對色雷斯的抒情讚美：「豐富的葡萄與美好的水果」。這種常見的現象，再次出現在羅馬文學中。《奧德賽》中，奧德修斯講述十年流浪的故事時，談到色雷斯人馬榮（Maron）給他的葡萄酒，這種酒十分醇郁，需要用二十倍的水稀釋。羅馬博物學家普林尼願意相信這一點，因為他信任資料提供者「三任執政官的穆齊阿努斯（Mucianus）[10]」，穆齊阿努斯在視察羅馬治下色雷斯的馬洛尼亞（Maronea）時，品嘗了一種幾乎同樣醇烈的葡萄酒：「每品脫混合八倍的水；其色深黑，氣味芳香，而且隨著時間更加馥郁。」[8] 無怪乎人們傳說色雷斯人喝酒喝得精神錯亂。在古希臘，人們認為喝純葡萄酒會導致瘋狂（色雷斯人和馬其頓人喝純葡萄酒是有名的），而瘋狂又引起鬥毆。賀拉斯說：「色雷斯人有一個習慣，就是拿著提供歡愉的杯子鬥毆。」[9]

　　至於克里特島，公元前三一〇年，泰奧弗拉斯托斯編著《植物志》（*Study of Plants*）時，該島已因其藥草的品質與功效而聞名。即使在他那個時代，也有人說，克里特藥草在根部以上的所有部位，包括葉、莖等，都是世界上最好的。其中一些在其他地方都找不到，比如兩種婦科藥物，diktamnon（克里特岩草〔Cretan dittany〕，學名 *Origanum dictamnus*）、tragion（可能是金絲桃屬的 *Hypericum hircinum*）。克里特岩愛草的葉子放在水中搗碎，可以催產；tragion 用來催乳及治療乳房疾病。

　　馬克・安東尼在克里特島取得大片地產，並交給自己心愛的克麗奧佩脫拉。她戰敗身亡之後，這些地產落入勝利的一方、不久登基為皇帝奧古斯都的屋大維[11]手中。這些地產成為羅馬帝國壟斷克里特藥草的基礎。克

---

10 一世紀。羅馬軍人、政治家、作家。
11 馬克・安東尼，前八三－前三〇。克麗奧佩脫拉七世，生卒年前六九－前三〇，前五十一－前三〇在位。屋大維，生卒年前六三－十四，前二七－十四在位。

里特藥草貿易的全面發展，目前可以追溯至第五任皇帝尼祿（三七－六八，在位期間為五四－六八）的時代，他的私人醫生安德羅馬科斯（Andromachos）即出身克里特島。一個世紀後，蓋倫描述了在他的時代這門生意的全盛景象：「每年夏天都有許多藥草從克里特島運來，皇帝派在那裡的園丁送來裝滿藥草的巨大托盤，不但獻給皇帝本人，也送到整個城市。」這些藥草也銷往外省市場。藥草都是整株採集，「如此可保存每一部分，包括植物本身、果實、種子、根、枝葉」，並以莎草紙捲鬆散包裹。這些紙捲裝在穗花牡荊（agnus castus）枝條編成的籃子裡，羅馬城的藥劑師一籃一籃地購買這些克里特藥草。紙捲外面貼有標籤，有時只寫明品種名稱，有時也寫上產區──蓋倫說，如果產區是佩迪亞斯（Pedias），品質就可能是最好的。佩迪亞斯是現在的佩扎（Peza），產葡萄酒，位於克諾索斯南部，是水源豐富的青翠丘陵與山谷。

　　蓋倫還說，帝國的藥劑師一直偏好克里特島供應的這類植物乾貨，如polion（狹葉香科科，阿拉伯語名 ja'adah，又稱 hulwort，學名 *Teucrium polium*）、hyssopon（牛膝草〔hyssop〕，學名 *Hyssopus officinalis*），thlaspi（可能是薺菜〔shepherd's purse〕，學名 *Capsella bursa-pastoris*），helleboros melas（黑根鐵筷子〔black hellebore〕，學名 *Helleborus niger*）[12]，chamaidrys（歐洲苦草〔germander〕，學名 *Teucrium chamaedrys*）[13]，chamaipitys（可能是唇形科筋骨草屬的 Ajuga iva）；如果見到的是新鮮植物，這些只認乾藥草的藥劑師可能認不出來。但他自己發現，羅馬城周圍鄉間也有這些植物野生的品種。雖然如此，即使羅馬恰好遇上濕潤的春天，克里特的乾藥草依然比新鮮的義大利藥草更好。[10]

　　由於葡萄酒比其他食品都易於儲存運輸，因此在羅馬征服後，葡萄酒成為進入新市場的希臘物產之一，但這也導致產品本身的變化，以下我們

---

12 常用名 Christmas rose，聖誕玫瑰。
13 唇形科筋骨草亞科香科科屬植物，常用名 wall germander，中文名牆石蠶、野石蠶、石蠶香科科、粉花香科科。

羅馬時期石棺上的雕刻細部。邱比特從棚架
撐起的葡萄藤上採葡萄。

將葡萄倒入大桶。

腳踩葡萄。

將會看到，甚至還發生了摻入海水造假的情況。前文提到狄俄尼索斯的美酒名單，如果是在羅馬時代，那麼名單中會取消門得酒及薩索斯酒，加入甜的克里特酒。當時小亞細亞大陸的葡萄園裡突然有了好酒，甚至是上等年分的酒，但在此之前，當地顯然沒有這些。名單裡會有三個高品質的雷斯博斯島產區，以及一個第一級（premier cru）的希俄斯島產區，都是之前的希臘文本沒有提及的。希俄斯島葡萄酒的一個子產區是阿瑞歐斯（Ariousion／Ariusium），地理學家斯特拉波（Strabo）[14]說，這是「一個崎嶇不平、沒有港口的地區，出產希臘最好的葡萄酒。」[11]

　　兩個世紀後，蓋倫的著作中有一份希臘好酒的名單，以這項任務來說，他的資歷令人印象深刻：他出身於小亞細亞最好的葡萄酒產區，是說希臘語的當地人，也是一位細心的品酒師。他建議那些給富裕病人開處方的同行：

　　　在小亞細亞、希臘與鄰近省分，找不到義大利葡萄酒。在這些地方，可以開給病人的最佳葡萄酒，通常是阿瑞歐斯（生長在希俄斯島某些地區），或者雷斯博斯。雷斯博斯的產地有三個。香氣最淡、最不甜的來自米蒂利尼，比較香且甜的來自埃雷索斯，然後就是米西姆納（Methymna）。處方要寫明「非混合」，這樣酒裡就沒有摻入海水。不過雷斯博斯以及希俄斯島阿瑞歐斯最好的酒，通常都沒有摻進海水，畢竟我這裡說的是最好的酒。[12]

　　大部分羅馬時代的資料都將希俄斯島葡萄酒列為高級美酒的第一位。在早期羅馬，這是罕見的奢侈品，只在醫生處方中使用，直到後來餐飲變得奢華昂貴，於是它成為頂極奢侈品。在賀拉斯的一篇拉丁文諷刺詩中，充滿野心的宴會主人納斯狄俄努斯（Nasidienus）對於每一條流行的美食規則亦步亦趨，他誇口道，他提供給賓客的是希俄斯島葡萄酒，而他用於烹

---

14 前六四／六三－約二四，出身今土耳其的希臘裔史地學者，著有《地理志》。

調的醋來自雷斯博斯島的米西姆納。[13]

　　其他的希臘葡萄酒則是羅馬帝國境內最差的，那些摻了海水的酒肯定屬於這一類。科斯島酒是典型的這類鹹味酒：普林尼告訴我們，「這項發明得歸功於某個狡猾的奴隸，這是他實現目標的方式。」這是整個食品史上最成功的摻假例子之一。[14] 這種酒除了對中間批發商具有明顯吸引力之外（鹽分使酒穩定），人們還發現科斯島葡萄酒可以當作瀉藥。地中海地區許多地方，最後都在製造形狀優美的典型科斯島雙耳瓶，由此可見各地都在釀造所謂的科斯島酒。由於鹽往往會掩蓋任何天然美食的味道，因此在外地仿造科斯島酒是很容易的；我們甚至有兩則這類配方，一個是在老加圖（Cato the Elder，前二三四－前一四九）的古體拉丁語農業手冊中，另一個引自拜占庭的官方彙編《農事書》（Geoponika）[15]：

　　　製造科斯島酒。有些人將三份葡萄汁和一份海水煮至剩下三分之二的量。還有人混合一杯鹽、三杯葡萄汁糖漿、約一杯葡萄汁、一杯野豌豆粉、一百德拉姆的草木樨（melilot）、十六德拉姆的蘋果；十六德拉姆的凱爾特甘松（Celtic nard），加入二個米特列斯〔十二加侖〕白葡萄酒中。[15]

異域物產

　　羅馬的烹飪在其最繁複的情況下，複雜性與用料種類數量方面，都超過了我們所知的一切早期希臘烹飪。羅馬對拜占庭的美食融合，最重要的貢獻是香料的使用。除了塞爾菲昂，希臘在較早曾使用進口香料製作香水、香油、藥品與香料葡萄酒，但幾乎從未用於食品調味。就像一些二十世紀的馬丁尼愛好者一樣，有些古希臘人喜歡香料酒的味道，但討厭食物中的香料。亞里斯多德在植物學上的繼承人泰奧弗拉斯托斯正是其中一員，他寫道：「人們可能會懷疑，為什麼異域的不同香味能改善葡萄酒的滋

---

15 十世紀前半葉，拜占庭帝國君士坦丁七世·弗拉維烏斯（九一三－九五九在位）下令彙編的二十卷農事知識，來源主要是老普林尼著作、希臘化時代作者、羅馬時代希臘語作者。

味，卻對（無論煮過還是生的）食物沒有這種效果，而且總是毀掉它們。」
[16] 然而後來，當地中海世界富裕階層的餐飲時尚融合起來，在他人眼中，
以《阿庇修斯之書》為飲膳參考的這些人，必定體驗著來自帝國境內外的
香草植物與香辛料，這些香料複雜地混合在一起，正是泰奧弗拉斯托斯所
不喜的東西。以下且讓我們看看其中一些異域物產，首先是泰奧弗拉斯托
斯在《植物志》的附錄中簡要描述的一種：

　　「胡椒是果實，有兩種；一種是圓形的，像苦野豌豆，有殼，果肉像
　月桂果，呈紅色；長形的有罌粟般的種子，這種比前一種濃烈得多。兩種
　都有熱性，因此像乳香（frankincense）一樣，是毒蔘（hemlock）的解毒劑。」
[17]

　　古希臘語單字 peperi 源於印度，借自普拉克里特語[16]的 pippali，但在
印度諸語言中，這個字指的是印度東北部的辛辣長胡椒（long pepper），學
名蓽拔（*Piper longum*）；這就是前引泰奧弗拉斯托斯所說的第二種，是希
臘人首先接觸的品種，現在人們已經不太熟悉了。公元前二世紀，埃及的
馬其頓裔統治者托勒密王朝，開拓出直接穿越印度洋的季風航線，從那時
起，他們開始購買印度南部的圓形黑胡椒，（*P. nigrum*），而且數量比之前
的蓽拔更加龐大。胡椒是從科欽附近的穆齊里斯港（Muziris），由印度洋
的貿易船帶到羅馬帝國。泰米爾語詩人塔揚—康南納爾（Tāyan-Kannanār）
述及希臘—羅馬商人時寫道：「他們帶著黃金來，帶著胡椒走。」[18] 這是
他們最渴望的印度香料。希臘的印度洋航海指南也證實：「由於胡椒的數量
與品質，這些貿易港口的船隻離開時都是滿載的。」[19]
　　在希臘終於有人承認喜歡胡椒的味道之前，胡椒一直用於祭祀及藥物
達數世紀之久。錫夫諾斯島的狄菲盧斯（約公元前三百年）的一則配方殘
篇中有胡椒，不過他是以膳食學家的身分發表意見：「扇貝通常好吃，好消

---

16 今名科契（Kochi），位於印度西南部喀拉拉邦。

蘑菇

　　在希臘的超市和食品雜貨店裡，除了小洋菇（button mushroom）、野生洋菇（field mushroom）、平菇（即秀珍菇，oyster mushroom，側耳屬 Pleurotus）之外，很難找到其他種類蕈菇。然而希臘生長著大約一百五十種可食用蕈菇，其中許多都是採來在家裡食用。人們說，不要採橄欖樹林裡的蘑菇，不過沒有什麼很具體的理由。在乾燥的帕羅斯島，粉紫香蘑（blewitt）[17]很常見，當地把這種蘑菇撒上麵粉，以橄欖油炸，趁熱吃，吃之前加上檸檬汁。在其他地方，野生蘑菇和豬肉一起放在砂鍋裡煮，或者做成慢燉肉塊（fricassée），以蒔蘿增香，搭配蛋黃檸檬湯（avgolemono）[18]一起吃。

　　格瑞維納（Grevena）位在科里特薩（Koritsa）及茲亞提斯塔（Siatista）西南方，自稱「蘑菇之鄉」，每年十一月舉行蘑菇節。在格瑞維納，新鮮的野生蘑菇用於蘑菇餡餅（manitaropites）[19]，乾蘑菇加水重新泡發之後，用於抓飯（pilaf）與燉飯（risotto，這是一種不太希臘的食譜），或者加在軟糖裡（loukoum），或者出乎意料地做成待客的蜜餞，可以在喝咖啡時單獨食用，或者加上濃酸奶當作飯後甜點，用來淨化味覺。

雞油菇，學名 *Cantharellus cibarius*，英文俗名 chanterelle、girolle。

---

17 常見食用的兩個品種，口蘑科香蘑屬，此處指 *Lepista personata*，常用名 field blewit、blue-leg。
18 意為雞蛋－檸檬，主要材料是高湯、蛋黃、檸檬汁，做成湯或醬汁，在鄂圖曼帝國疆域內各民族流行。
19 單數形 manitaropita，意為蘑菇派餅，使用油酥千層麵團糰，內有蘑菇餡。

化，如果搭配小茴香和胡椒，有助消化。」[20] 佩特羅尼烏斯的拉丁文小說《薩蒂利孔》也從醫藥觀點述及，一帖治療陽痿的藥方需要用到胡椒。從口味上來說，哲學家普魯塔克（Plutarch，約四六－一一九之後）所撰《道德小品》（*Moralia*）中〈會飲解疑〉（*Symposion Questions*）篇，當中一位談話者的評論頗能透露實情：「現在許多老年人仍然不愛吃甜瓜、檸檬和胡椒。」[21] 到了《阿庇修斯之書》的時代，這種情況已不復見，該書幾乎每一則食譜都用到胡椒。在拜占庭的烹飪與膳食中，胡椒依然是食品與藥品的重要成分。

薑，古希臘語 zingiberi，抵達希臘的年代稍晚。這也是一種藥；我們首次在希臘文文本中發現它，是羅馬時代的醫學作家凱爾蘇斯（Celsus）[20]，將其列為著名的「米特里達梯之藥」成分之一，此藥是本都國王（Pontos）米特里達梯（King Mithridates）[21]的解毒劑。不久之後，希臘藥劑師、阿納札爾巴的迪奧斯科里德斯，承認薑值得食用：

薑……主要長在厄立垂亞（Eritrea）[22]和阿拉伯，在那裡，就像我們用韭蔥（leek），他們大量使用新鮮的薑，用它煮湯，用它燉菜。一些種植薑的人將其醃製（否則會變乾），裝在罐子裡出口到義大利，很好吃；薑是醃著吃並且全株都吃。[22]

薑是遠東的熱帶植物，如果凱爾蘇斯所說的神祕解藥配方是正確的，那麼可以肯定薑是在公元前二世紀，從季風航線帶到紅海沿岸，這樣在年代上就正好可以販賣到北方，成為米特里達梯之藥的成分。《阿庇修斯之書》及拜占庭的食物文本中，薑的地位比胡椒低得多，這顯然是因為它不怎麼用於烹調主菜，而是用於糖果，而糖果幾乎沒有食譜留存下來。

普林尼是第一位提到丁香的古典時代作家，他說丁香是「因其芬芳」

---

20 約前二五約－前五〇。留存有八卷《醫術》（*De Medicina*），據信其題材超越醫藥之外，此八卷只是一部分。
21 本都王國，公元前三世紀至公元一世紀希臘化波斯人在安納托利亞北部（即朋土斯地區）建立的希臘化國家。此為米特里達梯五世，約公元前一二〇年在自己舉行的宴會上遭身分不明者毒殺。
22 古希臘文裡指紅海，並非指今非洲紅海東岸同名國家。

而進口。丁香的實際來源是印度尼西亞的班達群島（Banda islands），遠遠超出希臘與羅馬的知識範圍。羅馬帝國末期，希臘醫學作者已經知道丁香的各種用途，其拉丁文名稱為 gariofilum，現代希臘語為 garifalo。

因此，香辛料在西方烹飪中的使用，從邁錫尼文本中一兩種陌生的味道開始，在古典希臘時期緩慢增加到三四種，然後逐漸發展到中世紀的高潮。在羅馬帝國時期，只有身體嬌弱且雇得起昂貴醫生的人，才有能力品嘗到某些味道，但是到了中世紀的君士坦丁堡，這些味道就成為美食享受的來源了。

肉豆蔻僅產於遙遠的特爾納特島與蒂多雷島，羅馬人對它所知甚少。拜占庭人當然很熟悉，稱之為 moschokarydion，把它撒在齋日食用的豌豆布丁上。

蔗糖的情況也是如此。希臘人第一次聽說這種美妙的甜味香料，是在亞歷山大大帝時代的印度，科學家埃拉托斯特尼（Eratosthenes）對此曾加以記錄（他寫道：「大的蘆葦，天然有甜味，太陽的熱量也使其有甜味。」）。[23] 普林尼將其列為印度香料，但聽說阿拉伯也有種植：「咬起來很脆」，他補充道，但是「只用於醫藥」。希臘醫藥作者迪奧斯科里德斯及蓋倫都同意這一點。蜂蜜是天然甜味劑，熟悉而便宜；蔗糖稀有而昂貴，必須由醫生開具處方。歐洲食品使用蔗糖的第一個證據是在拜占庭時代中期，由此看來君士坦丁堡深愛的甜食與甜飲料都更加健康了，因為這些食品裡都加了這種異域情調的藥用香料。

在這些羅馬知道的、而君士坦丁堡喜愛的香料名單中，接下來是肉桂及玉桂。關於它們遙遠的原產地，有許多誇大的故事，因此價格高得嚇人，羅馬人作夢也沒想到要把它們添加到食物中，僅用於藥品及獻祭給神祇。蓋倫講述了為皇帝馬可·奧里略（Marcus Aurelius）[23]配置解藥的故事，配方中使用的肉桂裝在一只「從蠻族之地運來的箱子裡，長四個半腕尺[24]，

---

23 一二一－一八〇。一六〇－一八〇在位。羅馬安敦尼王朝五賢帝最後一位，亦為斯多噶派哲學家。
24 羅馬時期一腕尺約等於今四十四點四公分。

裝著一整棵頂級肉桂樹」。[24] 十世紀拜占庭皇帝御駕親征時，藥箱裡也同樣需要肉桂，不過此前在拜占庭時代中期，肉桂就已經用於烹調。

番紅花也是如此。在之前的希臘飲食中，番紅花唯一的已知用途是用於香料酒。關於肉桂和番紅花。在十二世紀的《普羅德羅莫斯風格詩集》（*Prodromic Poems*）25 中可以清楚看到這種變化：在兩行半的詩句中，我們就有了拜占庭最美味的食譜：「一道酸甜可口的番紅花菜餚，配上甘松、纈草（valerian）、丁香、肉桂、小荳子、還有醋與未經煙燻的蜂蜜。」[25] 這位無名詩人諷刺貪婪的修道院長與自以為是的官員，但他也是真正的美食愛好者：請注意他堅持使用未經煙燻的蜂蜜。現代確認海蔥（squill，skilla）不起眼的球莖有毒性，但這種球莖用於羅馬醫藥，根據與詩人同時期的其他資料，它在拜占庭的調味酒和醋也有其地位。

拜占庭食品與葡萄酒的發展

本書前文經常引用希臘醫藥學家關於飲食的文章，尤其在最近幾個段落。在蓋倫的著作中，希臘醫藥學家的傳統可說到達了頂峰，他在這個領域的地位無人能及，達兩百年之久。

從那時起，希臘醫藥作家的目的就不是反駁蓋倫——他很快成為經典，受到普遍尊重——而是要更簡單、更容易地闡述醫學知識現況，根據新資料、新食品與新習慣加以調整。舉例來說，這就是四世紀中葉奧里巴修斯（Oreibasios）26 的目標，他的著作《醫藥》（*Medicine*）共有十六卷，規模龐大，條理分明，開頭就是一長段關於膳食的論述，主要是精心挑選蓋倫和其他人的著作摘要。其後是五世紀的阿米達的阿埃提奧斯（Aetios of Amida）、六世紀的特拉勒斯的亞歷山大（Alexander of Tralles）、七世紀的阿伊吉納的保羅（Paul of Aigina）。這三個人，尤其是保羅，都為醫學的

---

25 約一一○○－約一一六五／七○。狄奧多・普羅德羅莫斯（Theodore Prodromos），貴族贊助的宮廷詩人，作品以應制詩為主。但目前流傳的《普羅德羅斯風格詩集》並未確定為其作品。
26 約三二○－四○三，皇帝朱利安（Julian）的私人醫生。

錦葵葉捲「多爾瑪德斯」（Dolmades）
Tylichtaria

無花果葉曾經是食品原料，古代菜餚特里阿（thria）[27]用它當作包裹的外皮，現在類似的一道菜是多爾瑪德斯（dolmades），已經改用葡萄葉包裹。餐館裡常見葡萄葉捲多爾瑪德斯，但除了大齋第一天的潔淨週一（Clean Monday）[28]，幾乎沒有人在家做這道菜。無花果通常是曬乾當作甜食。還有一種外皮的替代品是錦葵葉（mallow），在歐洲北部比較容易找到。這則食譜來自米爾西尼・蘭布拉基（Myrsini Lambraki）的著作《Tα χορτά》，主題是克里特島的野生香草植物。

六十片新鮮錦葵葉
兩根胡蘿蔔，切碎
一個大日曬番茄乾
兩瓣大蒜
一顆洋蔥，剁碎
兩根新鮮青蔥
糯米
兩個大馬鈴薯
二百四十克橄欖油
一小匙切碎的芫荽
兩個檸檬的汁液
鹽和胡椒

取用這些新鮮嫩葉……

---

27 Θρία，源自古希臘語「無花果葉；葉子」。
28 東方基督教的傳統。西方基督教大齋期第一天為聖灰星期三。

　　沖洗錦葵葉，去掉莖。在沸水中燙六分鐘。瀝乾水分，平鋪在一個大盤子上。準備餡料：將胡蘿蔔、洋蔥、大蒜、番茄、香菜、胡椒和糯米，與一半檸檬汁、一半橄欖油充分攪拌混合。在每片錦葵葉上放一茶匙餡料，將四邊折疊起來，並牢牢捲起。

　　將馬鈴薯切成四等分，放在砂鍋底部，其上層層放置錦葵葉捲，頂部朝下。加入五大匙橄欖油、少許鹽、剩餘的檸檬汁，以一只淺盤壓住。倒入四百五十毫升水，蓋上砂鍋蓋，小火煮約四十分鐘。熱食冷食均可。

……或者，如果你喜歡，那麼等待無花果成熟。

其他領域貢獻了重要進展；但是在膳食方面，他們堅持傳統，增加了一些簡單的資料，比如新的可用香料。從某種意義上來說，他們的著作是一系列當前醫學的理想實用教科書，每一個醫學生都必須從頭到尾了解這些內容。

　　阿伊吉納的保羅，就像很久以前的蓋倫，寫了一部標竿著作，經久不衰。但是他這本教科書像前輩的著作一樣，過於龐大專業，一般讀者難以使用。有兩位善於觀察且富有想像的拜占庭中期人文主義者，注意到了這一點，於是一起採取一些行動。一位是米海爾・普塞洛斯（Michael Psellos，一〇一七／一〇一八－約一〇七八），他是政治家、史學家，也是許多學科的作家，他寫了一本簡要指南，介紹各種食品的膳食價值，並題獻給自己的皇室贊助人，君士坦丁九世莫諾馬修斯（Constantine IX Monomachos，約一〇〇〇－一〇五五）。普塞洛斯以其一貫的風格寫下此書，是平淡但古典的抑揚格詩句：

　　　　所有乳酪都不好消化，會產生結石。
　　　　但是新乳酪（prosphatos）[29]還沒有太多鹽的時候
　　　　溫和營養，很好吃……[26]

　　但這本書的主要功勞並非出自普塞洛斯，而是其謙遜的友人西蒙・塞斯（Simeon Seth，約一〇三五－一一一〇），他的贊助者是君士坦丁九世的繼任者，米海爾七世杜卡斯（Michael VII Doukas，一〇五〇－一〇九〇）。西蒙・塞斯是受過訓練的內科醫生，通曉阿拉伯、猶太及希臘醫藥傳統，因此能夠編寫出比普塞洛斯更有見地、更具創新的手冊。西蒙的《按字母排列的食物特性手冊》（*Alphabetical Handbook of the Properties of Foods*）反映了當時拜占庭真正的知識範圍，是這方面首次出現的一份簡便概觀。

　　從希波克拉底的《攝生》到奧里巴修斯，這些較早的膳食專家很少提

---

29 Πρόσφατος，新宰的、新鮮的、新的，此處為一種乳清乳酪名稱。

到香料在食物中的作用，相比之下，從阿米達的阿埃提奧斯與阿伊吉納的保羅以來的拜占庭膳食手冊，則一再強調這個主題，敦促根據食客的身體狀況、季節，甚至一天中的時段，來選擇不同強度與不同組合的香料。與從前比起來，香料與調味已成為飲食的構成部分，在烹飪過程及用餐時使用，以調整每道菜的味道與飲食品質。

因此，關於飲食的新醫學著作，反映的是食物本身發生了根本變化。拜占庭帝國的烹調自然是前人烹調的綜合體，繼承了國馬帝國的烹飪知識，此外強調了各地物產，特別是海鮮，這是典型的古希臘美食；但也有很多新事物。

除了早前已知的肉食，拜占庭人還試驗了肉乾，這是現代土耳其肉乾 pastirma 的前身。他們對近東瞪羚這種野味極為讚賞，也反映出他們對安納托利亞內陸及敘利亞的關注。早前的作者忽略了「這種通常稱為 gazelia 的鹿」，但西蒙‧塞斯卻將其置於其他野味之上。[27]

皇帝有自己的圍場，特別是圍場裡養著一群野驢，他們對此十分自豪（但我們不禁懷疑，冷嘲熱諷的主教、克雷莫納的利烏特普蘭德〔Liutprand of Cremona，九二〇－九七二〕的記載是否正確；十世紀君士坦丁堡的野驢受到美食家的珍視，其實那是半野生的馴化種群）。離住家較近的麻雀，拜占庭希臘語稱為 pyrgites，也被列入捕捉食用的小鳥名單中。

君士坦丁堡、古典時代的拜占庭、現代的伊斯坦堡，一直以海鮮聞名。中世紀的手冊對許多海鮮加以分類，指出每一種的特質，而且有大量美食探險的內容。拜占庭人一定很喜愛鹽醃的灰鯔魚子，即 botargo，但是膳食專家並不認可這種食品：根據西蒙‧塞斯，「botargo 不易消化，產生不好的體液[30]，對胃部造成負擔，因此應該完全避免食用。」[28] 但他的建議並沒有被採納。燻製的鯡魚，拜占庭希臘語稱為 rengai，進口自遙遠的不列顛群島。從十二世紀開始，君士坦丁堡就知道魚子醬的滋味，這是北

---

30 古希臘醫學理論，體液學說。

方黑海海岸的魚類美食。

　　草藥師、園丁、食品收集者仍然能夠利用所有本地植物物種，這些植物的特性已經記載在迪奧斯科里德斯的《藥物論》中，這部著作始終沒有被取代。膳食學家甚至可能推薦素食，也許淋上醋（就像現在扁豆湯中可能會加一匙醋）。我們已經注意到這個時期引入希臘果菜園的新物種：茄子，拜占庭希臘語 melitzana，以及柳橙，即 nerantzion。人們也繼續嘗試新的口味與組合。古典時代的廚師以醃漬的無花果葉當作包裹食物的外皮，這種菜餚稱為 thria；在拜占庭時代，類似的食譜使用的是葡萄葉。以下這道歷史上的食譜出自一位羅馬時期的學者：

　　Thria 的作法如下：取煎過的豬脂肪、牛奶，混合煮熟的大麥粒；混合軟乳酪與蛋黃；然後用芳香的無花果葉捲起來，在雞油或豬油中煎炸。將其放進一鍋沸騰的蜂蜜水中……材料用量不等，但要有大量蛋黃，因為蛋黃能黏合並凝固。[29]

　　這道菜的直系後裔就是現代的葡萄葉捲多爾瑪德斯，「塞滿碎肉、米、香草植物的葡萄葉」，成千上萬家餐館菜單上都能看到這個新流行的土耳其語名稱。[30]

　　君士坦丁堡的麵包師是最受歡迎的行業，八九五年左右的《行政長官手冊》（Book of the Eparch），是為該市各行業行會制定的法規彙總，裡面寫明了麵包師的一系列特權：「麵包師永遠免除公共勞役，無論是他們自己還是他們的牲畜，以防止擾亂麵包烘焙。」[31] 古典書面語稱麵包為 artos，日常用語是 psomi，字面意義是「麵包心」，源自眾人熟悉的許多《新約》故事中的用字。從古典文獻中得知麵包有數個種類：白麵包與棕麵包區分為 katharos「乾淨的」及 ryparos「髒的」，還有一種中等麵包 kibaros，即「日常麵包」。前述的普羅德羅莫斯風格詩人說：「我愛麵包，包括麵包皮與麵包心，」而且「我不吃人們稱之為多孔隙的白麵包，我吃的是中等的，人們稱之為 kibarites」。[32] Silignites 是以現在所謂的麵包小麥做成的發酵麵

包，在拜占庭資料中更常見。

軍隊的麵包則是特殊類型。史學家普羅科皮厄斯（Prokopios，約五〇〇－約五六〇）解釋：「士兵在營地吃的麵包必須進烤爐兩次，如此徹底烘烤，使其盡可能長久保存，不會很快變質。這樣烘烤的麵包，重量輕得多。」[33] 有一種以同樣方式製造的堅硬麵包圈，稱為 boukellaton，還有一種同樣堅硬的大麥硬麵包，以古代烹飪作家帕克薩摩斯的名字命名，稱為 paximadion；據普羅科皮厄斯所述，在皇帝利奧一世（Leo I，四〇一－四七四）時期，大麥硬麵包的聲譽到達頂點：

　　三名伊利里亞（Illyria）的年輕農民，齊馬科斯、蒂狄維斯托斯、查士丁……決心從軍。他們全程徒步，到了君士坦丁堡，肩上背著背囊，裡面除了他們從家裡帶來的大麥硬麵包，什麼也沒有。[34]

這三人之中的查士丁（Justin），注定終將成為帝國的皇帝，並且是著名的皇帝查士丁尼（Justinian）[31]的父親。

拜占庭文本中的乳酪，開始更接近於我們所知的現代愛琴海地區乳酪，如文本提及乳清乳酪（whey cheese）米茲瑟拉（myzethra）。前文引用普塞洛斯詩句中的新乳酪（prosphatos）似乎與費塔乳酪沒有什麼不同（feta）。自從希臘文學裡荷馬描述了獨眼巨人洞穴的乳酪以來，拜占庭文本首次提供一些實用說明如下：

　　製作乳酪：大多數人凝結乳酪用的是所謂 opos（無花果樹汁液），或者其他凝乳劑，最好的凝乳劑來自小山羊。烤鹽也能凝結牛奶，還有無花果樹嫩芽及葉子的汁液，朝鮮薊的毛狀不可食用部分；胡椒；家養母雞糞便中發現的看來像皮膚的粗糙胃內壁……如果將番紅花籽以少許溫水或溫

---

31 查士丁一世，四五〇－五二七，五一八－五二七在位。查士丁尼一世為其外甥，被稱為查士丁尼大帝，生卒年約四八三－五六五，五二七－五六五在位。

十九座軟榻的大廳
（The Hall of the Nineteen Couches）

　　十世紀君士坦丁堡的基督教與穆斯林遊客，都對大皇宮（Great Palace）的宴會廳讚不絕口：「巍峨華美，叫做Decaenneaccoubita，即十九張軟榻的大廳。」[37]「長二百步、寬五十步，裡面有一張木桌、一張象牙桌、一張黃金桌。聖誕節儀式過後，皇帝離開教堂，走進這座大廳，坐在黃金桌前……他們給他送來四只金盤，每只盤子都由一輛小馬車運來。其中一只盤子鑲著珍珠與紅寶石，他們說，這只盤子曾經屬於大衛之子所羅門（願他安息）；第二只盤子，鑲著類似的寶石，曾經屬於大衛（願他安息）；第三只屬於亞歷山大；第四只屬於君士坦丁。」[38]「飯後，三個金碗裝著水果，這些金碗太重了，人抬不動……天花板上的開口掛著三根繩子，以鍍金的皮革包裹，配上金環。這些金環套在金碗突出的把手上，四五個人在下面幫忙，借助天花板上一個可移動的裝置，把這些金碗移到桌上。」[39]這些訪客並不知道，他們比自己以為的還要幸運得多；僅僅二十年後，大廳就被拆掉了。尼基魯弗斯二世福卡斯（Nikephoros Phokas，約九一二一九六九）本著降低政府成本的熱情——這正是許多運氣不好的統治者都有的——將這座大廳拆了一半。

　　不過他並沒有破壞那十九張半圓形的大理石桌子。吝嗇而虔誠的他把這些桌子獻給他新修建的宗教中心，大拉伏拉修道院（Great Lavra），如今是阿托斯山（Mount Athos）最古老莊嚴的修道院。在大拉伏拉修道院的巨大飯廳，現在仍有九張大理石餐桌。當然了，修道院僧侶們並不像往昔帝國習慣那樣斜倚在軟榻上吃飯，他們坐在長椅上，但是他們使用的桌子，依然是一千年前皇帝與賓客用來飲宴慶祝拜占庭一年中重大節日的桌子。[40]

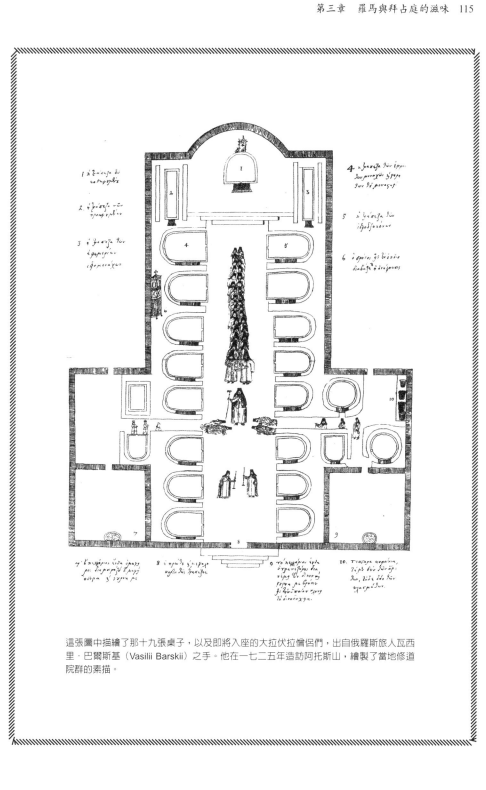

這張圖中描繪了那十九張桌子，以及即將入座的大拉伏拉僧侶們，出自俄羅斯旅人瓦西里・巴爾斯基（Vasilii Barskii）之手。他在一七二五年造訪阿托斯山，繪製了當地修道院群的素描。

蜂蜜浸泡，然後加在綠乳酪中，乳酪就能保存更久。

如果要保存乳酪，可在飲用水中清洗乳酪，在陽光下曬乾，然後放在裝有香薄荷或百里香的陶罐中，將奶酪盡量彼此分開，將甜醋或蜂蜜醋倒在上面，直到填滿縫隙並覆蓋所有乳酪……如果儲存在滷水中，乳酪就會保持白色。如果燻製，就會更加堅硬，味道更濃烈。[35]

拜占庭烹飪的獨特風味首先是甜食與甜飲料。有些菜餚我們會認為是布丁，比如 grouta，這是一種穀粒牛奶粥（frumenty），加蜂蜜，點綴著長角豆籽（carob seed）或葡萄乾。西蒙・塞斯推薦米飯布丁：「用牛奶煮米飯，配蜂蜜。」[36] 十三世紀身負外交任務的旅人，魯布魯克的威廉（William of Rubruck）[32]，他在君士坦丁堡尋找合適的禮物，要帶到俄羅斯南部草原的可薩利亞（Khazaria）[33]，最後「根據商人的建議」，決定選擇「水果、麝香葡萄酒、上等硬麵包……讓我的旅程更容易些，因為他們不會喜歡空著手來的人。」[41] 這些水果應該是果乾，或者蜜餞，或者以葡萄汁糖漿或蔗糖漿醃製。我們可以推測，魯布魯克的威廉和十七世紀的旅人是在同一個地方買到硬麵包：據土耳其旅行家艾弗里亞・賽勒比（Evliya Çelebi，一六一一－一六八二）說，他那個時期，在博斯普魯斯的歐洲海岸上，葉尼寇伊（Yeniköy）一帶，有「數百家硬麵包廠，駛往黑海的船都在這裡或者加拉塔（Galata）〔佩拉〕裝載硬麵包。」[42] 拜占庭的榲桲醬一定和現在我們的榲桲醬非常相似，因為此時蔗糖已經取代蜂蜜，用作保存介質。也有其他果醬或蜜餞，包括梨和香橼。

拜占庭帝國時期的飲酒熱情依舊，葡萄酒更加美味，也不再像在古希臘那樣，幾乎強制性地混合至少一半清水。這個變化得到了宗教的支持──聖餐中的葡萄酒，就像從前獻給希臘諸神的葡萄酒一樣，是純

---

32 約一二二〇－約一二九三。耶穌會教士，陪同法國國王路易九世參加第七次十字軍，在黎凡特地區受命出使韃靼人住地（當時歐洲對蒙古諸部族統稱）。一二五三年五月出發，在君士坦丁堡整備，循前人路線抵達伏爾加河下游的薩萊，晉見拔都汗。於當年十二月底達蒙古帝國首都哈爾和林，晉見蒙哥汗。一二五四年七月啟程返回，一二五五年八月返抵黎凡特的黎波里。其獻給路易九世的旅行紀錄詳實準確，為後人所重。
33 可薩人，俄羅斯南部草原的突厥語半游牧部族，六世紀末建立部族聯盟，十世紀中被基輔羅斯擊潰，剩餘人口流散，逐漸融入其他草原部族。可薩利亞指其曾經居住的俄羅斯南部伏爾加流域草原。

的──並得到醫學作家的鼓勵，他們發現葡萄酒具有理想的膳食效果，並且指出，如果葡萄酒混合的水少一點，這些效果會更強烈（這當然是正確的）。他們允許讀者在冬天的早晨喝一杯純葡萄酒，並推薦純度超過一半的混合酒。

不過希臘葡萄酒有一個問題，義大利主教兼外交官利烏特普蘭德，在十世紀中葉曾兩次訪問君士坦丁堡宮殿，他一言以蔽之：「希臘葡萄酒由於混有樹脂、松脂、石膏，我們無法飲用。」[43] 在此九百年前，迪奧斯科里德斯已經提到葡萄酒中使用的樹脂。利烏特普蘭德關於樹脂的說法可能是對的，樹脂和松脂一樣，用於備製釀酒大缸及雙耳瓶。石膏則用於澄清酒液，但會殘留下來。在他的老家義大利，木桶早已取代陶器，就像後世的加州人一樣，他渴望橡木的味道。但即使是拜占庭作者、十二世紀雅典大主教米迦勒・科尼亞特斯（Michael Choniates），也不喜歡雅典的松脂酒，與他同時代但較年長的尼基弗魯斯・巴西拉克斯（Nikephoros Basilakes）也不欣賞色雷斯的菲利浦波利斯（Philippopolis，今普羅夫迪夫〔Plovdiv〕）松脂酒。直到十九世紀初，一位來自西歐的旅人才喜歡上松脂酒──W・M・里克審慎地將其比作啤酒花，如果以下他表達的是真正的喜愛的話：

> （阿爾卡狄亞的萊維迪〔Levidi〕當地）平原主要是葡萄園，那裡釀製的葡萄酒在顏色、強度甚至味道上都類似淡啤酒（small beer），因為松樹的松脂可以模仿啤酒花的芳香苦味。[44]

大約在一三四〇年，佛羅倫斯商人法蘭西斯科・佩戈洛蒂（Francesco Pegolotti）列舉了拜占庭晚期君士坦丁堡人想要購買的葡萄酒，以及在其他地方銷售的希臘葡萄酒。前一份名單顯示，義大利葡萄酒與希臘葡萄酒競爭（當然，也有義大利人住在君士坦丁堡，可能偏好自己熟悉的酒），包括那不勒斯的希臘酒（vino Greco）；來自馬爾凱地區（Marche〔Abruzzi 阿布魯濟〕）、阿普利亞（Apulia）、西西里的酒；卡拉布里亞地區（Calabria）圖爾皮亞（Turpia）及克羅托內（Crotone）的酒；克里特的酒；茹姆尼酒（vino

di Romania）；色雷斯或者比提尼亞（Bithynia）的本地葡萄酒，「鄉村酒」
（vino del paese）。[45]

這份名單可以引用希臘作者的作品再添加上去：與佩戈洛蒂幾乎同時
代的伊奧涅斯・考姆諾斯（Ioannes Choumnos）寫道：「其他人向狄俄尼索
斯獻祭……在伯羅奔尼撒傾倒特里格利亞（Triglia）的酒，以及摩涅姆瓦
希亞（Monemvasia）的多里克酒（Doric）。」[46] 這兩種都出現在佩戈洛蒂
第二份名單中，是值得出口的希臘葡萄酒，特里格利亞位於普羅蓬提斯南
岸（Propontis），距離君士坦丁堡很近，以及倫博拉酒（vino di Rimbola，
羅博拉品種葡萄〔robola〕，產自愛奧尼亞群島及希臘西北，靠近義大利南
部）；然後是以下四種代表經典葡萄酒的名字，是中世紀對西歐貿易的主
要商品：馬爾瓦吉亞酒（Vino di Malvagia）與坎迪亞酒（vino di Candia）
值得出口到克里米亞的塔納（Tana），這是魯布魯克的威廉曾經走過的路
線；克里特酒（vino di Creti）及茹姆尼酒（vino di Romania）在威尼斯有
市場。克里特酒及坎迪亞酒是兩種克里特甜葡萄酒，以麝香葡萄（muscat）
及馬爾姆塞（malmsey）葡萄釀造。馬爾瓦吉亞酒是摩涅姆瓦希亞出口的
馬爾姆塞葡萄酒，茹姆尼酒則是摩冬（Modon，今莫托尼〔Methoni〕）出
口的伯羅奔尼撒西部葡萄酒。

這些都是甜的烈性葡萄酒（fortified wine），但是其烈性是基於某種特
殊意義：當時還沒有將蒸餾技術應用於酒精飲料，而是使用晚收葡萄，以
及小心添加蜂蜜或葡萄汁糖漿，以增進葡萄酒的甜度、烈性、穩定程度。
這類葡萄酒從前就已經從希臘出口至古羅馬，但其全盛時期是在中世紀對
西歐的貿易中。

魯布魯克的威廉帶到可薩利亞的麝香葡萄酒（vinum muscatos），就是
上述這種麝香葡萄釀造的，現在已經在南歐廣泛種植。其名稱源自早期中
古希臘語的 moskhatos，意為「麝香味的」（使人想起香料貿易中來自西藏
的芬芳麝香）。

現在薩摩斯島與勒姆諾斯島（Lemnos）的葡萄園生產的麝香葡萄酒，
非常符合魯布魯克的威廉可能選擇的風格。

另一種葡萄在中世紀西歐比麝香葡萄更出名，就是摩涅姆瓦希亞葡萄（monembasios）。這不僅是葡萄品種名稱，而且最初是一種飽滿的琥珀色甜葡萄酒的名稱，在十二與十三世紀，公認這種酒代表了伯羅奔尼撒半島的海岸要塞，摩涅姆瓦希亞。法語稱這種酒為 malvoisie，英語稱為 malmsey，在摩涅姆瓦希亞的出口貿易消亡之後，這些名稱至今依然迴盪。在十四與十五世紀，法國和英國人經常說最好的馬爾姆塞酒來自克里特島；十五世紀晚期（確切日期是一四七八年二月十八日），馬爾姆塞酒在英國的名氣達到了頂峰：第一代克拉倫斯公爵喬治因叛國罪，被判決溺死在馬爾姆塞酒甕中，這是一場快速而醇稠的處決。[34]

後來，隨著時尚口味與貿易路線的改變，人們發現馬爾塞姆葡萄及這類風格葡萄酒非常適合馬德拉群島（Madeira）的火山坡地。如今在希臘，這種葡萄與葡萄酒幾乎已經沒有人知道了。

在君士坦丁堡，加香葡萄酒（flavoured wine）至少和馬爾塞姆及麝香葡萄酒一樣流行。這種酒已經有很長的歷史，但在羅馬帝國末年以及之後，才變得愈來愈重要。戴克里先的《價格詔》列出了三種加香葡萄酒，其中一種複雜的多香料葡萄酒 conditum，價格是普通餐酒的三倍，每品脫二十四個第納爾，苦艾葡萄酒（absinthe wine）以及玫瑰葡萄酒（rose wine）[35]的價格也差不多一樣高。此外還有更多種類：以希俄斯黃連木乳香和大茴香調味的葡萄酒，可以與《價格詔》中的玫瑰葡萄酒及苦艾葡萄酒相提並論，因為都已經廣泛飲用。這種酒是現代香艾酒（vermouth）的祖先，也是現代地中海地區的希俄斯乳香酒（masticha）、苦艾酒（absinthe）、烏佐茴香酒（ouzo）、法國茴香酒（pastis）的遠祖（當時還沒有採用蒸餾）。

典型而不免過於豐盛的拜占庭一餐，可以參考《普羅德羅莫斯風格詩集》的一首詩。以下是譯文加上阿納格諾斯塔基斯的增補，這些增補根據的是許多其他來源的少量線索。[48]桌上可能一直有麵包、葡萄酒、各種醬

---

34 此為傳說，莎士比亞《理查三世》有此一節。
35 並非近現代的苦艾酒及桃紅葡萄酒（玫瑰紅酒）。

黑眼豆[36]（Black-eyed Peas）

　　幼嫩的黑眼豆莢稱為 ambelofasoula（直譯為「葡萄園豆子」），夏季美食，市場上很容易買到，哪怕沒有出現在酒館菜單上，也值得直接問一下是否提供。這種豆莢去掉頭尾，煮得很軟，溫熱或是室溫下與油醋一起食用，或者搭配大蒜蘸醬（skordalia）[37]。黑眼豆莢是唯一如此食用的豆類；四季豆（string bean）或者未成熟的蠶豆（broad bean）通常用油或番茄醬汁（kokkinisto）來燉，而不是簡單煮熟。不過嫩黑眼豆莢也可以用來做什錦沙拉，混合綠葉與生蔬菜，也可以加在煮熟的蔬菜沙拉中，混合甜菜根、綠色野菜沙拉（horta）、櫛瓜、馬鈴薯。

　　在潔淨週一的大齋宴會上，黑眼豆是一道受人喜愛的傳統開胃菜。現代的大齋宴席上，可以搭配魚子抹醬 taramasalata、

當作配菜的完整嫩黑眼豆莢。如果當作開胃菜，要加上一種辛辣的大蒜蘸醬，如圖所示，兩者搭配十分協調。

新鮮蛤蠣，或者直接從殼裡吸出來的生海膽（或者更講究一點，用一小塊麵包舀出來），並搭配 lagana，一種專門為清潔週一製作的無酵餅。如果想嘗試更接近拜占庭式的盛宴，可以在早春時節，用黑眼豆配上一盤灰鯔魚或鱸魚，也許加上一些當季的蘆筍（最好是野生的）。之後按照拜占庭膳食手冊所建議的，從事適度的性生活。

　　拜占庭膳食學家推薦成熟的黑眼豆。正如伊利亞斯・阿納格諾斯塔基斯（Ilias Anagnostakis）所寫的，成熟黑眼豆加上鷹嘴豆、扁豆、石榴，一起放在豆子沙拉中，這種豆子沙拉是一道新年菜餚，叫做 pallikaria，「勇敢的男孩子們」。[47] 克勞蒂亞・羅丹（Claudia Roden）在《猶太飲食》（*The Book of Jewish Food*）書中提到非常類似的備製方式，是埃及的小茴香黑眼豆沙拉，叫做 loubia。在亞美尼亞，煮熟的豆子也以這種方式調味，當作沙拉，溫食冷食均可，通常還添加番茄、白煮蛋和香料。

汁、橄欖和醃漬蔬菜；首先上菜的可能是沙拉或者煮熟的綠葉蔬菜與莢果類，可能搭配油、醋，或者魚露，還有湯。接著，「首先是烘烤的菜餚，原汁煨小鰈魚。第二道是醬汁菜，一條澆上濃重肉汁的無鬚鱈。第三道是番紅花菜餚，」這道菜在前文已引用過了，「中間是一條金色的大魴鮄（golden gurnard）和一條灰鯔魚，還有來自瑞金港（Rygin）的牙鯛（dentex）……第四道是明火燒烤，第五道是油炸，中央是切成小塊的魚肉，其他是留著觸鬚的紅鯔魚，一個特大鍋裝著大的沙銀漢魚，一條很漂亮的烤比目魚，加上魚露，從頭到尾撒上葛縷子（caraway），還有一大塊

36　*Vigna unguiculata*，豇豆的栽培亞種，又稱米豆、眉豆。
37　可能是希臘語及義大利語「大蒜」的複合字。材料為研缽磨碎的蒜泥、馬鈴薯泥、核桃、杏仁，加上橄欖油攪打成乳狀，加醋。

海鱸魚排。」[49] 這裡似乎沒有空間留給肉類，其實，就像古希臘的餐食一樣，肉類是與後來的魚一起上菜，而且量少。甜點包括水果和乳酪。果乾、堅果和糖果是零食，和葡萄酒一起食用，並不屬於餐食。

　　君士坦丁堡統治著一個基督教帝國，教會的節日與齋戒是曆法的一部分。反過來說，希臘的膳食結構是由宗教曆法決定的，現在依然如此（見第三〇一－三一〇頁）。十五世紀的旅人佩羅‧塔弗爾（Pero Tafur，約一四一〇－約一四八四）正確地引用了這些教規，以解釋為什麼君士坦丁的市場上經常見到介殼類：「一年裡有些特定時候必須齋戒，齋期裡他們不但吃魚，而且只吃沒有血的魚，也就是介殼類。」[50] 對於修道院裡的人來說，食物與飲料受到的管制更是前所未有。每週的齋戒日比外面的世界更嚴格，而且在一些更長的齋期也必須齋戒，包括大齋、使徒齋期（fast of the Apostles）[38]、聖斐理伯齋期（fast of St Philip）[39]。每個齋戒日裡，僧侶只吃一餐，不加油和調味品，這個規定稱為「乾食」（xerophagia），此外還有「飲清水」（hydroposia），不過這些水可能加了胡椒、小茴香及大茴香。

　　即使在齋期之外，普通僧侶的飲食也很稀少。《聖薩巴斯傳》（*The Life of St Sabas*，以六世紀初葉的巴勒斯坦為背景）清楚描繪了早期修道院飲食的禁慾主義特徵：

　　碰巧的是，雅各被派去負責大拉伏拉的食堂，當修士在那裡禮拜的時候，他必須為他們做飯。他煮了許多乾豌豆，這些豆子吃了一天，又吃了第二天，然後他把剩下的從後門丟進溝裡。老薩巴斯從自己的隱修樓上看到這一幕，便悄悄走下去，把豌豆收集起來，非常仔細、乾淨，再把豆子曬乾。在適當的時機，他邀請雅各和自己一起吃飯。為了這一餐，薩巴斯煮了這些豆子，使出自己所有技巧加以調味。

　　「修士，請原諒我。我恐怕沒有做飯的技能，」他對雅各說，「你覺得不好吃吧。」

---

38 從五旬節後的第二個星期一，到聖彼得與聖保羅日（Feast of Saints Peter and Paul）前一天，因為五旬節的日期取決於復活節日期，所以此齋期可能短則一週多一點，長至六週。
39 在拜占庭時期為儒略改革曆十一月十五日至十二月二十四日。

黑眼豆沙拉

黛安・科奇拉斯（Diane Kochilas）在《希臘的精彩飲食》（*The Glorious Foods of Greece*）一書中介紹了一道來自尼西羅斯島的（*Nisyros*）菜餚，是白煮黑眼豆，加上焦糖洋蔥，焦糖洋蔥是多德卡尼斯群島（Dodecanese）的豆類菜餚特色，現在通常用來搭配豌豆或豆泥（包括所謂的聖托里尼山鷹豆 fava of Santorini）。

二百克乾的黑眼豆
黑胡椒
一個中等大小的甜紅洋蔥
扁葉歐芹
好的果味綠橄欖油，比如來自科利姆巴里（Kolymbari）的克里特島橄欖油
白酒醋
葛縷子（可省略）

將豆子放在深的湯鍋裡，加入大量的水、胡椒，大火煮約四十分鐘，直到變軟。瀝乾，放涼。

把豆子堆在盤子上。把洋蔥切成小丁，歐芹稍微切碎，上菜時將這兩種與豆子混合，豌豆的分量應該是洋蔥的兩倍，歐芹的分量要足夠在攪拌之前覆蓋住豆子表面。豆子的粉質與堅果味使得香草的尖銳青草味變得圓潤，就像塔布勒沙拉（tabbouleh）[40]。淋上一點醋和大量橄欖油（如果要有拜占庭風味，就加葛縷子）。這道沙拉是帕羅斯島上的「章魚巢穴」（To Thalami）餐廳提供的。

---

40 起源於地中海東岸黎凡特地區的沙拉，材料包括浸泡過的布格麥、切碎的歐芹、番茄、薄荷、洋蔥；橄欖油、檸檬汁、鹽。名稱源自黎凡特阿拉伯語「調味」、「蘸醬」。

西班牙加泰隆尼亞地方市場上的鮟鱇魚，長相嚇人，希臘語稱為 batrachos，「青蛙」；德語稱為 Teufelsfisch，「魔鬼魚」。

　　「院長，正好相反，」雅各說，「這頓飯很好，我已經很久沒有吃得這麼香了。」

　　「修士，你要相信我，」薩巴斯說，「這些正是你從廚房扔到溝裡的豌豆。一個人如果無法管理一罈豆子，也就是他與同伴的糧食，並且毫不浪費，那麼他一定也無法管理教會會議。」[51]

　　在拜占庭後期的修道院制度中，修道院膳食最重要的成分是穀物類、豆類、沒有肉的湯，偶爾添加介殼類和鹹魚。退位的皇帝如果到修道院隱居，也受到與其他人相同的紀律約束。羅曼努斯一世利卡潘努斯（Romanos Lakapenos，約八七〇－九四八）在九四四年遭諸子罷黜，被迫隱修。幾週後，這兩個不孝的兒子史蒂芬及康士坦丁也遭到同樣的命運：他們的姊姊（為了夫婿君士坦丁七世的利益）下令，將其流放到同一座修道院。

　　據故事說，開心的父親迎接這兩個兒子，並祝賀他們很快就能享用美食。「這是給你們的涼開水，比哥德人住地的雪還冷；這是甜蠶豆、青菜、韭蔥。讓你生病的不是奢侈的海鮮，而是我們經常齋戒的教規！」[52] 後世

的尼基魯弗斯三世伯塔奈亞迪斯（Nikephoros Botaneiates，一〇〇二－一〇八一）也被迫成為僧侶，後來皇室中傳說，他的一名僧侶同伴問他，這種變化是否還可以忍受，他答道：「我討厭禁食肉類。這是最讓我難受的。」[53]講述這個故事的人，是其繼任者的女兒、史學家安娜·科穆寧娜（Anna Komnene）。

那麼，主教們有豐盛的食物可供選擇，情況又是如何呢？根據亞歷山卓城主教、施捨者聖若望（John the Almsgiver，約五五二－約六一六至六二〇之間）痛苦的思索，主教的膳食是這樣的：「有多少人渴望以我廚房丟棄的蔬菜外層葉子來填飽肚子？」他痛悔反省。「有多少人想要把自己的麵包浸在我的廚師們丟棄的烹調湯汁中？有多少人甚至只求聞一聞我酒窖裡倒出去的酒？」[54]答案都在諷刺性的《普羅德羅莫斯風格詩集》中，裡面描寫修道院長每週三及週五禁食肉與魚，使得拜占庭廚師的聰明才智都花在製作介殼類與蔬菜食品上，把這些菜餚做得像其他五天可以大嚼的肉類一樣誘人。在該系列的第四首詩中，特別強調了這種對比（「他們」是修道院長，「我們」是普通僧侶）：

　　他們大嚼鮟鱇魚，我們喝大齋湯。他們喝他們的希俄斯酒直到喝不下，我們喝的是瓦爾納酒（Varna wine）摻水。他們在餐酒之後喝甜酒，我們吃完只有一道菜的一餐之後喝點好水。他們有白麵包，我們有麩皮麵包。他們吃完芝麻糖之後有慕斯，我們有濾掉小麥的小麥糊。他們有第二份油炸點心加蜂蜜……我們有煙燻火燎的大齋湯。[55]

在這些醫藥與宗教的影響下，香辛料與調味品變得無處不在。從十二世紀開始，隨著新的通俗口語文學出現（《普羅德羅莫斯風格詩集》就是一例），為複雜的食譜留下了證據，其中有一個新的形容詞：oxinoglykos，即「甜酸的」；一些熟菜有複合名稱，以一種主要材料為字根：鮪魚菜餚 thynnomageireia，鹹肉或鹹魚菜餚 pastomageireia，豬肉菜餚 choirinomageireia，以及最著名的一鍋燉 monokythron。[56]

第四章
重生的帝國

　　到目前為止，我們以希臘人的觀點，瀏覽了古希臘食物，這是唯一的方法。而拜占庭帝國則不同，對於這種早已失傳的烹調，我們可以比較一下本國人及外國人的看法。拜占庭烹飪讓本國人很滿意，即使是並不經常吃到最好的食品的人，也很滿意，這一點可以從諸如《普羅德羅莫斯風格詩集》等詼諧文本看得出來，這些描寫令人垂涎，印象深刻。另一方面，君士坦丁堡也有許多令訪客感到震驚的事物，而且外國使節對這些大致上是不敢恭維的。讓他們感到古怪的是，餐桌上的刀叉數量幾乎足以讓每名用餐者人手一副。用加熱過的盤子盛放醬汁，並為每個人提供單獨的餐巾，這些的確很奢侈。歷史悠久的魚醬，這種味道需要後天養成才能習慣。大多數外國人不喜歡松脂酒，有些人根本拒絕飲用。

　　克雷莫納的利烏特普蘭德主教，在九四九至九五〇年以及九六八年出使君士坦丁堡，他對拜占庭文化表達了強烈的看法。他的《君士坦丁堡出使記》（ *Embassy to Constantinople* ）及《報償》（ *Antapodosis* ），筆觸生動，而且不時發牢騷，記錄了他在執行任務過程中吞下或者吐出的各種食品。九六八年，他出席第一次正式晚宴，當時在位的皇帝是尼基魯弗斯二世福卡斯，「因為他認為我的地位不配高於他的任何一位貴族，所以把我安排在距離他的第十五個座次上，而且沒有桌布……這頓晚餐相當噁心，無以言表，像喝醉了一樣澆滿了油，並且以一種用魚做成的非常難聞的液體調味。」[1]希臘－羅馬的傳統，具體表現在魚露的香氣中（這絕對就是利烏特普蘭德筆下「用魚做成的非常難聞的液體」），頑強而堅持。不過反正不喜歡現代希臘烹調的人也經常批評它大量使用橄欖油，而且批評的遠不止

這一點。對於後來送到駐所的食物，利烏特普蘭德語帶諷刺地說：「神聖的皇帝賜下一份大禮，減輕了我的悲傷，送給我的是他最精緻的菜餚：一隻肥美山羊羔，他自己已經吃了一些——山羊羔肚子裡自豪地塞滿了大蒜、洋蔥、韭蔥，並且淋上魚露。」[2]

關於利烏特普蘭德可能品嘗的各類食品，他的幽默給了我們一點提示。他被安置在一處皇室住所，由御廚每天提供菜餚，這種經歷在當時算是常見。三個世紀後，拜占庭公主瑪麗亞（安德洛尼卡二世〔Andronikos II，一二五九－一三三二〕的私生女）返回君士坦丁堡，隨行的一隊穆斯林使節被安置在「公主住所附近一棟房子……我們在戶內待了三個晚上，在此期間，送來了麵粉、麵包、綿羊、雞、酥油、水果、魚、錢、地毯等迎賓禮物」。[3]安娜・科穆寧娜則以拜占庭的角度講述了以下第三個類似的故事。塔蘭托的博希蒙德（Bohemond of Taranto），即後來的安條克親王（prince of Antioch），在第一次十字軍東征期間訪問了君士坦丁堡，接待他的東道主是安娜的父親阿歷克塞一世（Alexios Komneno）。為博希蒙德安排的住所位於科斯彌狄昂（Kosmidion）[1]，就在岸牆外：

一張桌上擺滿豐盛的食物，包括各種魚類菜餚。然後廚師們帶來生的獸肉與禽類。「如您所見，這道魚是按照我們的習慣烹製的，」他們說，「若是不適合您，我們帶來了生肉，可以按照您喜歡的任何方式烹製。」

博希蒙德懷疑有毒，於是慷慨地把魚分給隨從，吩咐自己的廚師為他烹製那些肉。之後並沒有人生病。[4]

往返君士坦丁堡的旅程不太舒服。客棧非常少，距離遠。古希臘哲學家德謨克里特說，沒有節日的生活，就像沒有客棧的漫長道路；對於這種旅程，他也算略有所知。在整個拜占庭帝國，只有一家鄉村客棧稱得上享有美食聲譽。根據《敘科昂的聖狄奧多傳》(Life of St Theodore of Sykeon)，

---

1 今伊斯坦堡的埃于普區（Eyüp）。第一次十字軍東征時軍隊獲准在此停駐。

狄奧多於六世紀出生在比提尼亞的敘科昂村一處客棧裡。他的母親、外祖母和姨母三人都是以賣淫起家，後來轉而以美味飲食吸引顧客。她們的廚師「名叫斯蒂法諾斯，是個敬畏上帝的人」，他是世界上第一個留名的餐廳大廚。[5]

有幸在旅程中受邀住在朋友家中的人就會發現，這是最舒適的晚餐方式。某部對話錄的主角提馬里昂（Timarion）[2]，描述想像中經由塞薩洛尼基[3]前往地獄的旅程夜晚，說道：「總是有人來接應我們，」[6]

也許幸運的是，按照拜占庭的飲食習慣，人們在白天吃得很少，等待晚上的一頓大餐。旅人隨身攜帶中午的點心，或者買一點必需品。在七二五年左右，一群盎格魯－撒克遜徒步旅人，即後來的聖維利巴爾德（Willibald）與他的兄弟姊妹及父親，造訪小亞細亞的聖地，在正午的陽光下，抵達海邊小鎮費格拉（Phygela），他們「拿了一些麵包，來到小鎮中央的泉水邊，坐在岸上，把麵包蘸著水吃」。[7] 即使是皇室的隊伍，在外出打獵的時候，野餐也不會比黑麵包加乳酪和水芹（cress）更講究。有一次，雅典大主教米迦勒·科尼亞特斯在凱阿島（Keos）上岸，希望能有一些肉或魚，他問碼頭上的人：「『孩子們，你們有什麼 prosphagion〔有滋味的東西〕嗎？』他們立刻給了我乳酪，因為這些島民以 prosphagion 特指『乳酪』。」[8]

對於沒有皇室或其他贊助者的君士坦丁堡訪客來說，修道院是最好的選擇。一名俄羅斯朝聖者說，在佩拉的一座修道院，根據創始人的遺囑，「他們向所有人提供麵包、湯和一杯葡萄酒。每一個往返耶路撒冷的基督徒，都要在那裡吃上幾天，希臘人也能在那裡吃飽。感謝聖母的祈禱，這座修道院一直沒有變窮。」[9] 找到地方住下來之後，旅人必然開始探索這座帝國首都的其他飲食資源。

拜占庭城被君士坦丁大帝（Constantine the Great，二七二－三三七）

---

2 出自《提馬里昂》，約十二世紀拜占庭的一部諷刺性對話錄作品。
3 位於希臘北部，今中馬其頓地區。

重建為君士坦丁堡，經常被稱為「新羅馬」，當時是東部首都，它持續繁榮發展，很快就成為羅馬帝國唯一的首都。這樣的新地位維持了一百年之後，據一位當時的詩人說，這座首都的居民依然像以往一樣不知自省：

　　耽溺性愛的年輕人、上了年紀的老頑固，他們最大的榮耀是暴飲暴食，他們的驕傲是在墮落的宴會上令人目不暇給；只有昂貴的肉類才能喚起他們的食慾，他們以海外進口的食物勾起自己的味覺：朱諾的星羽鳥兒[4]或者能言的綠色飛禽（如果他們能弄到手），來自黑膚的印度人。愛琴海，深邃的普羅蓬提斯，亞速的沼澤，都不能滿足他們對異邦魚類的胃口！[10]

　　君士坦丁堡的財富與物力，給外國訪客留下了與本地人一樣的印象。十二世紀的猶太探險家，圖德拉的班傑明（Benjamin of Tudela）[5]說：「這塊土地上的各種織物、麵包、肉類、葡萄酒都非常豐富；像君士坦丁堡這樣的財富，在全世界都找不到。這裡還有學習了所有希臘典籍的人，他們在各自的葡萄樹和無花果樹下吃喝。」[11]以下則是穆斯林旅行家伊本·白圖泰（Ibn Battuta）[6]所言，他在一三二〇年代及一三三〇年代造訪此城：

　　它的市場與街道寬敞，地上鋪著石板，每種手藝的成員都有一塊獨立的地方，不與他人共用。每座市場都有幾扇大門，夜間關閉。大多數工匠和售貨人都是女性。[12]

　　《行政長官手冊》告訴我們，九世紀末君士坦丁堡商店和市場攤位上出售的是什麼，以及如何出售。在香料中，調香師出售的是胡椒、甘松、肉桂、沉香（aloeswood）、龍涎香、麝香、乳香、沒藥、麥加香脂（balsam of Mecca）、安息香（styrax）；他們的大部分庫存是從陸路絲綢之路西端的

---

4 指孔雀。
5 一一三〇－一一七三生於伊比利半島納瓦拉王國，大約在一一六五年出發遊歷歐洲、近東、波斯、北非等地，一一七三年返抵伊比利半島，著有詳細遊記。
6 一三〇四－一三六九。今摩洛哥丹吉爾的柏柏人，從小接受伊斯蘭法學教育。於一三二四年出發，歷經三十年，遊歷或短暫定居於北非、近東、中東（伊兒汗國）、東非、小亞細亞、俄羅斯南部（金帳汗國）、阿富汗、印度北部、東南亞、中國、非洲，是現代之前足跡最廣的旅行家。

椰棗樹在希臘南部很繁茂，但並不產出成熟果實。椰棗是很好的食物，也是烹飪材料和糖的來源，進口到希臘至少已經有三千年的歷史。圖中的椰棗樹生長在一所耶穌會神學院的花園裡，位於納克索斯一處隱蔽山谷中。

特拉布宗（Trebizond）[7]轉運而來，或者經由迦勒底（Chaldaea，位於伊拉克），而迦勒底的香料來自印度洋的香料之路，通過波斯灣運抵。香料商店安置在大皇宮的正門，即卡爾克門（Chalke）附近，如此就能「以他們香氣改善此處的空氣」。生鮮雜貨可以在城裡的任何地方開店，出售牛肉、鹹魚、豆類、乳酪、蜂蜜、奶油。經營羊肉而非豬肉的屠戶，要到比提尼亞的珊伽里奧斯河（River Sangarios, 薩卡里亞河〔Sakarya〕）等待趕牲口的人；他們必須在上有頂棚的市場「騎士團封地」（Strategion）出售牲口，但是在復活節和五旬節[8]之間，春季羔羊在「公牛」（Tauros）出售。豬肉屠戶也是在「公牛」購買豬隻。魚販不得外出捕魚，必須在港口買魚，而

7 位於黑海南岸，拜占庭人科穆寧家族於一二○四年在此建立特拉布宗帝國，一四六一年亡於鄂圖曼帝國穆罕默德二世。
8 復活節後五十天。

拜占庭城市塞吉拉的酒館。

且必須在君士坦丁堡的指定市場上出售；他們不得在魚上撒鹽，而且不鼓勵他們將魚轉賣。他們的利潤受到密切監察。

　　從佛羅倫斯商人法蘭西斯科‧佩戈洛蒂的交易帳冊，可以找到一長串從海路運到君士坦丁堡的食品與香料。他列出了糖衣果仁、鹽、葡萄乾（包括來自敘利亞的）、椰棗、榛子（包括來自那不勒斯的）、核桃、杏仁、栗子、阿月渾子、稻米、小茴香、紅花、蔗糖糖果、砂糖、薑、莪朮（zedoary）、丁香、肉豆蔻、肉豆蔻皮（mace）、樟腦、小豆蔻、蓽拔、大黃、黃連木乳香、番紅花、墨牽牛子、蜜露（manna）[9]、血竭（dragon's blood）、香茅（squinanth）、煙燻鱘魚。在橄欖油方面，他列出了威尼斯及馬爾凱地區的透明油與黃色油、阿普利亞的油、加埃塔（Caieta）[11]的油、其他所有地區的油，以那不勒斯的罈子、阿普利亞的罈子、塞維亞的罈子

9　嗎哪，現代學者認為可能是西亞某種蚜蟲排出的液體，或者土耳其櫟（Quercus cerris）的汁液。
10　屬於棕櫚科省藤屬、大戟科巴豆屬、天門冬科龍血樹屬、豆科蝶形花亞科紫檀屬的幾種植物紅色樹脂，可做藥物、香料、染料。
11　應為 Caietae Portus，位於義大利中部東岸。

盛裝。[13]

在君士坦丁堡寬闊的街道以及有外牆的市場，有一些酒館提供食物與飲料，並且有地方可以坐下來享用。以下這首六世紀的雋語短詩中，酒館的地位不言而喻：

一邊是宙斯西帕斯（Zeuxippos），舒適的公共浴場，另一邊是賽馬場。在後者看完比賽，在前者洗完澡，請到我好客的餐桌前休息吧。然後在下午，你還有足夠時間去看其他比賽，你的房間到賽馬場近在咫尺。[14]

這家小酒館以午休時間做廣告，並非偶然。如果《行政長官手冊》的規定也適用於較早的這個時期，這樣的小酒館到了夜裡就必須打烊：

重大節日及星期日上午八點之前，客棧店主不得開放酒館，或出售葡萄酒及熟菜。他們必須在晚上八點前關門並熄燈，因為如果這些顧客在晚上可以出入，就像在白天一樣，其結果可能是在酒的影響下，他們可以任意從事暴力騷亂而不受懲罰。[15]

根據同一手冊規定，酒館的葡萄酒價格是參考當前市價，集中確定。出售時使用標準容量的酒器，每個酒館老闆必須有一套官方戳印的標準計量器。但出售啤酒的 phouskaria [12]是另外一種生意，到了鄂圖曼時期依然如此，而且《行政長官手冊》沒有關於它們的規定。

最後，還有一些攤位出售現成的街頭食品。多虧了西班牙探險家佩羅‧塔弗爾，我們甚至能知道這些攤位的確切位置：

聖索菲亞外面是有門廊的大廣場，他們通常在那裡賣葡萄酒、麵包、魚，最多的是介殼類，因為希臘人習慣吃這個……這裡有很大的石桌，無論是統治者還是普通人，都在這裡吃東西。[16]

---

12 源自 phouska，來自拉丁語 posca，以葡萄酒變質的醋加上水、蜂蜜、香料做成的飲料，拜占庭時代泛指一切葡萄酒的廉價替代品，包括麥汁、醋汁等等。

因此也多虧了塔弗爾，我們能夠知道史學家尼基塔斯・科尼亞提斯（Niketas Choniates，一一五五－一二一七）記載的以下這件軼事發生在何處。君士坦丁堡於一二〇四年被十字軍攻陷之後，他在尼凱阿（Nikaia）的流亡宮廷[13]寫作，並回憶了他所熟悉的城市、他因愛生恨的皇室，以及曾與他共事的大臣：

伊奧安涅斯・阿吉奧特奧里特斯（John Hagiotheodorites）在布拉克爾奈（Blachernai）的宮殿裡待了一整天。晚上很晚從那裡回來時，路過擺攤的街頭食品——用日常口語說就是「小吃」——女攤主。他突然想喝一點熱湯，搭配切碎的包心菜。他的僕人安扎斯說，他們最好等一等，克制一下自己的飢餓，到家之後，就有許多合適的食物。伊奧安涅斯狠狠瞪了他一眼，嚴厲地說，自己願意做什麼就做什麼。他直接走到那個女攤主拿著的碗前，碗裡盛滿了他想要的湯，他彎下腰，狼吞虎嚥喝了下去，又吃了好幾口包心菜。然後他拿出一枚銅便士，交給一個手下。「給我換一下，」他說，「把兩個法新（farthing）[14]給這位女士，然後馬上把另外兩個還給我！」[17]

結束與開始

如果說拜占庭帝國是靜態文明，沉迷於自身遙遠的過去，事實上這還遠不到故事的一半。如果說拜占庭帝國衰頹萎縮，事實上在曾經屬於拜占庭的土地上，其他民族及文化與希臘人及文化融合，與此同時，土耳其人的勢力增長，並逐漸確立。

在七世紀早期的伊斯蘭征服中，阿拉伯人（希臘文資料中的「薩拉森人」）從拜占庭手中奪取了埃及、北非、敘利亞。他們一度占領克里特島又失陷；他們圍攻君士坦丁堡，但未能拿下它（六六九年；六七四－六七八）。這場戰爭不久之後，新的伊斯蘭土地上，學術界異軍突起。希

---

13 第四次十字軍攻陷君士坦丁堡，拉斯卡里斯家族兄弟君士坦丁與狄奧多爾，以尼凱阿為中心，整合安納托利亞西部的拜占庭領土，建立尼凱阿帝國（一二〇四－一二六一）。
14 此處所謂便士與法新是英譯本使用的等義詞，並非拜占庭使用的貨幣單位。

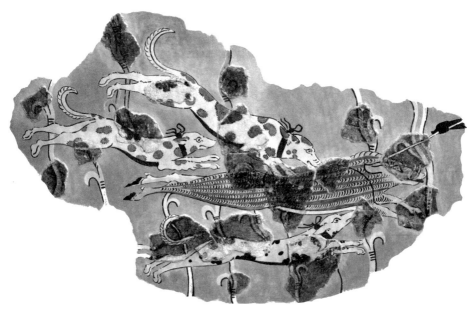

公元前一二〇〇年左右，邁錫尼梯林斯宮殿被摧毀不久前完成的壁畫，根據碎片重建。這是希臘最古老的狩獵野豬圖象，值得注意的是，它透露了兩千年前養狗和狩獵的情況。

臘文的實用手冊，包括農業手冊《農事書》、蓋倫其及後繼者的膳食指導，都翻譯為敘利亞語，然後是阿拉伯語。這項工作促進了以阿拉伯文書寫的原創研究與新的寫作。曾經使用希臘語的東方醫藥學派，現在以阿拉伯語授課，這些學派出身的一些內科醫生，比如西蒙・塞斯，著手將新知識翻譯為希臘文。宗教之間的接觸有時帶來友好的妥協：九世紀末葉，穆斯林人質之一，哈倫・伊本・葉海亞（Harun ibn Yahya）應邀出席了皇室的聖誕節晚宴，他聽見傳令官宣布：「我以皇上的名義發誓，這些菜裡都沒有豬肉！」[18]

　　在阿拉伯征服之後，君士坦丁堡依然有東方供應的香料，不過這些香料在西來途中穿越了伊斯蘭領土：「最好的肉桂來自摩蘇爾（Mosul）15」，西蒙・塞斯在十一世紀寫道，這種香料現在從印度經過波斯灣、伊拉克與

---

15 今伊拉克北部城市，位於底格里斯河畔。

敘利亞運抵。[19] 由於有了新的貿易路線，龍涎香及小葉紫檀（red sanders）等陌生香料首次抵達君士坦丁堡。新的農作物也出現了，從東方傳給伊斯蘭土地上的農民，再從他們向西傳到拜占庭帝國；包括茄子、檸檬、柑橘。其他作物的優良品種也歸功於伊斯蘭領土上的育種，比如「所謂的薩拉森甜瓜」。[20] 新的烹飪用香草植物包括龍蒿（tarragon），這種香料在阿拉伯烹飪中很重要。還有其他物產，尤其是蔗糖，在地中海世界逐漸普遍而廉宜，雖然拜占庭領土上很少種植甘蔗。

　　至於十字軍及其他西方入侵者，他們和希臘人之間似乎沒有什麼可以互相學習；如果德國皇帝使節利烏特普蘭德的引述並無偏倚，那麼拜占庭皇帝尼基魯弗斯二世福卡斯似乎也是如此看法：「你的主子的軍隊，是因為他們的暴食、因為他們貪婪的腸胃，而變得毫無用處；他們的胃是他們的上帝，他們的果敢來自宿醉，他們的英勇來自酗酒，他們的節制只是因為反胃，他們恐懼是因為清醒！」[21] 最後當十字軍通過帝國領土時，他們自然會品嘗拜占庭食物，就像一〇九七年第一次十字軍東征，與塔蘭托的博希蒙德同來的人們一樣，他們「來到君士坦丁堡，搭起帳篷，休整了十五天，從公民大量供應的物品中，購買食物及需要的一切」。不過他們處理這些物資的方式，並沒有給東道主留下什麼好印象。一一八五年占領塞薩洛尼基的諾曼入侵者「完全不重視我們的陳釀葡萄酒，因為沒有甜味，他們把它當作一種味道可怕的藥」，主教歐斯塔提奧斯（Eustathios）哀嘆，「美酒就像河水一樣被倒掉。」香辛料與芳香原料也一樣浪費了，堪比犯罪。

　　另一方面，這些人大量消耗新酒，以及豬肉、牛肉和大蒜。[22] 據尼基塔斯·科尼亞提斯說，一二〇四年占領君士坦丁堡的十字軍「整天狂歡，喝著烈酒。一些人喜歡奢侈的食品，一些人則製作他們自己的老家菜餚，比如每人一根牛肋，或者用豆子煮火腿片，以及用大蒜或其他苦味混合的醬汁。」[23]

　　這位細心的拜占庭作家，對這些摧毀了他的世界的破壞者深惡痛絕，多虧了他，法蘭西南部蠻族戰士最喜愛的一道菜——砂鍋燉肉，才能首次留下紀錄，不過這道菜始終未能進入希臘烹飪的常備食譜。但是迷迭香

（希臘語 dendrolibanon）卻進入了希臘烹調；雖然迷迭香在羅馬帝國時代很有名，但並未當作食物調味品。是不是十字軍讓君士坦丁堡學會了如何使用迷迭香？克里特僧侶阿伽皮奧斯・蘭多斯（Agapios Landos）於一六三四年在威尼斯出版的希臘文農事手冊《農事》（Geoponikon），書中推薦在烤綿羊羔肉時使用迷迭香，這很符合西方的作法。

最終，西方人來到這裡，並留了下來。威尼斯、比薩、阿瑪菲的義大利商人在君士坦丁堡周圍建立了獨立的飛地。從一二○四年起，法國和義大利的貴族及冒險家，在曾經屬於拜占庭的大陸與島嶼建立了一些小公國。雖然他們和希臘鄰居一樣是基督徒，但對於基督教的飲食規則，西方人有自己的解釋。

安科納的賽里亞克（Cyriac of Ancona）[16]是研究希臘古物的先驅，在這些偏僻的公國，他有了一些輕鬆的消遣。比如一四四八年夏天，伊庇魯斯（Epiros）的君主卡洛二世托科（Carlo II Tocco），在安布拉基亞附近狩獵。當時捕獲「幾頭野豬」，第一隻捕獲的是「一頭顫抖的母豬」，被判定是卡洛的兒子萊昂納多的戰果。與此同時，地方貴族和僕人在安布拉基亞灣釣魚。巧的是，那天是星期五，因此人們先吃了這些魚，當作合乎齋日規定的開胃菜，到了太陽落山，就以獵人的野豬大餐取代。[24]

賽里亞克曾在一四四六年八月十五日，聖母升天節，造訪君士坦丁堡城以及義大利人的飛地。他在聖索菲亞教堂（Agia Sophia）觀看儀式，儀式由大主教格雷戈里主持，然後乘渡船前往熱那亞人聚居的佩拉區，在聖方濟各教堂的儀式之後，有一場「可敬的會飲」或曰「體面的飲酒聚會」，在會上，婦女（他對其中一位年輕女性特別感興趣）與男性平等參加、平等發言——而在金角灣（Golden Horn）的另一邊[17]，她們絕對不會這麼做。[25]

---

16 一三九四－一三五三或一三五五。出身義大利中部東海岸安科納的富裕商人家庭，被稱為考古學之父。
17 即與佩拉相對的主城區。

豆子湯（Fasolada）

　　Fasolada—豆子湯或黑眼豆湯，是一道撫慰人心的冬季菜餚。它的濃度介於濃湯與燉菜之間，在希臘各地以及國外的遠方都能吃到（在保加利亞稱為 bob chorbain，在羅馬尼亞是 ciorba de fasole，在馬其頓是 tavcegravce）。每戶人家都有自己最喜歡的豆子湯食譜，而且自然都是最好的。在希臘，這道湯最常見的材料是乾的白腰豆（haricot bean），在加了大量番茄的肉湯中，與洋蔥、芹菜或細葉香芹（chervil）、胡蘿蔔一起煮，食用時配上一碟黑橄欖與生的紅洋蔥片。可以用奶油豆或博羅特豆（borlotti bean，又稱 Cranberry bean、Roman bean）替代；可以加上菠菜或野生綠色蔬菜。

克莉索拉（Chrisoula）的春季豆子湯。

　　北馬其頓、色雷斯，以及土耳其黑海東南岸地區的希臘人，在這道湯裡加上 tsouknida（蕁麻葉）或者 mavrolachano（字面意思是「黑包心菜」，一種羽衣甘藍），並以乾紅辣椒片和蒔蘿調味。

　　以下是一道早春的豆子湯，在這個時節，半野生或栽培的菾蓬菜（chard）剛從田裡冒出頭，惹人垂涎。這個分量可餵飽八個人，但是第二天或者後天再加熱後味道更好。

黑眼豆和菾蓬菜湯

五百克黑眼豆
一個大洋蔥，切片
兩三根胡蘿蔔，去皮，切成一公分厚的圓片
一百二十五毫升橄欖油
鹽、胡椒
滿滿一小匙番茄泥
按照口味，兩三把菾蓬菜，洗淨，稍微切碎

　　許多其他乾的豆類在烹調前需要在水中放置一夜以軟化，但黑眼豆不需要浸泡。將所有材料放進一口，有緊密蓋子的砂鍋（pilinogastra）。加入足夠的水覆蓋所有材料，並高出兩指深。在攝氏一百五十度的烤箱中烘烤三小時。

　　這道湯可以單獨搭配麵包，或者和單烤的肥豬肉香腸一起吃，更好的是和魚子抹醬一起吃。

　　魚子醬最早很可能是由義大利商人帶到君士坦丁堡。[26] 這種珍饈通常稱為 kabiari，但至少有一位作者拒絕了這個聽起來很奇怪的新單字，並為它發明了古典的名稱；的確沒有人比這位米海爾・阿波斯托勒斯（Michael Apostolios）更古典了，他是十五世紀的人文主義者，出身克里特島，風格敏感易怒。某次他寫信感謝來自伊埃拉皮特拉（Ierapetra）的朋友相贈最傳統的禮物，一隻「大而肥的野兔，和你從前送給我最好的禮物一樣好」，並且回贈「一盒黑色的醃蛋（melan oon tetaricheumenon），雖然微薄，但象徵我的友誼」。[27] 十七世紀早期研究海鮮歷史的作家魯多維庫斯・諾紐斯（Ludovicus Nonnius）更全面地描述了魚子醬，他認為魚子醬與黑海的義大利人有關，並將其與希臘本地美食鹽醃灰鯔魚子做了比較。首先諾紐斯解釋說，古代世界味道濃烈的魚醬已不再使用，取而代之的是「我們的鹽醃灰鯔魚子，以及義大利人所說的 caviaro，這是在黑海邊以鱘魚子做成的。魚子被壓縮成塊，裝在罐子裡，主要出口到義大利，在那裡它很珍貴，賣價很高；它非常有益於重振虛弱的胃口，令消化不良的胃部恢復」。[28]

　　在那個時候，魚子醬可能是義大利人從黑海港口引進的。因為魚子醬來自鱘魚，而虔誠的猶太人禁止吃無鱗魚，因此魚子醬也就被排除在外。奇怪的是，可能正由於這個原因，在拜占庭與鄂圖曼希臘的猶太社群推動下，發明了一種在現代希臘比魚子醬更普遍的食品。十六世紀的法國自然歷史學家皮耶・貝隆（Pierre Belon）解釋了這件事；其中提到的塔納是中世紀克里米亞的貿易港：

　　有一種以鱘魚子製成的產品，俗稱魚子醬，在整個黎凡特地區的希臘與土耳其餐食中很常見，沒有人不吃魚子醬，只除了猶太人，因為他們知道鱘魚沒有鱗片。但是塔納的居民，把大量鯉魚（carp）放在一起，把這些魚的魚子取出來，用鹽醃，這樣的味道極好，超乎人們想像。他們以這種魚將為猶太人製作紅魚子醬，也在君士坦丁堡出售。[29]

　　這種「紅色魚子醬」是真正的土耳其與希臘的 tarama，即魚籽，是製作魚子抹醬 taramasalata 的傳統最佳材料，雖然現代魚子抹醬通常以其他魚籽為基礎，但大規模生產的產品依然以人工染色為傳統的美味粉紅色。

　　之後來到鄂圖曼帝國的旅人也對佩拉很熟悉，它依然是一塊基督教飛地，但到了十七世紀，主要居民是希臘人，而且地名稱為加拉塔（Galata）。其中一位旅人，喬治・惠勒（George Wheler）指出，在君士坦丁堡，各種物資、穀物、魚與肉都很豐富，「只有葡萄酒很少見，因為是禁止的。雖然在城裡不允許出售葡萄酒，但在加拉塔有一些基督教徒的酒館，不過酒很貴……最好的酒是猶太人釀造的，他們的律法規定不可製造摻雜的酒。」[30] 其他人並沒有說猶太人釀造的葡萄酒是最好的，但是《一千零一夜》譯者、東方學家安托萬・加朗（Antoine Galland，一六四六－一七一五）證實，在鄂圖曼帝國的士麥那，猶太人（肯定是出於同樣的原因）「不喝基督徒釀的酒，只喝他們自己釀的」。[31]

　　同一時期一位穆斯林旅人嚴屬批判了加拉塔區的飲酒行為（在金角灣南岸已經看不到這種行為了）。這位穆斯林作者是艾弗里亞・賽勒比，其著作經常被引用：

　　在加拉塔有兩百家酒館和攤位，異教徒在那裡以音樂和飲酒消遣。魚、水果和牛奶都很好，穆布泰吉爾（mubtejil）也很好，這是為蘇菲派準備的糖漿。酒館是希臘人開的……加拉塔精緻的食物與飲料中，最重要的也是最好的，是叫做 franzola 的白麵包。除了在大馬士革，其他地方的糖市上都找不到這麼完美的甜食、利口酒與蜜餞。酥糖（halva）以彩紙包裝出售。以香料調味的白麵包叫做 simitis……

　　這些酒館以產自……穆達尼亞（Mudania）、士麥那、特涅多斯島（Tenedos）的葡萄酒聞名。我看到數百人，露著頭頂、光著腳，醉醺醺地躺在街中央；有些人唱著以下這種對句，以表達他們所處的狀態：

　　我的腳只走向酒館，不去別處；
　　我的手只抓緊酒杯，別無他物；

克莉索拉的魚子抹醬
（Chrisoula's Taramasalata）

一坨鱈魚子，大小不要超過兩個核桃
半個洋蔥，切細碎
兩大匙切細碎的蒔蘿（可省略）
橄欖油，水

　　將魚子、洋蔥、蒔蘿放入攪拌器或食物處理器。加入一滴油，攪拌混合，然後再加入一滴水，再攪拌混合。如此重複，每次添加然後充分混合，混合物會像蛋黃醬一樣乳化，油和水的用量是靈活的，取決於口味。大多數人將油、洋蔥和馬鈴薯或麵包屑混合，增加魚子的延展性，但對於少量的魚子來說並沒有必要，按照原來的配料就能做出更清爽美味的抹醬。

　　阿托斯山的僧侶在他們的魚子抹醬配方裡加蒔蘿。這樣能給抹醬增加一點淡淡的綠色以及清新滋味，而且非常適合搭配豆子湯。

魚子抹醬搭配豆子湯（黑眼豆湯）。

無論希臘人上班路上途經何處，都能看到蘸有芝麻或罌粟籽的麵包圈庫盧利亞出售中。

別再說教了，因為我沒有耳朵；
只有酒瓶的呢喃，此外什麼都沒有；
而我只喝穆布泰吉爾，糖漿以雅典蜂蜜製成。[32]

　　穆達尼亞葡萄酒就是早期資料中所說的特里格利亞的酒，來自普羅蓬提斯南岸的葡萄園，距離君士坦丁堡不遠。土耳其語稱為 simit 的麵包，呈環狀，以香料調味，在希臘語中有完全不同的名稱：koulouria，派翠克‧李‧費摩爾（Patrick Leigh Fermor）在《羅米利》（Roumeli）[18]一書中說，庫盧利亞（koulouria）是一種硬的麵包圈，「中間有一個洞，外面裹著芝麻」；本來他可以繼續補充說罌粟籽可以代替芝麻，但他卻繼續說明，為

18　一九一五－二○一一，英國作家、學者，二戰期間在克里特島支援當地反抗軍。此書全名為《Roumeli: Travels in Northern Greece》（一九六六）。鄂圖曼帝國時期，羅米利 Roumeli 為土耳其語「羅馬人的土地」，指東羅馬帝國統治的巴爾幹半島南部，以希臘為中心。

什麼鄂圖曼帝國時期希臘人在加拉塔出售這種麵包圈。一九三〇年代，約阿尼納地區（Ioannina）及伊庇魯斯地區（Epirotes）[19]的居民通常被暱稱為plakokephaloi，即「瓦片頭」：

> 據說，當地人的母親會拍打寶寶頭頂，以便日後能把裝著庫盧利亞麵包圈的大托盤在頭頂平衡。傳統上，這一記拍打同時還要說一句：「願你成為城裡的庫盧利亞麵包小販！」所謂城裡，就是君士坦丁堡，幾個世紀以來像磁鐵一樣吸引著約阿尼納的年輕人。[33]

　　其他遷入的貿易民族，自然也以經營並食用陌生食物聞名。一六七八年，加朗在造訪士麥那的時候，可能誤以為街頭小販是阿拉伯人，他們出售「即糕餅」（kiureks）與一種用杏仁製成的糖食「alva」（即甜麵包 çörek [20]與杏仁酥糖 halva），[34] 不過他對於虔誠的基督徒亞美尼亞人的看法是對的，他觀察到，他們的齋戒比希臘人更嚴格。「他們不喝酒、不用油、不吃介殼類以及希臘人不禁止的無血海產。」他接下來說，在他們的教規允許的情況下，他們隨意飲酒，但「從來沒有人聽說過他們喝酒會導致嚴重失序」。[35]

　　安托萬‧加朗在還是青年學者的時候，第二次往東長途旅行，一路上對其他歐洲人有一些尖銳的評論。據他說，士麥那的荷蘭人非常挑剔，不喜歡小亞細亞聲譽極佳的各種葡萄酒，而是從西歐進口白葡萄酒，比如德國萊茵河產區的霍克酒（Rhenish hock）[21]、義大利的維爾蒂亞（Verdea，原產在托斯卡納）。他更不欣賞英國人：「他們喝的酒是其他所有國家的總合。他們幾乎完全不擔心如此欠缺自制對健康造成的損害。」他覺得英國人那種好客的習慣特別令人厭煩，即「強迫來訪者喝酒，並對所有拒絕都表示受到冒犯」，但他也冷冷地承認，至少在與人共飲的問題上，「即使以

---

19 均位於希臘西北部，與阿爾巴尼亞交界處。伊庇魯斯西鄰愛奧尼亞海，東傍品都斯山脈。品都斯山脈西麓為約阿尼納。
20 現代希臘語 τσουρέκι ／ tsoureki，材料為麵粉、奶油、牛奶、雞蛋、糖，通常還有柑橘皮、黃連木乳香。
21 此名來自德國黑森州的市鎮，美因河畔霍赫海姆（Hochheim am Main），葡萄酒買賣中心。

他們的標準來說，我們法國人也比他們還厲害。」[36]加朗還注意到，英國人——在一六七八年就已經——習慣從英國運來啤酒，「甚至在士麥那釀造啤酒，不過這種酒比不上他們老家的那些。」[37]奇怪的是，這種歐洲北方的產品，日後將在新獨立的雅典再次流行起來。

旅途上的同行者

拜占庭希臘人在國內對自己的帝國懷有不可動搖的自豪感，這一點暫且不提；他們對於國外旅行時的娛樂活動其實也是印象頗佳。希臘中世紀諷刺作品《提馬里昂》的敘事者將形容詞「tyrannikos」（足以侍奉〔異邦〕國王）用來形容一頓精美餐食，可說絕非巧合。

前往中亞的王公貴族與外交官不喜歡當地風味，但很享受當地的盛情款待。六世紀中葉，查士丁尼一世及查士丁二世的大使，是第一批與土耳其人接觸的歐洲使節，他們畢恭畢敬報告了自己參加的一次宴會：在一座絲綢帷幔裝飾的大帳裡，持續了整整一天，但是被「葡萄酒」嚇了一跳，這個「葡萄酒不像我們那裡是從葡萄榨取的，因為葡萄樹不是當地原本就有的，在那裡也不會生長，所以用以代替的是一些蠻族的烈酒」[39]這種飲料肯定是忽迷思（kumiss）：發酵的馬奶。後來，在拜占庭公主瑪麗亞的故事裡，又出現了這種酒。瑪麗亞是安德洛尼卡二世的私生女，在十四世紀初先後嫁給金帳汗國的兩位蒙古血統統治者，第一位是脫脫（Toqta），信奉薩滿信仰，第二位是月即別（Özbeg），是穆斯林。她嫁給月即別不久之後，伊本・白圖泰與一隊穆斯林外交官晉見她：

> 月即別的第三名妻子……是君士坦丁堡大帝的女兒。她坐在一張銀腿嵌花矮榻上；前面大約有一百名女奴，有希臘人、土耳其人、努比亞人，有些站著，有些坐著，侍童們站在她身後，侍從們站在她前面，是希臘男人……。她下令送來飲食，食物送來了，我們在她面前吃，而她看著我們……。她表現出她的慷慨，之後並賜下更多補給。[40]

阿托斯山，瓦托派季烏修道院（Vatopedi）[22]的壁畫，一三一二年。畫中的晚餐席上有拜占庭人、蒙古人及其他人，而畫家（一位佚名僧侶）顯然不贊成這種做法。戴著球狀白帽的主人可能是安德洛尼卡二世的大臣，迪奧多羅斯‧墨托基特斯（Theodoros Metochites）；壁畫的主題可能是安德洛尼卡的女兒瑪麗亞的外交聯姻。一三一二年，她在信仰萬物有靈的第一任丈夫去世之後，成為其繼任者的妻子之一，這位繼任者是月即別[23]，信奉伊斯蘭教。

　　也就是說，月即別的四名妻子輪流舉行宴會歡迎這一行人，但遠離家鄉、住在中亞草原上的拜占庭人瑪麗亞，是唯一一個體貼周到的，沒有強迫他們當場喝下馬奶酒。

　　接下來我們可以觀察到的在國外的拜占庭人，是兩位皇帝，但他們在

22　始建於十世紀後半葉，十八與十九世紀極盛。
23　瑪麗亞第一任丈夫是金帳汗國大汗脫脫（Toqta，一二九〇－一三一二在位），仍奉傳統薩滿信仰。月即別為脫脫之姪，一三一二－至一三四一在位，時金帳汗國文化已突厥化，人民自稱「烏茲別克人」，此名源自「Özbeg」。

位時統治的只是一個小小的帝國。一三九一年十二月，年輕的曼努埃爾二世帕萊奧洛戈斯（Manuel II Palaiologos，一三五〇－一四二五，一三九一年即位）剛剛繼承皇位，但身為鄂圖曼帝國蘇丹巴耶濟德一世（Bayezid）[24]的附庸，他立刻被召至前線。鄂圖曼帝國的軍隊正在打仗，他的職責是親自參加戰役，並提供一百名希臘戰士，他在小亞細亞的錫諾普（Sinope）南邊某處寫信給學者朋友，這個地區曾經屬於他的祖先：「我接見前來邀請我們到埃米爾大帳的使者們。我猜他又想在晚餐前乾上幾杯，並強迫我們用他收集的各種金碗金杯灌酒。」[41]不久前，餐具櫃裡裝滿了金碗金杯的還是這位拜占庭皇帝，他的宴席上有啞劇、舞者、樂手，氣氛活躍。而現在，他只是蘇丹餐桌旁的寄生蟲。曼努埃爾帶領一小隊基督教人馬為未來的伊斯蘭世界帝國而戰，他寫下自己的感受：

> 此外還缺乏補給。我們已經在遠離家鄉的戰爭中花費了這麼多，還得為補給付出可怕的高價，實在令人無法承受。我和身邊的人在這裡是外邦人，在風俗、語言、信仰上都是，而且……他們勉強買得起市場上所剩的出售物品……除此之外，還有每天的畋獵、席間及餐後的放縱、成群的啞劇丑角、麇集的笛手、一隊隊歌手、一夥夥舞者、哐啷響的鐃鈸、烈酒後無意識的笑聲。[42]

曼努埃爾的兒子伊奧安涅斯八世帕萊奧洛戈斯（John VIII Palaiologos，一三九二－一四四八，一四四二年即位），是拜占庭帝國最後一位皇帝，也是留下個人與食物相關紀錄的最後一位皇帝。他勇敢地親自前往佛羅倫斯會議（Council of Florence，羅馬天主教的大公會議），希望促成天主教與東正教重新融合，以挽救君士坦丁堡遭土耳其征服，但最後是一場徒勞。一四三九年初的一天，他無法走路，可能是因為和基督教高級教士們吃了一年大餐之後，痛風更加嚴重；他騎馬來到鄉間，在佩雷托拉（Peretola），

24　一三五四－一四〇三。一三八九－一四〇二在位。以下敘述的事件應為一三九〇年。蘇丹於一三七八至一三九〇對非拉鐵非（Philadelphia）進行戰事，這是位於小亞細亞西部最後一個基督教希臘政權。拜占庭曼努埃爾二世帕萊奧洛戈斯在一三七三年被立為儲君及共治皇帝，一三九一年二月即位。

炒蛋（Strapatsada）

三個大的雞蛋，打勻
一個中等大小番茄
一大匙橄欖油
一塊費塔乳酪（feta），約三十克
兩片厚片酸麵團麵包，略烤
鹽、胡椒
乾的牛至，一些櫻桃番茄，當作裝飾配菜

　　雞蛋輕輕打勻，加入胡椒粉和少許鹽調味（之後還要加入乳酪，會變鹹）。將番茄切成丁，擠出大部分水分。在煎鍋裡熱油，然後倒入雞蛋。雞蛋開始凝固時，加入番茄，混合在一起。剛剛凝固時，從火上移開，加入乳酪。

　　將烤過的熱麵包片放在盤子上，倒上雞蛋。撒上牛至，放上切半或完整的小番茄。

　　下文中皇帝吃的那道菜，當時他可能稱之為 sphoungaton，非常接近現代的 strapatsada（這是一個義大利語借詞）。這道菜應該當作午餐，搭配麵包，或者幾種傳統開胃菜中的一種，但全球化把這道農家菜與世界性早餐中的炒蛋混淆了，所以它變成一種虛假的典型希臘早餐，而真正的典型希臘早餐是一杯咖啡與兩根香菸。

一名戶主邀請他在院子裡暫時休息。皇帝睡在樹下，手下為他找來吃的。他面前擺著一張小桌：

　　我給他找了白桌布，然後他獨自進餐；其他人，也就是陪同他的人，在涼棚裡外吃著，就像士兵的食堂。皇帝的第一道菜是馬齒莧（purslane）和歐芹沙拉，加上一些洋蔥，他想自己洗乾淨那些洋蔥。接著是雞和鴿

子，煮熟，切成四份，在煎鍋裡用豬脂油煎。菜送上來，都放在他面前，他拿出自己想要的，然後把菜送給其他人。最後一道菜是熱磚上有一些煮好的東西，把雞蛋甩在上面，然後加上許多香料，放在盤子裡，送到他面前。[43]

　　為什麼要吃馬齒莧和歐芹？有人認為這是痛風治療法的一部分。無論如何，在那一天，在伊奧安涅斯八世暫歇的農舍主人菜園中，肯定生長著這些植物。那麼雞蛋呢？作者喬凡尼·德皮格里（Giovanni de' Pigli）沒有寫下這道眾人喜愛的拜占庭菜餚名稱，不過它在希臘語中是 sphoungaton，許多資料都提到過；我們可以稱之為炒蛋，或者煎蛋捲。這頓簡單的飯菜，是由末代皇帝自己挑選，部分是由他親手準備的，這顯示了他對自己的食物感到自在，而且最後對於周圍的非拜占庭世界也感到自在。

鄂圖曼帝國的飲食

　　拜占庭的最後幾個世紀，是連綿不斷的戰爭與無法挽回的衰落；一四五三年鄂圖曼帝國攻占君士坦丁堡之後的幾年，在當時旅人的眼中，似乎是新的黃金時代。例如，皮耶·貝隆認為，生活在威尼斯統治下的克里特島希臘人（這是中世紀愛琴海政治分裂的殘餘政權），並不比鄂圖曼治下的希臘人富裕。貝隆概述了「土耳其」的餐飲習俗，其中包括主要是希臘人居住的土地：

　　他們沒有桌子吃飯，所以直接坐在地上，在前面放一張圓形的皮革，他們平時把這張皮革像錢包一樣捆住。在土耳其，無論是多麼高貴的貴族，都不會隨身腰間不帶刀子。每個人也都帶著自己的調羹，這是避免手指沾染油膩的方法，因為他們不用餐巾。不過他們的確通常隨身帶著大手帕，用來擦拭自己的手指。[44]

　　鄂圖曼帝國的食物與烹飪，雖然多少算是拜占庭帝國的延續，但也包

希臘的酥皮果仁蜜餅巴克拉瓦（baklava），這個名稱為土耳其語，這種甜點是古希臘點心 gastris 的直系後裔。

括了一些新奇的東西。一些當時已經常見的栽培蔬菜與水果，之前在該地區可能是未知的，包括無核小葡萄乾（currant）、或稱「科林斯」葡萄（Corinthian vine）[25]，這在早期文獻中沒有提及。據園藝史家的說法，朝鮮薊是刺包菜薊（cardoon）的栽培品種，花頭非常膨大，在十五世紀的義大利，朝鮮薊才達到現在這種形態。

朝鮮薊很快就傳到希臘，十七世紀中葉阿伽皮奧斯·蘭多斯的《農事》對其有所描述。還有新的食用植物，來自印度、中南半島和新大陸，其中包括辣椒，蘭多斯也知道辣椒，他記錄的名稱是 spetsiai，字面意思就是「香辛料」。白腰豆是在辣椒之後不久傳入的，他提供了很完整的白腰豆食用方式建議：用醋、油、芥末和胡椒煮食。馬鈴薯、番茄、（來自中東的）

---

25 一種主要用於釀酒的黑紫色葡萄 Vitis vinifera，Black Corinth。做成的葡萄乾通常稱為 Zante currants、 Corinth raisins、Corinthian raisins，在美國以外地區也稱為 currants，但並非在美國所稱的黑醋栗及紅醋栗等之 currants。

葡萄汁糖漿，現在稱為 petimezi（源自土耳其語名
稱 pekmez），在古典時代已經是烹飪原料，當時
的希臘名稱為 hepsema。

馬齒莧沙拉（Purslane Salad）

馬齒莧稱為 glistrida 或 andrakla，從春末到秋初採集其肉質葉子和嫩莖，以清爽略帶苦味而聞名。可以煮成燉菜雅克尼（yiachni[26] 在番茄醬汁中燉），並與米飯一起食用，或者做成沙拉生吃。馬齒莧是 Omega–3 脂肪酸的最佳綠色蔬菜來源之一。

兩大捧新鮮馬齒莧
半根小黃瓜，去皮，切成薄片
兩根小櫛瓜，切成細棒狀
一小撮牛至，分量比牛至多一點的鹽，一些胡椒
橄欖油與醋，分量六比一，一小匙芥末醬，調成沙拉醬

將馬齒莧洗過，大略切一下。放在碗中，放上黃瓜。將櫛瓜繞著周圍放置，撒上牛至、鹽、胡椒，淋上沙拉醬汁。拌勻即可吃。
搭配一兩道菜組成一餐輕食，兩人份。

---

26 名稱可能來自中世紀波斯語，指燉菜用的帶蓋陶鍋。

菠菜，現在也首次被引入希臘飲食。

　　雖然如此，從西歐來到愛琴海的旅人，往往會注意到已經在當地長期存在的食品：葡萄、無花果、石榴、乳酪、葡萄酒。他們注意的不是食品的種類與選擇，而是被烹調的各方面所打動。在前文所引貝隆的觀察之後，他補充了來自廚房的說明：「他們的烹飪方式與我們的差別很大。肉煮熟後，他們把它從湯鍋裡拿出來，然後在湯汁裡加上增稠的東西，再攪拌，因為他們煮的分量很大，所以用來攪拌的是一根長木棍。」[45]

　　希臘與土耳其飲食習俗的互動非常深入，並不足為奇，因為這兩種文化已經並肩生活了一千年，而且在此之前已經接觸了四百年。就像稍早的希臘語及拉丁語一樣，從語言交流可以看出相互影響的規模。一方面，土耳其語借用了希臘語的食品原料名稱，比如野菜和一些蔬菜的名稱、栗子、榛子與其他堅果及水果，以及愛琴海域幾乎所有魚類的名稱。這是很自然的，因為土耳其人是長程遷移形成的，他們最早起源於東北亞一片多山的地方[27]，那裡沒有海及海魚，野菜也完全不同。另一方面，一旦希臘人的統治被土耳其人取代，烹飪的菜餚就需要用統治者聽得懂的語言來命名並描述，這就是為什麼在食品烹飪領域也傾向以土耳其語取代希臘語，就和（在不同背景下）諾曼法語取代盎格魯撒克遜英語一樣。因此，對於鹹的葡萄葉捲、多爾瑪德斯（dolmades，較老的希臘語名稱是 thria），以及甜的酥皮果仁蜜餅巴克拉瓦（較老的希臘語名稱是 gastris），留存下來的是土耳其語名稱，希臘語名稱卻消失了。葡萄汁糖漿至少兩千年來一直是重要的烹飪原料，古希臘語名稱是 hepsema，但這個名稱也被遺忘了，被現代的 petimezi（土耳其語 pekmez）所取代。十七世紀作家伯納・倫道夫（Bernard Randolph）[28]認為，土耳其人使用葡萄汁糖漿是因為伊斯蘭教的禁酒令，但他並不知道它的歷史更久遠：「雖然土耳其人不喝葡萄酒，但他們把新酒煮成糖漿，（他們稱之為 becmez，我們稱之為 cute），把它放在小罐

---

27 指學者未有定論的原始突厥族起源地之一，位於中、蒙、俄、哈薩克四國交界處的阿爾泰山。
28 一六四三－約一六九〇。英國商人、作家，一六六〇至八〇年代初居住在安納托利亞及希臘。

子裡，混合水飲用。」[46]

　　有一種食用植物，在希臘從邁錫尼時代起就廣為人知，在古典時代是很受歡迎的糖食配料，在土耳其人統治時又有了更多用途，這就是芝麻。正是在這個時期，希臘開始普遍使用芝麻當作油脂來源，正如貝隆解釋如下：

　　土耳其人使用芝麻油，就像法國使用核桃油、朗格多克（Languedoc）使用橄欖油那樣多。製作芝麻油很費力，通常是奴隸的工作。只在冬天製作。他們將芝麻在鹽水中浸泡二十四小時，然後拿出來敲打，直到脫殼，再在鹽水中浸泡一下，這樣就可以讓殼浮上表面丟棄。他們從水底取出芝麻仁，在烘爐中烘乾，研磨，此時油流出，因為幾乎沒有沉澱物，所以像芥末醬一樣柔滑。然後他們將其稍微煮沸，分離出殘渣。這是一種美味可口的油，而且價格便宜。[47]

　　土耳其人還帶來一些希臘人不熟悉的物產，但值得採用。Yaourti，即優格，就是其中之一。這類食品其實早期希臘人已經嘗試過。很久以前，蓋倫探討過一種酸味的鮮奶油食品，他稱之為 oxygala—「酸性牛奶」，這不是偶然的發現，這種產品一定以某種形式為人們所熟知，因為同一個名稱也出現在現代希臘語中，即 xinogalo，現在被視為等於土耳其的 aïrani，即酸奶飲料 ayran，這些都是一種清爽酸奶飲料的現代名稱，這種飲料經過稀釋，略帶鹹味。還有另一種酸奶製品，比較濃稠，混合了黃瓜、大蒜、橄欖油，通常用香草植物調味，和傳統開胃菜放在一起，當作蘸醬，叫做 tzatziki，土耳其語稱為 cacık。雖然貝隆使用的是重新發現的名稱 oxygala（他喜歡重新發現），但他描述的東西似乎更像現代的酸奶蘸醬 tzatziki，而不是蓋倫的酸性牛奶 oxygala：

　　商隊的所有車夫和騾夫都有一種酸牛奶，叫做 oxygala，他們用布袋裝著，掛在牲口的腹側。雖然它相當液態，但留在袋子裡，不會滲漏。希臘人及土耳其人習慣將蒜瓣放入木臼中搗碎，與這種酸牛奶混合。這是一道貴族氣派的菜餚。[48]

小黃瓜大蒜酸奶蘸醬（Tzatziki）

三條小的小黃瓜（或者半根普通大小的小黃瓜），約二百五十克

至少半小匙鹽

二百五十克濃的希臘酸奶——最好的品牌是 Total，市面上的「希臘式」酸奶並不適合，除非以細棉布過濾一夜。

三瓣大蒜，拍碎

一些白酒醋

至少三至四大匙非常好的初榨橄欖油

削去黃瓜皮，但不要把外皮全部削去，只需去掉大部分。把小黃瓜磨成粗粒，放進濾網或漏勺，撒上適量的鹽，掛在碗口，上面壓一只碟子，向下壓，以擠出水分。如此至少放四個小時，在冰箱裡過夜更好，直到盡可能濾出黃瓜的水分，把碟子壓在上面以確保這一點。

把這些軟黃瓜刮到一個乾淨的碗裡，混合酸奶、一些鹽、大蒜。加入適量的醋、橄欖油，再次混合。

嚐嚐味道，根據你的喜好添加鹽或醋。繼續攪拌並品嘗，一點一點倒油。酸奶比你想像的更能「喝」油，因此必定會使

十六世紀勒芒（Le Mans）的博物學家皮耶・貝隆肖像，出自他早期版本的《在希臘、亞洲、印度、埃及、阿拉伯及其他陌生國度發現的若干奇觀和難忘的事物觀察報告》（*Observations de plusieurssingularitéz et choses mémorables, trouvéesenGrèce, Asie, Indée, Egypte, Arabie, et autres pays éstranges*）。

用大量的油，因為油使蘸醬帶有美好的柔滑感。通常情況下，糟糕的酸奶蘸醬只是油不夠罷了。酸奶愈濃，能吸收的油就愈多，所以這些用量只是參考。加醋的時候，如果蘸醬出現小氣泡，不要擔心，只要確實攪打即可。同樣地，如果成品有點酸，也沒有什麼大不了，只要整體風味是鹹的、有蒜味、清涼的就行。

可以當作蘸醬，或者傳統開胃菜之一。可以用一顆橄欖、幾片黃瓜裝飾盤子邊緣，再倒上一抹油。

這種蘸醬因為放了這麼多油，所以並不是低脂的，但它很美味，而且在全世界的希臘酒館可能都是最受歡迎的一道蘸醬。

有些配方加了新鮮蒔蘿，有些加了磨碎的胡蘿蔔，後者要再加一些小茴香粉，就有更明顯的士麥那風味（Smyrneika）。其他變化包括甜菜根、馬齒莧（黛安・科奇拉斯的食譜）、新鮮茴香（阿格萊阿・克瑞墨茲〔Aglaia Kremezi〕的食譜）。

酸奶黃瓜抹醬，加上大蒜、橄欖油、鹽。希臘語稱為 Tzatziki，土耳其語稱為 cacık。十六世紀旅人皮耶・貝隆對這種酸奶大蒜混合物頗為讚許。

　　還有一種可能，既然這道「貴族氣派的菜餚」被描述為「相當液態」，那麼它也許就是現在賽普勒斯希臘人的 talatouri、土耳其語的 tarator，即一種比較淡薄的酸奶蘸醬 tzatziki？畢竟在巴爾幹地區，這兩種可以一樣濃稠。

　　無論如何，以上這些食品都以酸奶為基本成分，雖然早期希臘人一定知道某種形式的酸奶，但酸奶肯定是由土耳其人開發並普及的。十九世紀初，Ｗ・Ｍ・里克觀察居民家中製作酸奶的過程，並寫下完整說明：

> 　　Yaourt 似乎是韃靼人的發明，由土耳其人引進希臘，是用最好的綿羊或山羊奶做成的。首先製作 pityá 即凝塊：取一些麵包的酵麵，也就是麵粉加水，變酸之後，擠一個檸檬在上面，再將其溶解在沸騰的奶中，保存二十四小時。製作 yaourt：煮一些鮮奶，直到起泡，頻頻攪動，放置待其冷卻，直到手指可以承受的溫度；接著將凝塊 pityá 倒進來，一個土耳其咖啡杯分量的 pityá 就足夠做幾夸脫的 yaourt。然後蓋上蓋子，以免冷卻過快，三小時後即可使用。在這之後，每當要再做新的 yaourt，一杯舊的 yaourt 就是最好的凝塊 pityá。[49]

　　正如貝隆的描述所示，酸奶是馬背民族的旅人自然採用的食品，不過之後即使非游牧民族也很容易製作。游牧的土耳其人轉變為征服者，引進了一些特別適合旅人的食品，這一點也就不足為奇了。如果酸奶及其變化版本是如此，那麼 pastourmas、土耳其語的 pastırma，即風乾醃牛肉也是如此。

　　雖然早期的希臘人喜歡鹽醃和加工保藏的肉類，而且土耳其語單字 pastırma 的詞根可能是希臘語（拜占庭時期的 pastos，「鹽醃的」），但拜占庭希臘人很少吃牛肉，而且並不知道 pastourmas 為何物。米歇爾・博迪埃（Michel Baudier）[30] 在十七世紀中葉寫到大皇宮的時候，這種東西已經成為大眾讚譽的美食：

---

29 這兩種都是將麵包切丁或切片，再烘烤或煎炸之後，與其他材料做成沙拉。
30 一五八九－一六四五。在一六二〇年代以法文介紹記錄鄂圖曼帝國、伊斯蘭及中國。曾為路易十四宮廷史官。

大麥硬麵包（Paximadia）

　　把放久的酸麵團麵包或者長棍麵包切成兩公分厚片。放在烤箱網架上，以最低溫烘烤一個半小時至二小時，直到完全脫水，變得乾硬。沒有使用的大麥硬麵包可以保存六個月。

　　在秋末，首相花了幾天時間監督製造 pastırma，供蘇丹及后妃食用。這是以懷孕母牛的肉製成，因此更嫩；加鹽醃製，就像基督教國家醃製鹿肉和豬肉一樣……。在皇宮，這種食品被視為宴會的奢侈品之一，而土耳其人家中，即使是非常普通的家庭，也食用這種產品。[51]

　　現在人們認為風乾醃牛肉 pastırma 是安納托利亞土耳其人的發明。也許是這樣沒錯，但君士坦丁堡的土耳其人是從現在的羅馬尼亞取得牛肉：十七世紀，「摩達維亞與瓦拉幾亞（Wallachia）[31]的異教徒」，這些牧牛人將牲口帶到君士坦丁堡，賣給屠戶，在聖迪米特里紀念日（St Demetrios）[32]開始的四十天市集上屠宰並出售。[52] 現在希臘的風乾鹽醃牛肉是北方特產，尤其是弗拉赫人（Vlachs）[33]製作的，他們與那些「異教徒」牧牛人有血緣關係，並使用匈牙利紅椒粉為風乾牛肉調味。

　　在博迪埃之前一個世紀，貝隆盡量對土耳其人的食物選擇與習俗寫下一般性的概述。在他那個時代，人們似乎很自然地認為土耳其人總是在遷移：「因為他們並不停下來吃午飯，而是整天在旅途上，所以必須今天準備好明天的食物。」他還說，他們對自己的食物也不講究，只要有洋蔥、麵

---

31 摩達維亞與瓦拉幾亞是現代羅馬尼亞的前身。瓦拉幾亞的東面及南面是多瑙河，北面是南喀爾巴阡山，位於摩達維亞，西面是奧爾特河（Olt）。
32 四世紀初人，紀念日是儒略曆十一月八日，公曆十月二十六日。
33 從中世紀直到現代，弗拉赫人一詞用以指稱中歐南歐的東羅曼語支族群，又稱瓦拉幾亞人（Wallachian）。主要分布在希臘北部、阿爾巴尼亞、馬其頓共和國、保加利亞。

大麥硬麵包沙拉

　　大麥硬麵包沙拉的底層是烘烤兩次的大麥硬麵包（rusk）。這種麵包太硬了，無法乾吃，要先灑上水，再加上油、醋、磨碎的番茄，這樣可以使其軟化，同時保留其原味。

　　這種大麥硬麵包有各種形狀與不同的名稱：paximadia，即大麥硬麵包；kritharokouloura，大麥硬麵包圈；在克里特島東部的部分地區則稱為 koukouvaia，「貓頭鷹」，因為其形狀像是貓頭鷹的大眼睛。放得太久的麵包在整個地中海地區的沙拉菜色中重獲生機，比如中東的麵包丁沙拉 fattoush，用的是皮塔餅（pita），以及義大利的麵包丁沙拉 panzanella。荷蘭旅人艾格蒙與海曼（Egmont and Heyman）在基特拉島（Kythera，當時稱為

Dakos 大麥餅及 dakos 沙拉。底層是烘烤兩次的大麥麵包，或者大麥硬麵包（rusk），克里特人稱這種麵包為 dakos，其他地區的希臘人稱之為 paximadia。這種麵包太硬，無法乾吃，理想的方式是以油、醋、番茄汁液使之軟化。

凱里戈〔Cerigo〕）時，享用的「非常平凡的膳食」，其主食就是大麥硬麵包 paximadia，或稱 dakos：「只有雞蛋，和一種在水中軟化的餅。我們的利口酒是凱里戈酒，像白蘭地一樣烈。」[50]

以下為四至六人分量，搭配其他菜餚。

大麥硬麵包沙拉作法

十至十二片大麥硬麵包 paximadia 或者六片克里特島的大麥硬麵包 dakos，灑上水使其稍微軟化

四個中等大小的番茄，要盡可能熟透

半個紅洋蔥，切丁

兩小匙紅酒醋

一百克費塔乳酪（在克里特島用的是當地的乳清乳酪，不過費塔乳酪可以替代）

四分之一個紅椒，切細丁

滿滿一大匙續隨子，濾乾，如果太鹹，以水沖洗

鹽

牛至、橄欖油，上菜時搭配，在一只大盤中放好大麥硬麵包，也可以稍微掰開，放在一邊。

把一個番茄磨碎，盛在碗中，不要外皮。將其他三個番茄切成丁，加在碗中，加進洋蔥、一些鹽、醋。

上菜的時候，以調羹將這些番茄放在大麥硬麵包上，在中間放得多一些。撒上碎乳酪，然後將紅椒與續隨子放在乳酪上。撒上乾牛至、一點油──不需要太多。

馬齒莧、橄欖、切碎的歐芹，都是常見的配料，取決於手邊有哪些可用。

包、葡萄乾和其他乾果就可以了。「所有土耳其人都是如此，無論是普通人還是大貴族，都喜歡吃生洋蔥……他們每頓飯都吃。」他並加以科學論證，認為洋蔥及大蒜使土耳其人保持健康，「使他們免受水的所有危險[34]，使他們分泌唾液，從而有胃口吃大量乾麵包。」[53] 但其實希臘人也和土耳其人一樣愛吃大蒜。

從這種到處遷移的生活方式，就可以看出為什麼君士坦丁堡的土耳其征服者、慈善的穆罕默德二世（Mehmet II）特別注意恢復通往該城大路上的小客棧與旅館。貝隆寫道：「沒有土耳其人羞於投宿這種旅店，或接受其免費食物的施捨，因為這是這個國家的習俗。異鄉人得到的招待並不亞於最尊貴的大人物的待遇。」[54]

旅人需要方便攜帶、經久不變質的主食，無論是類似麵包或者類似粥都可以。從鄂圖曼帝國早期，這兩種食物都有記載。一方面，已經擁有非常重要地位的大麥硬麵包，在這個時期留存下來並蓬勃發展。一四八三年，一名日耳曼朝聖者在前往聖地途中經過希臘水域，在墨西尼亞地區（Messenia）的摩冬（今莫托尼）停留，記錄了這裡的食物與葡萄酒：「我們去了烘焙師的房子，那裡為水手烤製 paximates 或稱 paximaciiare。一個日耳曼老人守著房子。我們在那裡得到晚飯，煮好，然後吃了。」[55] 另一方面，一種以二粒麥製成的粥狀主食甚至在拜占庭帝國之前就已經為人所知，在鄂圖曼時代更加普遍；它的希臘語名稱是 tragos：

製作二粒麥乾麥粒 tragos：將亞歷山大城的小麥浸泡、搗碎，在烈日下曬乾。然後重複這個過程，直到全部去除小麥的穎片和纖維部分。其他品質好的二粒麥做成的 tragos 也可用同樣方式曬乾並儲存。[56]

到了十六世紀，這種麥粒食品的常用名稱是特拉卡納斯（trachanas），

---

34 指食用水不潔引起疾病。

和現在的名稱一樣，而且十六世紀時還使用另一種方式製作：將搗碎的麥粒浸泡在酸牛奶中，然後將其乾燥成球狀，這種方式的成品更完整、更營養。貝隆發現，在鄂圖曼帝國官方經營的客棧中，這是免費提供給旅人的常備食品之一。「旅社的湯做好後，所有想吃的人都必須拿自己的碗來。他們還供應肉與麵包……無論是猶太人、基督徒、拜偶像者、土耳其人，都不會被拒絕。」

他把稻米與黑眼豆列為替代主食，但重點放在乾麥粒特拉卡納斯上：「雷斯博斯島的人有一種製作穀物、將其與酸牛奶結合的方法。首先，他們將穀粒煮熟，然後在太陽下曬乾，製作成一種複合物……出售到土耳其各地，大量使用在湯中。」[57]此外還有一個名稱 xynochondros [35]，這個名字源自一種古老的二粒麥粥或湯，即 chondros，而且也可能讓人想到也許是類似的食品。與早期資料中一樣，現代的乾麥粒通常以二粒麥或其他小麥製成，但有時不是；飲食作家阿格萊阿・克瑞墨茲記載了一種來自基特拉島的 krithinos trachanas ──「大麥乾麥粒」。[58]

---

35 Chondros 指碎麥粒，xynochondros「酸的碎麥粒」。

第五章
烹飪地理 第一部分：希臘境外

　　在猶如里程碑一般的一四五三年前後，鄂圖曼的擴張吞沒了大量的希臘人以及講希臘語的人，其中大多數社群由來已久，在地理上分布廣泛，已經失去了他們與拜占庭帝國可能有過的任何關聯。

　　從邁錫尼時代以來，希臘人就一直在地中海沿岸進行海上貿易，考古學已經證實了當時他們在南義大利的蹤跡。幾個世紀後，他們開始記錄歷史，其中一個很成功的主題自然就是他們自己的貿易路線以及早期殖民成就：他們講述了所有希臘殖民地的起源、創始人、傳說中的創立日期、早期城市歷史；其中許多殖民地從當時繁榮至今，其中某些殖民地的希臘起源如今幾乎已遭遺忘。

　　到了公元前五世紀及前四世紀，於我們現在所說的希臘疆界之外，希臘的飲食與葡萄酒習俗正在西西里島大部分地區以及義大利南部沿海地區蓬勃發展。正如前文我們已經看到的，當時西西里是歡樂奢侈的代名詞。它是著名廚師（比如米泰科斯）與美食家（尤其是阿爾克斯拉托斯）的家鄉。在南方，位於現在利比亞東部海岸的偉大城市庫勒尼，出口傳奇香料塞爾菲昂，所有關心健康飲食的希臘人都很珍視，這種香料最終也出口到羅馬，直到被羅馬人吃到絕種。

　　在亞得里亞海岸上，從伊庇魯斯及現代的阿爾巴尼亞，往北分布著希臘人建立的城市。西北方往更遠的地方，是繁榮的殖民地馬薩利亞（Massalia），即現代的馬賽；還有東起摩納哥與尼斯、西至安普里亞斯（Ampurias），一連串遙遠的海岸城鎮。葡萄栽種傳入這個地區即使不是馬

賽的希臘人之功，他們也一定幫助傳播了葡萄酒以及對葡萄酒的需求：據羅馬人說，大約在公元前一世紀，一名高盧奴隸可換取一只雙耳瓶葡萄酒。

　　黑海（希臘語稱朋土斯）與地中海不同，在公元前最後幾世紀實際上是希臘的內海，唯一的海運通道必須經過赫勒斯滂（達達尼爾海峽）與博斯普魯斯，這兩處海峽都是由幾個最早的希臘殖民地控制。最終，希臘人的城市幾乎包圍了黑海，其中許多地方將小麥出口到老家，希臘本土對小麥麵包的需求一直超過了當地的小麥供應。位於幾條大河河口的城市則從事河運貿易。克里米亞半島（希臘語稱 Chersonesos Taurike〔克森尼索陶里卡〕）的希臘殖民地生產葡萄酒與魚露。沿著現在土耳其北部海岸的殖民地，則每年在鮪魚群洄游時捉魚，還出口榛子與核桃。這片海岸地區以通往此處的海域為名，因此也稱為朋土斯。

　　以上這一切，都發生在亞歷山大大帝之前。他征服波斯帝國，由此開始了一場文化融合，在公元前最後三個世紀席捲整個近東。在這場融合中，希臘語言與（按照馬其頓人理解的）希臘生活方式最終傳播深遠。亞歷山大之後的三個世紀裡，羅馬帝國逐漸吞沒了幾乎所有仍由他的後繼者統治的地區。在那個時候，希臘語已經根深蒂固，成為羅馬的第二語言，是整個帝國東半部通常用於交流的語言，也是羅馬大戶人家的奴僕與廚房的通用語，因為部分東方人（羅馬廣義上所指的希臘人）身為奴隸或者已經解放的奴隸，在這些場所工作。所以，第二次文化融合此時正在進行。也因此，當東羅馬帝國成為拜占庭帝國，其主要母語已經是希臘語；在廣大的地中海東部地區，如果自稱為「希臘人」，意思是其人說希臘語，並以希臘方式生活及吃喝。

　　在那個時期，君士坦丁堡管轄範圍之外講希臘語的人口相對較少，其中大多數在西西里島、南義大利、亞得里亞海的海岸城市。隨著拜占庭帝國不斷萎縮，這種情況也將改變。諷刺的是，最大的改變發生在七世紀中，皇帝西拉克略（Heraklios，五七五－六四一，六一〇－六四一在位）統治時期，他也結束了拉丁語的官方地位，讓希臘語成為帝國的唯一主要語言。幾年後，在伊斯蘭進攻下，他突然失去東南部幾個省分，以及埃及

與敘利亞許多講希臘語的繁榮聚落。十一與十二世紀，安納托利亞大部分地區被奪走，十二世紀，失去了巴爾幹大部分地區；而在十三世紀，從十字軍占領君士坦丁堡開始，帝國剩餘的中心地帶甚至希臘本身，部分處於法語和義大利語的領主統治之下，而非希臘統治。希臘諸島也落入幾個不同的統治者手中。一三〇四年，熱那亞人取得希俄斯島。克里特島在九世紀與十世紀是阿拉伯人的領土與海盜巢穴，於一二一二年在一次獨特事件中[1]歸屬威尼斯。從一三〇九年開始，羅德島是醫院騎士團（Knights Hospitaller）[2]的據點。

　　古老的希臘文化擁有數個重要地區，各有其特殊命運，以下各節將介紹這四個地區的飲食文化。十二世紀末，在一名拜占庭叛徒不情願的幫助下，獅心王理查最後決定，賽普勒斯島由拜占庭帝國轉讓給耶路撒冷的十字軍王朝[3]，從此法語成為該島官方語言，但希臘語仍然是日常用語。朋土斯地區東北部，不同於安納托利亞其他地方，直到一二〇四年一直是穩固的拜占庭領土，從未受到十字軍威脅，在此不久之後，也脫離了拜占庭，成為特拉布宗帝國（Trebizond），其統治王朝是希臘人，與晚期的拜占庭人有親屬關係。

　　朋土斯即使在鄂圖曼帝國的統治下，依然有大量講希臘語的人口，還有亞美尼亞人及土耳其人。安納托利亞愛琴海岸上繁忙的港口士麥那（現代的伊茲密爾），長期以來受到土耳其人、希臘人、十字軍爭搶，最後在一四二六年終於成為鄂圖曼帝國領土，但它及腹地依然主要講希臘語，並延續了幾個世紀。第四個地區則是古都君士坦丁堡（現代的伊斯坦堡），希臘人親熱地簡稱其為 i Poli，「那座城」（the City）。它將成為鄂圖曼帝國的首都，但是只有四百五十多年，它一直是世界上最偉大的希臘城市，並未失去地位。

---

1 第四次十字軍於一二〇四年占領君士坦丁堡，十字軍首領，蒙菲拉特伯爵博尼法喬（Boniface of Montferrat）的割據地包括克里特島，但他將其出售給威尼斯共和國。熱那亞共和國立即出兵占領該島，直到一二一二年威尼斯軍隊確立該島為殖民地。
2 耶路撒冷聖約翰醫院騎士團，是天主教修道騎士會，一〇九九年成立於耶路撒冷。一二九一年穆斯林占領巴勒斯坦全境，騎士團逃往賽普勒斯。一三〇九年，占領羅德島及多德卡尼斯群島（十二群島）部分島嶼。
3 第三次十字軍，理查在一一九一年奪取該島，一年後售予聖殿騎士團，之後騎士團轉售給法國騎士呂西尼昂的居伊（Guy de Lusignan），耶路撒冷國王暨賽普勒斯領主。

那座城

　　一四五三年，鄂圖曼軍隊包圍在君士坦丁堡城牆外，發起最後一次進攻、而且也將是勝利的進攻。此時的君士坦丁堡跟從前比起來，已經是淡薄的影子了：它的金錢白白浪費，它的貿易衰退，它的大部分人口早已外移。最後一位皇帝，君士坦丁十一世，在領導防守時英勇陣亡了。

　　穆罕默德二世在這一年的勝利，為他贏得了「征服者」的別名；在他的統治下，這座城市開始重生。他當即將自己的朝廷從阿德里安堡（Adrianople）⁴遷移至君士坦丁堡，並以修復計畫補償了之前在圍困與攻占過程中遭破壞的部分。

　　他一向是建築師與園林設計師的著名贊助人，在半島東端重建了古老的皇宮。他的新花園的設計基礎，是過去曾經給君士坦丁堡皇帝帶來歡樂的花園，既實用，又美麗：

　　在宮殿周圍，他布置了一圈大而美的花園，園內生長著各色品種優良的植物，當季的果實纍纍，豐沛的溪水潺潺，清涼澄澈，爽口宜人，到處都是美麗的小樹林與草地，響徹成群的鳴禽啁啾，而且這些鳴禽也是好吃的，草地上放養著家養的與野生的動物。[1]

　　穆罕默德二世的後世繼任者之一，十七世紀初的蘇丹易卜拉欣（Ibrahim）⁵，在哈斯闊伊（Hasköy）的金角灣北岸沿岸修建了花園，「這是一座讓人想起天堂的花園……桃子與杏子滋味絕妙……他們在這裡捕捉牡蠣，與檸檬一起食用，並以葡萄酒送進腹中。」艾弗里亞・賽勒比警告說，吃牡蠣不喝酒的人，會發現牡蠣是一種強大的春藥。他記載，漁民每年都要支付租金，才能獲准出售他們的海鮮。[2] 在卡欣帕沙（Kasımpaşa）⁶區，

---

4 今名埃迪爾內（Edirne），位於土耳其西北，鄰近希臘與保加利亞邊境。
5 易卜拉欣一世，一六一五─一六四八，一六四○─一六四八在位。
6 哈斯闊伊與卡欣帕沙位於現在的貝伊奧盧區（Beyoğlu），即中世紀的佩拉（Pera）。

早期攝影，十九世紀中葉君士坦丁堡街上的熟食攤。

他品嘗了附近花園的「鮮美桃子，以及杏子與葡萄」，而且這座花園的玫瑰
是全帝國最好的。[3]

　　十六及十七世紀的遊客和他們的前人一樣，對這座城市的財富印象深
刻，貧窮和衰落的歲月早已被遺忘。一六八二年，喬治・惠勒特別記下了
這些海鮮：

　　他們有很多種好魚。這裡的牡蠣比我在英國以外任何地方吃的都要
好。我注意到的另一種魚是旗魚，因為它的肉質堅實美味。他們的水果出
色，無花果、桃子、蘋果，非常漂亮而且好。土耳其人非常喜歡吃甜食，
喜歡吃各種蜜餞。[4]

燉烤茄子（İmam bayıldı）

İmam bayıldı，「暈倒的伊瑪目」，是最著名的土耳其燉蔬菜，在保加利亞與希臘也很流行。據說此菜得名於伊瑪目品嘗後高興得暈倒了。有許多不同配方，以下是范吉利斯·卡尼奧提斯（Vangelis Chaniotis）的版本。

伊瑪目茄子通常不加乳酪，但是卡尼奧提斯的顧客（主要是希臘人）喜歡這道菜加上費塔乳酪。有些廚師在醬汁中加入更多洋蔥，這樣最後完成的味道更甜，就像燉蝸牛或燉肉（stifado）。可以添加月桂葉、眾香子（allspice）和完整的丁香粒。茄子可以不切，也可以切半，不須先炸，直接在油裡燉煮，這樣做出來更滑膩，質地更柔軟。

四個中等茄子，切成四瓣
蔬菜油，油炸用
兩大匙橄欖油
一個洋蔥，切細丁
兩瓣大蒜，切碎
一個小的紅椒，切細丁
六個番茄，磨碎（或者四百二十五克罐頭碎番茄）
一小匙乾薄荷
一點水
一大捧磨碎的黃色乳酪，比如克法洛提里（kefalotyri）或埃曼塔（Emmental）
一百五十克費塔乳酪

將茄子洗淨，去掉頭尾，以長度為中心線，切成四瓣。以大量植物油油炸十分鐘左右，直到變軟並呈金黃色，但不要完全炸熟。撈起放在一旁，將油瀝乾。

接著製作番茄醬汁：在煎鍋中加熱橄欖油，將洋蔥、大蒜與胡椒煎軟。在洋蔥變色之前，加入番茄、薄荷，如果番茄汁液不多，就加一點水。中溫小火煮二十分鐘，直到醬汁水分減少，稍微變稠。

將茄子皮朝下，整齊排在烤盤中。撒上碎乳酪，小心澆上醬汁。將費塔乳酪稍微捏碎，撒上，覆蓋大部分表面，但也要留一些空隙。在烤爐裡以中溫烤三十五至四十分鐘。

可供四人食用。

范吉利斯．卡尼奧提斯像過去三十年一樣在自己的餐廳裡烹調茄子。

關於鄂圖曼帝國早期數世紀裡君士坦丁堡的食品與奢侈品，唯一最豐富的資料來源是十七世紀艾弗里亞．賽勒比的作品，當中記述了蘇丹穆拉德（Sultan Muradiv）[7]檢閱各行會的年度遊行。在行會方面，鄂圖曼的君士坦丁堡並不是獨一無二的，零售業在其他地方也享有類似的監管和保護，但是君士坦丁堡的行會充滿活力，繼承自拜占庭時代，並重新蓬勃發展。

7 穆拉德四世，一六一二－一六四〇，一六二三－一六四〇在位，為易卜拉欣一世同母兄。

活蟹與龍蝦，雖然長途運送至塞薩洛尼基的市場上，也並未安靜下來，必須小心處理。

賽勒比列出至少七百三十五個行會，包括從印度香料與水果中提煉露酒的藥劑師；銷售玫瑰水和其他含乳香、龍涎香、茉莉等香氛的香水師；還有草藥師與蔬果商。此外，這些行會商人通常持有的股票，已經出現在兩個早期資料來源中，即拜占庭晚期的法蘭西斯科・佩戈洛蒂，以及十六世紀中期的皮耶・貝隆。此外還可以看一下《農事》，這本十世紀的拜占庭農業手冊，列出了君士坦丁堡此緯度地區每個月種植的蔬菜清單：「一月播種海甘藍（seakale），還有濱藜（orach）[8]與葫蘆巴。二月播種歐芹、韭蔥、洋蔥、著蓬菜、胡蘿蔔、甜菜、香薄荷、混合沙拉蔬菜……嫩莖花椰菜（sprouting broccoli）、蕪菁、蒔蘿、芸香，也要栽種萵苣和菊苣（chicory）」，如此寫出一整年。[5] 值得注意的是提到芸香；這種芬芳的香草植物在古代與中世紀菜餚中很受喜愛，而且在希臘很容易種植，很可能原產於希臘，但現代希臘食品中幾乎沒有使用。

8 Orache，莧科濱藜屬，可能是 garden orache，*Atriplex hortensis*，中文俗名法國菠菜、榆錢菠菜、洋菠菜。

　　至於貝隆，他在一五四七年抵達君士坦丁堡，可能是在之前造訪當地的地形學家皮耶・吉列（Pierre Gilles）的指引下，立即前往金角灣沿岸的市場。[6]貝隆用幾種語言記錄了他看見的魚、水果、香辛料的名稱。他對可食用植物特別感興趣，是最早提到 vrouves 的作者，即芥菜（mustard greens），這種蔬菜在春天生食，「當它們生長並開始開花……有蘿蔔的味道，但煮熟就會變苦。」[7]

　　再回來說鄂圖曼君士坦丁堡的食品行業，麵包師傅、糕點廚師、大麥硬麵包師傅，都各屬於不同行會。還有「麝香冰鎮果子露」製造者：賽勒比是冰鎮果子露（sherbet）行家，關於冰鎮果子露的調味，他不僅知道龍涎香與麝香，還知道大黃、玫瑰、蓮花、葡萄、羅望子。然後是賣咖啡的；咖啡在他的時代還是新發明，屠戶行會在一場關於席次先後的著名辯論中聲稱：「這是一種限制人類睡眠與生殖力的新鮮東西。咖啡館是充滿混亂的地方。」[8]

　　在行會的隊伍中，顯眼的還有屠戶、趕牲口的人和牧羊人、牛奶商、乳酪商，以及許多種類的熟食賣家，尤其是牛羊肚商人，他們深受穆斯林喜愛，據賽勒比說，這是因為穆罕默德本人稱牛羊肚為「菜餚中的王子」。雖然如此，賽勒比說，這個城市的七百名牛羊肚廚師都是希臘人。他們不必納稅，但每天必須向皇室的犬舍送去「六十副驢腸，充作獵犬與牧羊犬的食料。到了晚上，他們的店裡擠滿了喝酒的人，整晚都在吃牛羊肚湯以醒酒」，因為據說這道湯有解酒的功效。在遊行中，牛羊肚廚師以誇張的動作從大鍋裡撈出內臟，裝在碗裡，用胡椒與丁香調味，一面唱著希臘語歌曲。[9]他們的傳承如今留存在塞薩洛尼基地區及色薩利地區的牛羊肚餐廳中，這種餐廳在這兩地分別稱為 patsatsidika 及 skebetzidika。

　　在熱的甜飲料製造者中，有些是專門出售薩勒皮（salep）[9]，這是以一種地生蘭的根製成的傳統提神飲料；這個行業也有現代傳承。然後是來自

---

9 紅門蘭屬的強壯紅門蘭（*Orchis mascula*，early-purple orchid，early spring orchis）、四裂紅門蘭（*Orchis militaris*，military orchid）、散花倒距蘭（*Orchis laxiflora*，lax-flowered orchid，今分類為倒距蘭屬，學名 *Anacamptis laxiflora*）等數種地生蘭的塊莖製成粉，在熱水中化開。名稱來自阿拉伯語「狐狸的」，原指一種蘭花，名為「狐狸的睪丸」。

比提尼亞山上的賣雪人；接著是五百名糖果師，其中最好的（據賽勒比說）是希俄斯島的希臘人，他們是這一行的大師，而且精通藥學：「他們展示各種裹上冰糖的水果，比如杏仁、榛子、阿月渾子、薑、橙皮、咖啡……裹著不同顏色的糖霜，保存在精美的水晶罐中。他們的店裡掛著緞子與織錦的帷幕。」在展覽中，他們展示用冰糖水果裝飾的糖果樹。[10]

十七世紀君士坦丁堡的漁民大多是希臘人。在遊行前幾天，他們盡全力捕捉一些珍品與「海怪」，放在（水牛拉動的）花車向人群展示。煮魚的廚師也是「異教希臘人」，他們用橄欖油或者亞麻籽油烹煮魚，後者來自色雷斯的賴得斯托斯（Raidestos，今泰基爾達〔Tekirda〕），我們還記得五千年前新石器時代的色雷斯與馬其頓，亞麻是當時常見的油料植物，因此這就不足為奇了。賽勒比補充道：「這些希臘人有特定的齋日，包括聖尼古拉、聖瑪利亞……聖迪米特里、聖喬治、聖埃利亞斯、聖希米昂（Symeon），以及卡利坎扎羅斯（Kalikanzaros）。在這些日子，他們做飯不用奶油。」[11]

接著依次是賣食品雜貨的、賣奶油的、賣油的、賣水果的、賣家禽的。最後的行業是烈性飲料，buza 即「小麥啤酒」（只有這一種是賽勒比及其他穆斯林明確允許的）、米酒、蜜酒、阿拉克茴香酒（arrack）、petimezi 即「葡萄汁糖漿」。最後，則是酒館老闆：

> 君士坦丁堡的四個轄區內，有一千多處管理混亂的場所，由希臘人、亞美尼亞人、猶太人開設。除了公開販賣葡萄酒、白蘭地、啤酒的地方，還有許多祕密場所，愛好者都知道它們各自的名稱，當然我對這些一無所知。[12]

有一本現代的經典希臘烹飪書，出自十九世紀的君士坦丁堡希臘社群：一八六三年，尼可勞斯・薩蘭提斯（Nikolaos Sarantis）的《烹飪手冊》（*Syngramma magirikis*）就在此處出版。與土耳其其他地區的希臘人不同，該城的希臘人在一九二三年沒有被迫流亡，但許多人在那幾年移民，此後

在出售的本地新鮮魚類中——鱸魚、紅鯔魚、鯛魚等——能看到一種突兀的外來物種魚片（右後方），以希臘語標明「鱸」（perch），希望事實的確如此。其屬名鯰屬 *Pangasius* 以及原產地「越南」，表明這是一種湄公河的鯰鯰科魚；但願不是極度瀕危的巨無齒鯰（*Pangasionodon gigas*）。

油炸的 marides（沙銀漢魚〔smelt〕）是整隻供食（搭配綠色沙拉），要整隻吃掉，只剩下尾巴。

該社群不斷縮小，在一九六〇年代尤其急遽凋零。

希臘的君士坦丁堡飲食傳統——很久以前，在這個東南歐最富裕強大的大都市，這些人是統治階級——如今留存在曾經居住該城的家庭中。這些傳統在每一代都受到變化、分散、遺忘的威脅，需要記錄與宣揚。目前最傑出的記錄者是索拉・波齊（Soula Bozi），她的《Politiki kuzina》，「那座城的烹飪」，在一九九四年出版，之後又將其標題與主題借給一部影片。她展示了鄂圖曼帝國各地的飲食傳統如何影響了君士坦丁堡的希臘人，以及一九六〇年代他們如何移民到希臘，改變了那個時期相比之下當地較簡樸的烹飪風格。

士麥那與更遠的地方

波齊最近寫了關於愛奧尼亞、卡帕多奇亞（Cappadocia）、朋土斯的希臘人的烹飪傳統，這些都與君士坦丁堡的烹飪傳統非常不同，而且彼此之間也不相同。愛奧尼亞地區從古代地理的愛奧尼亞（愛琴海東岸十二座愛好奢華的早期希臘城市）向內陸延伸，是現代希臘人對該地區的稱呼，近代歷史上的愛奧尼亞，以海岸大都市士麥那為中心，曾經擁有大量希臘裔人口，但身為少數民族的希臘裔在一九二三年逃離。

十七世紀末，鄂圖曼帝國的士麥那已經成為重要的貿易港，將小亞細亞的物產向西出口。一些回憶錄中描述了這座城市，其中許多作者對它的葡萄及葡萄酒感興趣——蓋倫身為古代的內科醫生，對此不會感到訝異的，因為他在這個地區土生土長，也是一千五百年前此地葡萄酒的鑑賞家。一七四三年，英國牧師理查・波卡克（Richard Pococke，一七〇四－一七六五）稱，士麥那出口了「大量葡萄乾到英格蘭」，而且出口「少量麝香葡萄酒（muscadine wine），該地區以此物聞名，以及比較不甜的處女白酒」。[13]

年輕時的安托萬・加朗對鄂圖曼士麥那的描述，最佳也最犀利。一六七八年，他在該地待了五個月。他的調查本打算以《古代和現代的士

約一八五〇年，前往士麥那的海路，它是鄂圖曼小亞細亞最偉大的希臘城市。A·威爾摩爾（A. Willmore）版畫，參考 E·鄧肯（E. Duncan）的素描（倫敦，一八五四年？）。

麥那》（*Smyrne ancienne et moderne*）為題出版，但一直擱置，遭到遺忘，直到二〇〇〇年。據他報導，該城的土耳其人和希臘人共有十三家麵包店，最近英國人有了一家、法國人有了一家，之前土耳其尚未征服克里特島時，不允許這兩國人士開設麵包店，因為擔心可能會被用來向遭圍困的克里特人及威尼斯人提供「餅」（即大麥硬麵包）。他統計了一下，此地有二十六名綿羊屠戶、十五名牛屠戶，每天屠宰五十頭牛和一百五十隻綿羊，這還沒算綿羊羔和山羊羔，這兩種在復活節很搶手。城裡有便宜的雞肉（還有賣給英國人的昂貴肥閹雞），還有幾乎一樣便宜的鵪鶉、鷓鴣、山鷸（woodcock）。加朗尤其注意葡萄酒，他說：「土耳其人不喝葡萄酒，即使喝（有些人承認了），他們也不儲存，而是向基督徒購買。」那麼土耳其人喝什麼呢？答案是水、咖啡、冰鎮果子露，最後這種是以檸檬汁、砂糖和水調製的清涼飲料。富人可能喜歡用龍涎香或清涼的樟腦調味的冰鎮果子露：

在夏天，他們以雪來冷卻水，這些雪是在冬天從山上小心收集並儲存的。每個地區都有公共飲水，有些在私人住宅中。他們還有來自開羅的 cahvé（咖啡），和來自同一個地方的果子露（cherbet，但僅限於富人），以及在本地用玫瑰、紫羅蘭和其他花卉製作的東西。然而普通人只能用葡萄乾、無花果乾或李子乾，浸泡在水中製作。[14]

士麥那的所有其他「民族」都喝葡萄酒與白蘭地。加朗說，這種葡萄酒是用鄰近地區的葡萄在當地釀造，非常好，異常濃烈。「有時有某種甜味……如果習慣了，就不覺得討厭……但總是在下一季之前就變質。因此，擁有上等葡萄酒的少數人將其賣給英國人，獲利很多，英國人無論什麼價錢都要買到這些好酒。」有一些酒是從各島嶼帶來的，尤其是特涅多斯的醇美麝香葡萄酒（在二十世紀被同樣出色的勒姆諾斯島麝香葡萄酒所取代）。當地的白蘭地「以葡萄乾釀造，比葡萄渣釀造的更好」，銷量很大。希臘人呼朋引伴去酒館喝白蘭地，而且很少只喝一杯：「經常發生的情況是，早上開始的聚會，到了夜幕降臨才完全喝透。」加朗又說，但是英國人是喝酒喝得最兇的。他接著說：

希臘人喝足了酒，尤其是在他們的節日裡，他們認為只有喝飽了酒才算像樣的慶祝。他們在齋日幾乎不喝，只吃魚，他們說酒應該留給 pascalino，也就是復活節允許吃的肉類，而魚只能配水。[15]

直到二十世紀初，士麥那都是比較希臘式的城市，在比較土耳其式的鄉間繁榮茁壯。希臘與土耳其之間一連串的邊界調整，使得士麥那的社群關係不再融洽，不過對當地並沒有直接影響，直到一九二一年希臘占領士麥那，並開始向小亞細亞內陸擴張。希臘的推進最終受阻，撤退變成潰敗。在這場災難中，士麥那幾乎被摧毀。不只是這個城市，而是幾乎整個小亞細亞倖存的希臘人都遭到驅趕流亡。許多人從士麥那及鄰近地區逃到塞薩洛尼基，使得當地原本屬於少數民族的希臘裔變成了多數族裔；塞薩洛尼基、希臘馬其頓、色雷斯的大多數土耳其裔則被迫往反方向遷移。

Dolmadakia（迷你版的多爾瑪德斯〔dolmades〕），這是士麥那的特色菜。

　　對於士麥那富裕的希臘商人家庭來說，最新的飲食時尚是法國的。這與鄂圖曼土耳其對帝國首都君士坦丁堡的影響相融合，部分可追溯至拜占庭帝國，以及中世紀土耳其牧民與征服者。此外還有小亞細亞西部當地的美食傳統，部分是希臘的，部分是土耳其的，以及士麥那本身的民族飲食與習俗。所有這些都豐富了難民定居的各希臘城市的烹飪。如果沒有這場災難及隨之產生的移民，現代希臘飲食將缺少一種成分，那就是世界性「士麥那式」元素，這是相對於希臘各地區鄉村飲食的特色。造訪希臘的遊客可能從未注意到這些細微區別，但希臘人很容易能加以分辨，士麥那式烹調是包餡的葡萄葉捲一類菜餚、綿羊羔肉與米飯（atzem pilaf）及許多米飯菜餚，以及精心揉製的肉丸（keftedes，土耳其語 köfte）。還有小茴香調味的番茄醬汁肉丸，希臘語稱為小香腸 soutzoukakia，但在土耳其語中就是 İzmir köfte，「士麥那肉丸」。

士麥那肉丸（Soutzoukakia Smyrneika）

Sucuk 是土耳其語的「香腸」，-aki 是希臘語的小稱後綴，所以這個單字是土耳其語及希臘語的複合字，soutzoukakia Smyrneika 就是「士麥那的小香腸」。

肉丸的材料：

六百克碎肉，最好是牛肉混合綿羊羔肉，或者牛肉與豬肉；不過如果只有牛肉也不是問題

三瓣大蒜，切細碎

一小匙小茴香粉

兩個蛋

一小捧切細碎的歐芹

番茄醬汁的材料：

四大匙橄欖油

一個洋蔥，切細碎

四百克罐頭碎番茄，或者烹飪用罐頭番茄汁

一點糖

一片月桂葉，一根肉桂

一小杯葡萄酒杯的乾紅酒

鹽與胡椒

首先製作肉丸：在一個盆裡混合所有材料，加上許多鹽，以手揉捏以確保均勻融合。一次取大約五十克肉餡（如果太黏，先將雙手打濕），塑成小香腸狀。將這些魚雷狀的肉丸以保鮮膜覆蓋，在冰箱裡放半小時左右，使其凝固。

與此同時，在大煎鍋中加熱兩大匙油，以油煎洋蔥數分鐘，直到變軟但尚未變色。加入番茄、半湯匙的糖、月桂葉、

肉桂、酒。調味，煮開，然後轉小火煮二十分鐘，直到醬汁變濃、水分稍微減少。將醬汁取出，清潔煎鍋，然後放回爐火上，加入剩下的油。

　　以中火煎肉丸，一面五分鐘，使其上色好看，然後倒進番茄醬汁。蓋上鍋蓋，小火煮二十分鐘，直到煮透，並且肉桂散發香氣。

　　上菜時，每人三個肉丸，淋上一些醬汁，搭配一份白米飯，或者以橄欖油煎的馬鈴薯。也可以在米飯上撒一些乳酪，搭配包心菜絲與胡蘿蔔絲沙拉，淋上橄欖油與檸檬汁（這道沙拉絕對不要用醋）。這道食譜由范吉利斯・卡尼奧提斯提供。

　　傳統上，士麥那肉丸應該紮實，嚼勁幾乎像薩拉米臘腸一樣，這與希臘各地流行的較軟的 keftedes（肉丸）非常不一樣。然而這可能會讓它不好消化，所以如果你喜歡清淡一點的菜，可以在肉餡加入兩大把麵包屑。士麥那肉丸與上述肉丸的不同之處，還在於它含有小茴香與大蒜，這是兩種常見的君士坦丁堡調味品。希臘各地的番茄醬汁則普遍添加肉桂。

士麥那肉丸，士麥那的特色菜。

卡帕多奇亞與朋土斯的希臘人

在一九二三年的人口互換遷移中，土耳其東北部的朋土斯希臘裔，以及內陸山區的卡帕多奇亞希臘裔，都被迫與希臘的穆斯林人口交換居住地。然而記憶並不是這麼容易就能抹去的，他們的子孫依然在重造老家的食品，雖然他們當中有些人從未見過老家，而且在許多方面，老家與他們現在居住的希臘都大不相同。

士麥那的希臘裔是城市的世界主義者，而卡帕多奇亞的希臘裔居住在農村且傳統，他們以樸素但獨特的方式，對現代希臘的大眾飲食文化做出貢獻，加強了基督教主要節日的特殊食品，並為其添加了自己的細微差別。而且據他們說，風乾醃牛肉（pastirma）是他們的特產之一。雖然拜占庭人也有醃肉乾（apokti），但風乾醃牛肉的傳統確實深深根植於中世紀土耳其人的游牧文化。他們很可能在君士坦丁堡被征服前就將這種作法傳給了卡帕多奇亞人；而且，雖然君士坦丁堡從十七世紀起就很熟悉風乾醃牛肉，但可以確定的是，在一九二三年的民族遷移之後，現代希臘從卡帕多奇亞人那裡學到了風乾醃牛肉的知識。Apokti 可能是幾種動物的鹽醃肉乾，而 pastirma 則是牛肉（或駱駝肉，食品歷史學家瑪麗安娜·卡夫魯拉基〔Mariana Kavroulaki〕很小心地補充道），經過壓製、鹽醃、日曬，通常塗了大量大蒜與香辛料。[16] 八十年來，在風乾醃牛肉以及其他卡帕多奇亞肉類與乳酪的供應上，雅典人依賴色雷斯的生產者，以及著名商店阿拉皮安（Arapian），其創始人薩爾奇斯·阿拉皮安（Sarkis Arapian）並非卡帕多奇亞的希臘裔，而是卡帕多奇亞的亞美尼亞裔。

今天，從科孚島到伯羅奔尼撒的拉科尼亞，從克里特島的哈尼亞到色薩利的皮利翁山，希臘各地都有朋土斯希臘人聚落，但大多數定居在馬其頓與色雷斯。此外還有第二種朋土斯希臘裔的烹飪傳統，起源於一個曾經兩次遷移的群體，他們在十九世紀向北穿過黑海，到達馬里烏波爾（Mariupol）及烏克蘭東部，蘇聯解體之後，又遷移到希臘。這些朋土斯希臘人烹製餃子以及複雜且醬汁濃厚的麵團類菜餚。

因此，朋土斯的傳統與我們熟悉的士麥那傳統又是大不相同。士麥那面對希臘，通過繁忙的愛琴海與希臘不斷交流。而朋土斯是農家菜餚，這一點如同希臘的許多食品，但來自不同的遠方與地理環境，以穀物、全麥與碎小麥、玉米、乳製品、魚為基礎。在過去，這些魚來自黑海海岸，以及從土耳其山區注入黑海的大河，但現在來自愛琴海北部，以及從巴爾幹半島向南流出的色雷斯地區諸河流。

朋土斯人是養牛的農民，不是牧羊人，因此他們偏好的烹飪油脂是奶油。橄欖樹在朋土斯並不茂盛，在希臘北部洛多皮山脈（Rhodopi）較冷的氣候下，橄欖樹也不茁壯——之前我們已經知道，即使在新石器時代，當地種植的就是其他油料植物——因此，對於現在生活在馬其頓和色雷斯的朋土斯人來說，橄欖油是一種奢侈品，就像奶油在更遠的南方一樣。

新鮮酸奶（douvana）的攪拌製作方式與奶油相似，這樣就做成去脂酸奶 tan [10]，至少在希臘，這種奶製品是朋土斯廚房特有的。

去脂酸奶趁新鮮使用，剩下的放置兩個月，就熟成為 paskitan（很像希臘的乳清乳酪米茲瑟拉）。如果讓它徹底風乾，就成了酸奶球（chortan），堅硬、呈焦糖色，質地如脆皮太妃糖，滋味如乳酪，當作飯前的傳統開胃菜，切成小塊，搭配渣釀白蘭地澤波羅（tsipouro）[11]。僅僅這一點，就顯示了朋土斯農民驚人的創造力——絕不浪費任何東西。濃湯與燉菜都用乳清乳酪 paskitan 增稠。這種廚藝最好的例子之一是酸奶大麥湯 tanomenos sorbas，它起源於亞美尼亞，但以朋土斯希臘語命名，在早晨開始田間勞作之前吃這種湯，是一頓豐盛的早餐。這個名稱的字面意思是「加上去脂酸奶 tan 的濃湯」（在土耳其及巴爾幹，濃湯稱為 çorba；而通常的希臘單字用的是義大利語借詞 soupa）。將 korkoto（壓碎的乾燥玉米粒，或者布格小麥或大麥〔bulgur〕[12]）煮熟直到變軟，加上去脂酸奶或乳清乳酪，以小火慢燉，這種酸奶能使其稍微變稠，並略帶酸味與鮮奶油味，然後拌入以

---

10 將新鮮牛奶攪打後，撇去奶皮，製成酸奶。
11 未經熟成的白蘭地，以葡萄果渣製成。
12 布格麥通常以壓碎的硬粒麥（杜蘭小麥）煮至半熟，乾燥，儲存。

朋土斯（Pontos）

　　三十年來，特奧菲洛斯‧吉奧爾吉阿得斯（Theofilos Giorgiadis）不斷來回奔波，從他的祖父母被強迫遷移之後的落腳點，在基爾基斯（Kilkis）附近，到他們最早的老家，祖先留下的拉吉亞斯村（Ragias），位於朋土斯。在一九六〇年代末的希臘，他在學校被勸阻不得使用朋土斯方言，但他選擇自己向祖父母學習。他的妻子埃勒尼，家族的根在君士坦丁堡，其父是士麥那難民，而現在她因為夫婿，也成了朋土斯人。

　　他們在基爾基斯有一座乳酪農場，由特奧菲洛斯經營，在塞薩洛尼基有一家朋土斯商店，由埃勒尼經營，

拉吉安商店，為所有想品嘗朋土斯美食的人提供家製產品。乳酪搶盡風頭⋯⋯

……尤其是拉長的伽伊斯乳酪（gaïs pulled cheese）[13]，從新鮮的到熟成的，從白的到黑的都有。

　　店名叫做拉吉安（Ragian）。這裡就是他們的熱情所在，顧客一進門就能感受到這一點：對於特奧菲洛斯以祖傳方式製作的產品，埃勒尼從裡到外瞭若指掌。這家店隱藏在亞里斯多德廣場周圍迷宮般的街道裡，是朋土斯飲食的百科全書。比如perek，直徑三十公分的麵餅，通常用於皮塔餅或派餅的外殼；特奧菲洛斯的酪農場製作的各色乳酪；朋土斯烹飪傳統的醃肉、乾的香草植物、餅乾、蜜餞甜食。全希臘凡是朋土斯人定居的地方，都能找到一些他們的產品。

13 朋土斯希臘語「皮帶」，指其外型，以撇去奶皮的新鮮牛乳製成。

奶油煎過的青蔥與薄荷。這種湯完全不同於希臘南部及諸島的風格。

乳清被做成拉長的乳酪，稱為 gais，比如在拉吉安商店就是如此。這種產品在許多國家有不同的名稱與外型，特別是在義大利，稱為 mozzarella。在馬其頓中部的基爾基斯，這種乳酪被拉伸成長繩狀（不要以為它應該與商業加工的細繩狀乳酪相提並論，不過質地的確相似），並捲成螺旋，在最終食用前可能要乾燥多年。

朋土斯烹飪的一大特色是許多麵團餃子和麵食類食譜。穀物麵包、派餅皮、用來製作受俄羅斯影響的餃子麵團，都添加了牛奶，更為濃郁，而且餃子以奶油及乳清乳酪佐餐。朋土斯的這種餃子 piroski 通常以油炸，而非煮熟或做成湯餃，但在大多數情況下，餡料非常相似：以馬鈴薯、肉或者乳酪為主料；水果餡不像在其他國家那麼流行。土耳其的影響表現在麵食上：肉餡的 giannoutsia（土耳其語 giohadas）、類似義大利餃子（ravioli）的薄皮包子 manti，後者在土耳其有各種外型，也遍布整個亞洲，乃至遠在中國的包子（man tou）[14]也很類似；土耳其的影響也表現在朋土斯的許多日常菜餚中。

和希臘其他地區的烹飪傳統一樣，豆類和蔬菜很重要。朋土斯的首選綠色野菜「horta」是蕁麻，這種植物就像在希臘北部一樣，在此地黑海沿岸生長茂盛。這種蔬菜的烹調法也與其他地方相同，煮熟做成沙拉，或做成菜泥或濃湯，或與當地的紅豆或白豆一起燉。同樣常見而經常與蕁麻交替使用的，包括深綠色包心菜、酸模、其他酸模屬植物、甜菜，尤其是甜菜的葉子。黑色包心菜「Mavrolahano」有時栽種，也有野生。正如許多巴爾幹菜系，醃漬蔬菜是廚房必備。

家中自製的麵條（makarina），形狀猶如厚的義大利寬扁麵（tagliatelle），如緞帶一般，搭配酸奶或者奶油以及新鮮的拉長乳酪（gais）一起食用。李子、覆盆子、野梨等水果，在希臘的最北部長得很好，在朋

---

14 Manti 視各地傳統而定，類似蒸餃、湯餃乃至薄皮包子或發麵包子，其語源同 man tou，指的是有餡的麵食，即吳語所謂「小籠饅頭」一類。

土斯也是，可以新鮮食用，或者做成 kompostes（糖水水果），或者製成 petimezia（濃縮果汁糖漿），也可曬乾。

即使在今天，當其他少數群體的烹飪已經幾乎完全被一種「民族烹調」所吸收，朋土斯希臘人的食物依然保持著特色與連綿不斷的傳承。

賽普勒斯島

賽普勒斯島是十字軍耶路撒冷王國（Crusader kingdom of Jerusalem）的重要領地，在耶路撒冷失守之後仍長期保有。一五七一年，賽普勒斯被鄂圖曼帝國占領，一直到十九世紀，島上依然有不少土耳其裔人口。一八七八年，該島落入英國手中。一九六〇年賽普勒斯脫離英國獨立，但其南部仍有英國軍事基地，北部有分離的土耳其飛地。

在歷史上，賽普勒斯完全可以與君士坦丁堡、士麥那、朋土斯相提並論，這些地區都有歷史性的希臘裔社群，位於現代希臘國土之外。賽普勒斯飲食對這個故事而言很重要，因為今天該島大多數人口是希臘裔（與上述其他地區正相反），而且在世界各地，現代賽普勒斯及希臘僑民相互影響並融合。

小茴香（當地稱為 artisha），芫荽（新鮮植物及磨碎的種子）、薄荷，都是典型的賽普勒斯風味。

希臘大部分地區很少使用芫荽籽，但它是賽普勒斯菜餚的主要香料，比如 afelia（用紅酒及芫荽籽慢煎的豬肉）。新鮮芫荽用於沙拉、橄欖麵包、酥皮菠菜派餅 spanakopita，而且用於烹煮的菜餚，比如香腸煮蔬菜 giachnista，賦予它獨特的香氣。薄荷尤其流行用來搭配肉類：比如碎肉通心粉派餅 pastitsio，以及肉丸。Pastitsio 在當地稱為 makaronia tou fournou（意為爐烤通心粉），這個名稱比較具有希臘風味，而非義大利語。

Şeftali kebabı 又稱 seftalia，是典型的賽普勒斯燒烤網油香腸，使用的不是腸衣，而是網油，從名稱看來，這是土耳其菜：seftalia 意為桃子，但為什麼這個詞用在香腸上，這就是一個謎了。Souvla 在歷史上是一道特殊

賽普勒斯燒烤網油香腸（Seftalia）

用來做 souvla（烤串菜餚）的碎豬肉，混合了香辛料與香草植物，做成圓胖香腸狀，以綿羊羔或豬的網油包裹，串起來烤。這是一道很好的傳統開胃菜，也可以夾進賽普勒斯皮塔餅，加上希臘旋轉烤肉（gyros）常見的配菜，即酸奶蘸醬 tzatziki、洋蔥、番茄、溫熱的薯條。

賽普勒斯皮塔餅大致呈橢圓形，可以很容易從中間切開、填入餡料，而希臘皮塔餅更厚、更圓，不能以同樣的方式切開，必須用來捲裏餡料。

網油香腸在賽普勒斯非常流行，為了製作這道菜，當地還特地進口豬網油。

賽普勒斯網油香腸
五百克肥豬肉肉末
一百克乾麵包，在水中浸過，擠乾水分
一捧切細碎的歐芹
少許薄荷
半小匙芫荽籽粉
半小匙肉桂粉
鹽與胡椒
六片豬網油，徹底洗淨，以廚房紙巾拍乾

將網油以外的所有材料混合，以手攪拌，做成柔滑的香腸肉餡質地。將肉餡分為六份，大致塑成長球狀。一次攤開一張網油，緊緊裏住一份肉餡，就像做春捲，或者葡萄葉裏肉餡的多爾瑪（dolma）。將每一個分別串在木扦上燒烤。趁熱供食。

希臘旋轉烤肉（Greek Gyros）

　　每家燒烤店和快餐店的菜單上都有 souvlaki merida，字面意義就是「烤串（souvlaki）拼盤」，裡面有從大型旋轉烤肉串切下來的肉片、洋蔥薄片、酸奶蘸醬（tzatziki）、番茄、三角形的烤皮塔餅、炸得很好的薯條。一千家烤串餐館的一千張照片裡都有這道菜，而且這道拼盤實際上比聽起來更好。就跟旋轉烤肉皮塔餅一樣（烤肉等物裹在皮塔餅裡，可以拿著很快解決一餐），你在點餐時可以指定「每一種都要」（apo ola）。

　　這道食譜的靈感來自五月的一個晚上，在帕羅斯島吃到的旋轉烤肉，在當地番茄季開始之前，也避免了食之無味的進口番茄濫竽充數。

　　兩人份，需要足夠三根烤扦的肉，以油、檸檬汁、牛至醃過，然後燒烤

　　兩個圓形皮塔餅，或者賽普勒斯皮塔餅，烤過，切成四份
　　一大坨酸奶蘸醬（tzatziki）
　　半顆小的紅洋蔥，切薄片
　　兩把芝麻菜（rocket），大略切一下

　　將皮塔餅放在一只大盤中，把烤肉放在上面。一邊放一些酸奶蘸醬，旁邊放上洋蔥，其旁放上芝麻菜。搭配一兩杯啤酒，就是完美的一餐。

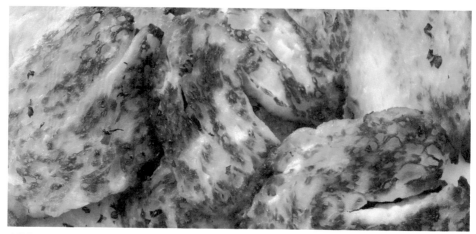

賽普勒斯的哈洛米乳酪（halloumi），有時放在滷水中熟成，質地堅實，熔點高，是油煎和燒烤的理想選擇。傳統上是以綿羊或山羊奶製作，現在經常用牛奶製作。

場合的菜，是醃過的肉，穿在鐵扦上，以炭火燒烤；這個名稱是拉丁文（subula 即鐵扦）。被串在一起的東西稱為 souvlakia——不過在希臘也使用這個名稱——可以用豬肉、雞肉、網油香腸、煙燻臘腸（loukanikon）、蘑菇、半軟哈洛米羊乳酪（halloumi）[15]，然後夾進皮塔餅，或者用皮塔餅捲起來。

　　有人說，賽普勒斯因其醃製肉類而聞名：綿羊羔肉與山羊羔肉做成風乾醃羊肉 tsamarella[16]，必須非常鹹；牛肉乾以鹽和強烈香料醃過，土耳其名稱為 pastourma，有時做成煙燻臘腸；不過最引人注意還是鹽豬肉，其特殊的賽普勒斯風味來自醃製它的紅酒。醃豬里脊以豬里脊肉做成，經過滷水醃漬、紅酒醃製、煙燻，以及熟成（這一步對於喜歡濃郁味道的人是必要的）。

　　賽普勒斯有自己的布格麥（即 pourgouri），與番茄及洋蔥一起蒸，也有自己的特拉卡納斯乾麥粒（trahanas），做成濃湯的時候，可以加上方形

15　混合山羊奶與綿羊奶製成，有時也加牛奶。浸在乳清鹽水中，半軟，熔點高。
16　經過醃製、日曬、沸水加香料煮過、再日曬。

的熟成哈洛米乳酪。地中海貿易帶來了鹽漬鯡魚和鹽漬鱈魚，這兩種魚加上馬鈴薯和番茄以戶外烤爐烘烤。島上較新的蔬菜中，茄子與蠟質賽普勒斯馬鈴薯被充分利用，通常烘烤，加上小茴香、牛至、洋蔥片。

　　賽普勒斯的乳酪，最著名的是哈洛米，是由山羊與綿羊奶混合製成的乳酪，浸在鹽水中，通常切片燒烤或煎炸。熟成的哈洛米乳酪可以磨碎。阿納利（anari）是乳清乳酪，可以像義大利瑞可塔乳酪一樣新鮮鬆軟，和蜂蜜一起吃，也可是乾燥堅硬而且鹹的，磨碎後搭配麵食，尤其是燉肉giouvetsi，這是一種和麵食一起吃的香辛燉肉。該島的水果甜食及糖漿很有特色，以及杏仁抹醬（soumada），據記載，這是一三六四年賽普勒斯國王彼得二世[17]送給波蘭國王卡齊米日三世（King Casimir，一三一〇－一三七〇，一三三三－一三七〇在位）的禮物。著名的還有白色布丁mahalepi，用聖露西櫻桃[18]（St Lucy cherry）或者玫瑰水調味。

　　不過這些都比不上烈性葡萄酒（fortified wine）卡曼達雷亞（Commandaria）那樣值得自豪，它繼承了中世紀的風格與風味，在十六世紀希臘的馬爾姆賽葡萄酒幾乎被遺忘的情況下，勝利地活到了我們的時代。正是這種賽普勒斯佳釀，成為十三世紀亨利‧德安德里（Henri d'Andeli）的法文詩歌《葡萄酒的戰役》（La Bataille des vins）裡唯一產自法國境外的葡萄酒。賽普勒斯的白蘭地與茲瓦尼亞（zivania，一種水果白蘭地〔eau de vie〕，與渣釀白蘭地及拉克酒〔raki〕[19]是同一類），沒有那麼古老，只在當地有名。

---

17 一三五四或一三五七－一三八二。一三六九－一三八二在位。兼為的黎波里伯爵，耶路撒冷國王。
18 聖露西櫻桃，Prunus mahale，常用名 mahaleb，其核仁為香辛料，經常用於甜點，這種白色布丁即得名於此，類似法式奶凍 blancmange。
19 都是以葡萄果渣釀造。水果白蘭地（eau de vie）指以水果釀造並蒸餾兩次的烈酒，通常為透明無色。希臘拉克酒不同於土耳其拉克酒，沒有大茴香籽加味。

醃豬里脊（Lountsa）

醃豬里脊是整個地區最有名的醃肉，可能是威尼斯人引進賽普勒斯的[20]，最初可能是賽普勒斯窮人用以賺取現金的產品，每年十一月屠宰家豬製作，賣給過往船隻。這是豬的里脊肉以鹽醃製，在紅酒與芳香劑中浸泡至少一星期，塞進動物的腸衣裡，煙燻並懸掛晾乾數個月。芳香撲鼻的肉切成片，當作傳統開胃菜，或用於煎蛋捲、餡餅或其他菜餚——比如以下這道三

肉店門外掛著的醃豬里脊及本地臘腸。

---

20 名稱來自義大利語 lonza stagionata，「醃豬里肌」。

明治，在整個夏天，帕羅斯島的瑪麗娜咖啡館（Marina Cafe）每天都為兩個思鄉的賽普勒斯人準備這道菜。

賽普勒斯三明治

四片最厚的三明治白麵包，品質要好、質地紮實；或者兩個小的義大利拖鞋麵包巧巴達（ciabatta）

一點蛋黃醬，只需稍微滑溜一層，不要太多

一塊真空包裝的賽普勒斯醃豬里脊（lountsa），或者四片厚片醃燻豬肉

一塊真空包裝的賽普勒斯半軟哈洛米羊乳酪（halloumi）

一顆成熟但結實的番茄，切成圓片

芥末醬泡菜（piccalilli）

將麵包切片，塗上蛋黃醬。在其中兩片麵包放上醃豬里脊或豬肉片，將其拼接放置，肉片之間盡量留下縫隙。

將哈洛米乳酪切成半公分厚度或稍微更厚一點的長橢圓形。以中大火將不沾鍋加熱，將乳酪片分批放入鍋中烘烤，每一片都要翻面，使其雙面上色。以乳酪片覆蓋醃肉，剩下的乳酪要在變冷並變韌之前吃掉——這是大廚分內應得的。把其餘的麵包片放上去，蛋黃醬要朝下。

將三明治以帕尼尼三明治烘烤機加以烘烤，或者以其他方式烘烤。麵包變成褐色後，打開三明治，在下半部鋪滿厚片番茄，在另一半鋪上大量芥末醬泡菜。輕輕將兩半放回壓扁，切成四個小三角形，搭配冰啤酒食用。芥末醬泡菜起源於印度，是（大英）帝國時期的調味品，當年賽普勒斯位於連接英國與東方屬地的航線上，這種泡菜在此地就很受歡迎，至今依然。

以上為兩人份。

廣大的僑居地

自古以來，希臘人一直在海上航行，並在海外的戰略要地建立貿易殖民地。從古代及中世紀到文藝復興時期，義大利的沿海城市都有強大的希臘勢力與影響，並有延續的定居希臘聚落。隨著鄂圖曼帝國的征服，在隨後的數世紀裡，許多有能力外移的希臘家庭在國外找到了安定與繁榮，無論是在巴爾幹、義大利，還是西歐。通常來說，這些家庭依然保留了他們在希臘本土與諸島、士麥那或君士坦丁堡的立足點；對他們大多數人來說，這不是簡單的流亡或移民，而是在新的政治背景下，繼續古老的貿易與殖民動力。

因此，一八二一年爆發的希臘獨立戰爭（最終在一八三二年國際社會承認希臘獨立），並沒有造成現代希臘人分散，反而強化了他們。國外的希臘僑民在政治同情者的幫助下（這許多人當中最著名的是詩人拜倫勳爵），能夠從他們的避居地強力支持在祖國希臘對抗鄂圖曼人的同胞，最終勝利。

希臘與賽普勒斯雖然獨立了，但至今並非繁榮地區。從十九世紀到二十一世紀，對家鄉而言，海外希臘僑民一直是必要的，而且從地理上來說，他們的僑居地遍布全世界。十九世紀這類希臘新「殖民地」還包括亞歷山卓港與倫敦，二十世紀初，埃萊夫塞里奧斯・韋尼澤洛斯（Eleftherios Venizelos）[21]的自由主義政府從這兩個地方獲得了財政與政治支持。二十世紀最大的希臘僑民中心包括紐約、蒙特婁、雪梨；二〇一五年，希臘首相阿萊克西斯・齊普拉斯（Alexis Tsipras）[22]最張揚的部長曾在雪梨工作多年，並擁有澳大利亞雙重國籍，這也就不足為奇了。

「我們談到茄子，我們談到伊瑪目烤茄子」，海倫娜・韋尼澤洛斯（Hélène Venizelos）在回憶錄中憶及自己與未來夫婿第一次見面的情景。她

---

21 一八六四－一九三六。希臘政治家，曾七次擔任首相。
22 二〇一五年九月二十一日－二〇一九年七月八日任希臘首相。

一八六〇年代賽普勒斯採收葡萄，把葡萄運到腳踩用的大缸中。

是一位富有的家族繼承人，其家族以士麥那及倫敦為根據地。一九一三年，倫敦希臘社群舉辦了一場晚宴，她是主人之一，埃萊夫塞里奧斯·韋尼澤洛斯則是晚宴嘉賓。[17] 從她這句話我們可知，在希臘僑民社會、即使在最高級、最世界性的階層，也都提供希臘飲食，至少是康士坦丁堡與士麥那的希臘飲食。但直到二十世紀下半葉，希臘與賽普勒斯餐館才在非希臘的食客和美食家面前嶄露頭角。而且他們真的成功了。在紐約，利瓦諾斯

一張古老的酒標，這是賽普勒斯葡萄酒最具中世紀風格的卡曼達雷亞，甜且烈。

家族（Livanos）是一九五〇年代來自希臘的移民，起初經營的是沒有什麼民族特色的餐館。在二十世紀最後幾年，他們與年輕的大廚吉姆・博薩可斯（Jim Botsacos）開始合作，他的家族是已經長期定居的義大利與希臘裔，但是到當時為止，他做的一直是美國及法國菜。他們一起創建了莫利沃斯餐廳（Molyvos），以他們家族的原籍地命名（雷斯博斯島的古城米西姆納〔Methymna〕），這家餐廳在烹飪界登上了聲譽的高峰，幾乎沒有比它更有名的希臘餐廳。[18] 他們也毫不猶豫同時往義大利菜發展，二〇〇四年創立的阿巴卡托餐廳（Abboccato）成績不相上下；尼克・利瓦諾斯（Nick Livanos）現在是美國烹飪學院（Culinary Institute of America）的中堅力量。麥可・普西拉基斯（Michael Psilakis）在宣傳方面更加努力，回報是頻繁上電視曝光，以及一顆米其林評星，不過該餐廳在不久之後歇業了。[19] 有可能威脅莫利沃斯餐廳地位的紐約希臘餐廳事實上是加拿大人開設的：科斯塔・斯畢利亞迪斯（Costas Spiliadis）是蒙特婁的希臘人，在當地開設了自己的第一家餐廳米洛斯（Milos），並大膽拓展米洛斯帝國，從倫敦到拉斯維加斯（這還沒有提到他的地中海遊艇呢）。澳洲的希臘大廚們也一樣雄心勃勃，《每日電訊報》對彼得・康尼斯提斯（Peter Conistis）讚譽有加，甚至稱其「新餐廳阿爾法（Alpha）是澳洲希臘人一切美好事物的紀念碑」。如果你覺得這聽起來有點誇張，那是因為它的確有些誇張，但阿爾法是希臘俱樂部（Hellenic Club）[23]的一部分，而希臘俱樂部的振興的確可以說是「希臘社群給這個城市的禮物」。[20] 雪梨的康尼斯提斯，紐約的利瓦諾斯，都屬於希臘飲食的歷史，他們將希臘飲食的聲譽傳播到美食家以外的人群中，超越了大城市裡時興而混亂的餐飲癖好。

---

23 一九二六年成立於雪梨，澳洲希臘裔的社交組織。

第六章
烹飪地理 第二部分：希臘境內

　　希臘大陸在十五世紀被鄂圖曼人蠶食征服了。塞薩洛尼基在一四三〇年落入其手。雷斯博斯島在一四五三年之後很快成為鄂圖曼帝國的領土，羅德島直到一五二二年才屬於鄂圖曼帝國。熱那亞統治的希俄斯島堅持到一五六六年，其無可替代的希俄斯黃連木乳香使得熱那亞一直保持繁榮。威尼斯統治的克里特島直到一六六九年才被鄂圖曼帝國征服。

　　隨著希臘獨立從南到北一步步發展，一八三二年，希臘大陸終於復興，當時希臘很小，也很窮。塞薩洛尼基還在鄂圖曼帝國手中，直到一九一三年，希臘軍隊將其奪回。第一次世界大戰後，希臘得到了西色雷斯，但是不得不放棄收復君士坦丁堡的希望。

　　隨著鄂圖曼帝國的衰落，諸島各有不同的命運。羅德島和多德卡尼斯群島經歷了一段奇怪的義大利統治時期，直到一九四七年得到解救。克里特島也吸引了外國強權（這是他們的自稱）的注意，他們無力地試圖監督其自治，最終在一九一三年允許希臘接管。至於愛奧尼亞群島（Ionian islands），鄂圖曼的統治幾乎從來沒有觸及此地；這個群島從中世紀領主手中轉移給威尼斯，接著在十八世紀末，由於拿破崙併吞了威尼斯，群島轉移到法國手中，之後又給了英國。結果事實證明，在這塊不尋常的領土上，英國人是無能的統治者，於是英國人接受情勢[1]，在一八六四年將其交

---

1 在一八三三年被選出即位的希臘國王奧托一世出身巴伐利亞王室，被英國認為對英國不友善。一八六二年，奧托一世在政變中遭罷黜，丹麥的威廉王子被英國運作選為希臘國王，為喬治一世，英國將愛奧尼亞群島歸還希臘以示祝賀。

給獨立的希臘。這就是現代希臘零星拼湊的起源，現代希臘能夠聯合起來，不是因為歷史、也不是因為地理，而是因為它的多數人口的族裔。

　　從公元前五世紀以來，甚至在很久之前，希臘的地景一直充滿各種極端類型，擁有一連串數不盡的微氣候與微棲地，產生了各種極為不同的食物與飲食習慣。為什麼錫夫諾斯島盛產廚師？派翠克・李・費摩爾曾經提出這個問題。為什麼君士坦丁堡的製酒人大多來自特薩科尼亞（Tsakonia）？[1]沒有哪一個章節能夠列舉所有這類問題，更無法回答，但本章主要透過中世紀到現代的觀察者的眼睛，展現一部分希臘飲食無盡的地理多樣性。

愛奧尼亞群島

　　我們從最西邊開始，這個島鏈從未屬於鄂圖曼帝國，而是受到威尼斯

愛奧尼亞群島幾乎是單作栽培的兩種作物：科孚島的橄欖園……

……以及扎金索斯島的無核小葡萄園。照片前景是剛摘下的小葡萄，在太陽下曬乾。

統治。塞普丁蘇拉共和國（Septinsular Republic）[2]、法國統治、短暫的俄國統治，最後讓位給名稱古怪的愛奧尼亞群島合眾國（United States of the Ionian Islands），這是大英帝國一個被遺忘的角落，一八六四年歸於已經獨立的希臘。為什麼英國人對這裡感興趣，稍後將加以說明。因此，這七島（Seven Islands）的獨特食品與飲料有一小部分是英國的，很大一部分是威尼斯的，還有更大一部分是傳統本地的（每個島都有，因為每個島都不同）。

　　威尼斯人和英國人一起將這些島嶼轉向單作栽培，當時自然也未顧及自己後代的碳足跡。從那時起，科孚島就是一片橄欖綠，凱法利尼亞島

（Kephallenia）、伊薩卡島（Ithake）、扎金索斯島（Zakynthos）種植的無核小葡萄（currant）[3]遠遠超出希臘島民的需求。十七世紀末的旅人喬治‧惠勒寫到扎金索斯（贊提 Zante），解釋了後者這一行業的發展原因與方式：

　　這座島嶼就是目前無核小葡萄的主要產地，我們在英國用這種葡萄乾做了這麼多宜人的菜餚。它的名稱是借用科林斯這個地名……。並非像一般人認為的那樣，如同我們的紅醋栗與白醋栗生長在灌木叢中，而是像其他葡萄那樣生長在藤蔓上，只是葉子比其他葡萄葉大一點，而果實則小得多……。八月裡，小葡萄成熟時，將其薄薄攤在地上，直到曬乾，然後收集起來，清理乾淨，帶到城裡，收進他們稱為 seraglios 的倉庫，是從上面的一個洞倒進去，直到裝滿為止。當他們把小葡萄裝進桶裡，運到這些地方，由一個人光著腿腳，進入桶裡，小葡萄運來後倒進桶中，同時他仍不斷踩踏，使其緊緊鋪在一起……。主要經營這一行的是英國人，而且理應如此，因為我相信英國人吃的量是法國與荷蘭的六倍。本地人……被說服了，以為我們只用它來染布，而且他們對聖誕派餅、葡萄乾濃肉湯（plum-potage）[4]、蛋糕與布丁等奢侈品還很陌生。[2]

　　惠勒還說，扎金索斯島的小葡萄乾（以他生動描述的方式壓縮之後），每年可裝滿五六艘船，凱法利尼亞島三四艘，伊薩卡島兩艘。他還記載了科孚島、扎金索斯島與凱法利尼亞島生產的橄欖油，他們製造「大量的上等橄欖油，但不允許外國人出口……只有多餘的才運到威尼斯」。正如這一點細節所顯示的，橄欖油的單作栽培，不同於小葡萄的單作栽培，純粹是為了供應其宗主國所需。義大利南部有大量橄欖油，但不像愛奧尼亞群島那樣在威尼斯控制下。克里特島也曾是威尼斯領土，如今前往克里特島的遊客，也經常被告知（而且誰敢反駁呢），即使是現在，該島無與倫比的橄欖油也大量運往義大利，充作義大利產品出售。

---

3 又稱科林斯葡萄，一種主要用於釀酒的黑紫色葡萄 Vitis vinifera，Black Corinth。做成的葡萄乾通常稱為 Zante currants、 Corinth raisins、Corinthian raisins，在美國以外地區也稱為 currants，但並非在美國所謂的黑醋栗及紅醋栗等之 currants。
4 中世紀英國聖誕節菜餚，以羊肉、小葡萄乾、葡萄乾、香辛料煮成。

　　威尼斯人離開很久之後，科孚島依然以他們種植的橄欖樹聞名。一八九四年，貝德克爾出版社（Baedeker）的第一本希臘旅行指南提到科孚島：「這裡的橄欖樹不用修剪，其高度、美感、生長狀態，在地中海都是獨一無二的，甚至在全世界也是如此。這些樹在四月開花，果實在十二月至三月之間成熟。」[3] 還有一些人也同意，這些橄欖樹沒有修剪，也沒有像希臘其他地方的傳統那樣，用棍子把果實打下來。「女人應該像橄欖樹一樣挨打，」勞倫斯・杜瑞爾的《普洛斯彼羅的牢房》(*Prospero's Cell*)[5] 裡，被賦予了神話色彩的一名當地人說，「可是在科孚島，女人和橄欖樹都沒有挨打，因為每個人都懶得要命。」[4]

　　這兩種愛奧尼亞經濟作物，小葡萄與橄欖，對於它們所取代的農業環境而言並不是外來物種。從前一直有橄欖樹，但不是威尼斯人的成排橄欖樹；在小葡萄出現之前，也一直有釀酒的葡萄，現在也還有許多古老而有趣的品種，釀造出一系列出人意料、別處品嘗不到的葡萄酒。這些葡萄樹從根到果實完全是本地的，因為希臘大陸西部及其海岸外的愛奧尼亞群島從未遭到根瘤蚜[6]（phylloxera）入侵。

　　因此惠勒是對的，他說凱法利尼亞島盛產「出色的葡萄酒，尤其是麝香葡萄酒（muskatel，我們稱之為路克雪利酒〔Luke Sherry〕）」，而扎金索斯島「提供其他葡萄，釀出很好但非常濃烈的葡萄酒⋯⋯紅酒非常耐海運，但是麝香葡萄酒〔原文如此〕則不然，雖然它非常美味，而且在這裡產量很大」。[5] 據惠勒及其他許多人的說法，科孚島也「盛產葡萄酒」。杜瑞爾的讀者根本無須對他加以推斷，但其中有些人可能有了這樣的結論，那就是這位作家對於自己移居的島嶼所出產的葡萄酒充滿極度熱情。他在卡斯特拉尼（Kastellani）發現了幾種好酒，帕萊奧卡斯特里特薩村（Palaiokastritsa）附近及卡摩斯村（Chamos）附近還有更好的酒，在山區發現了「一種泡沫細小的酒，隱含硫磺與岩石氣息。在拉科涅斯村

準備採收橄欖，樹下鋪開墊子。

（Lakones）要紅酒，他們會給你一杯火山的血」。[6] 這句描述說服了當代美國作家邁爾斯・蘭伯特－戈克斯（Miles Lambert-Gócs），他在《希臘葡萄酒》（*The Wines of Greece*）指出這是「一種以馬爾札維葡萄（martzaví）釀造，非常不甜的紅酒」，這種葡萄在勒弗卡斯島（Leukas）稱為 vertzamí，在托斯卡納稱為 marzemino；它一定是由威尼斯人引進的。[7]

　　杜瑞爾的良師益友，曾在科孚島居住的亞美尼亞詩人科斯坦・扎里安（Kostan Zarian）可能確實花了「近兩年的時間……詳盡研究科孚島的葡萄酒」。[8] 愛奧尼亞葡萄酒底蘊深厚，從科孚一直向南到扎金索斯，早在一六〇一年就有一首詩記錄了三十四種葡萄，其中包括：

　　扎金索斯的葡萄，有科扎尼提斯（kozanitis），米格達利、弗勒里、拉扎基阿、克洛拉爾，以及摩羅尼提斯……（Mygdali, fleri, razakia, chloral and moronitis）

　　此外還有極美的羅博拉與阿伊托尼基，

　　摩斯卡托、阿姆貝洛科里托、弗塔基洛斯與克敘里基……（robola and

aïtonychi, Moschato, ambelokoritho, ftakilos and xyrichi）

　　然後就是斯庫洛普尼克提斯（skylopnichtis），

　　但這一切最著名的是紅色的羅伊狄提斯（roïditis）。

　　早在二千七百年前，《奧德賽》誕生的時候，葡萄與橄欖就已經是科孚島著名物產——如果詩中那座神祕島嶼斯開里亞實際上就是科孚的話。奧德修斯在阿爾基努斯（Alkinoos）[7]的果園中（見第三十六頁引文）看見了梨、石榴、蘋果、無花果、橄欖、葡萄。一六八二年，惠勒發現科孚「盛產葡萄酒、油、各種優良水果」。他注意到柳橙樹與檸檬樹，並收到一份禮物，是綠色的大無花果，他仔細描述：「中間是一塊圓形的果膠，和肉豆蔻一樣大，非常美味，在炎夏中很清爽。」[10]，一八九四年，貝德克爾的希臘旅行指南在評論了橄欖與葡萄樹之後，指出「柳橙、檸檬、無花果的品質非常出色」，並略微誇張地向《奧德賽》致敬，說這些水果「一年中可以收穫好幾次」。[11]杜瑞爾聽到「果園裡，柳橙從樹上落下來——在長滿青苔的地上發出一聲聲悶響」，並注意到一叢叢「杏樹如雲」，還有酸櫻桃，這些櫻桃是製作水果飲料vyssinada[8]的原料。[12]這是不是莎士比亞《暴風雨》劇中，在亞得里亞海一座虛構的島嶼上，普洛斯彼羅提供給凱列班卻遭回絕的「含有莓果的水」？[13]

　　很久以前，惠勒在扎金索斯就注意到了香櫞、柳橙、檸檬，尤其是桃子，「極佳而且非常大」，但他最欣賞的是「（我敢自信地說）全世界最好的甜瓜」，其淡綠色的果肉「滋味與氣味都很芬芳，彷彿以用龍涎香調味。」[14]

　　愛奧尼亞群島的烹飪和作物，顯示出一點英國以及大量義大利的影響。十九世紀中葉，英國統治愛奧尼亞群島的時候，科孚人不知何故迷戀上薑汁汽水這種獨特的英國風味。英國藝術家愛德華·李爾（Edward

---

7 神話中的斯開里亞島上，法伊阿基亞人的國王，曾接待奧德修斯。
8 酸櫻桃，Prunus cerasus，此飲料是將酸櫻桃煮成糖漿，將糖漿以冷水稀釋。

辣醬煎小牛肉（Sofrito）

　　Sofrito 是一道愛奧尼亞群島傳統肉菜。在威尼斯人的根據地，比如伯羅奔尼撒半島的納弗普利奧（Nafplio）與摩涅姆瓦希亞，也有這種烹調方式。在鍋裡用肉汁快速製作醬汁，在其他地方並不常見，這是威尼斯占領帶來的直接影響，表現在這些港口與島嶼的資產階級飲食上。

　　四片小牛肉薄片
　　低筋麵粉，足夠給牛肉裹粉
　　兩塊奶油
　　一大匙橄欖油
　　兩瓣大蒜，拍碎
　　白酒醋
　　蔬菜高湯或清淡雞高湯
　　一把切細碎的扁葉歐芹
　　鹽和胡椒

　　將肉片兩面徹底調味，在麵粉裡沾一下，稍微壓一下以附著。
　　用一口大煎鍋，加熱一半奶油及一大匙橄欖油，慢煎兩片肉，直到上色。翻面，繼續煎幾分鐘。然後出鍋，將剩下的奶油與油入鍋，重複上述過程。這樣可以確保肉片呈褐色，但不至於熟透。
　　將所有肉片與大蒜放回鍋中，輕輕翻炒一分鐘，然後改中大火，倒上醋與高湯，煮沸。然後轉小火，使其冒泡燉十分鐘，直到收汁變稠。加上歐芹，攪拌，趁熱上菜。

　　此為四人份。

Lear，一八一二－一八八八）曾寫到自己「無法忍受薑汁汽水」，[15]然而他敦促一位朋友到科孚島來，並承諾以「薑汁汽水、波爾多紅葡萄酒（claret）、大蝦和無花果」款待他。[16]

　　一九三七年，杜瑞爾和朋友穿過科孚的「銀色橄欖林」，來到「一家小酒館……那裡的愛德華風格薑汁汽水，是按照愛德華時代[9]的配方製作的，裝在粗陶小瓶裡，以彈珠做瓶塞」。[17]這種飲料在當地的名稱是tsitsimbira[10]，現在依然是這個名稱。但是杜瑞爾記載的故事，謂威廉・格萊斯頓（William Gladstone）[11]躬身親吻帕克索斯島主教的手，雙方不慎撞了頭，於是分享一杯薑汁汽水以撫平尷尬……其實只是傳言。

　　在這些島上，horta，即野生綠葉菜，是以匈牙利紅椒粉、大蒜和番茄醬來炒的，而不是像其他地方那樣簡單煮一下。這是一種比愛琴海群島更豐富而複雜的菜系。英國的影響不僅表現在薑汁汽水上（在科孚海濱觀看板球賽時啜飲），還表現在幾種布丁上，即伊薩卡島的麵包布丁boutino（不過這可能是途經義大利傳來的），以及科孚島的蒸布丁poutinga（這個名稱一定是從英國人嘴裡抄來的）。

　　什錦蔬菜濃湯 Minestra，名稱非常有義大利風味（義大利語minestrone），在這些島嶼上變成了 minestra，是用匈牙利紅椒粉和丁香調味的肉湯，食用時撒上乳酪，在表面融化，這種作法在希臘其他地方很少見。Pastafrola 是厚底果醬派餅，表面有格子圖案，普通希臘語稱為pastaflora，但是起源於愛奧尼亞群島——傳自義大利[12]。凱法利尼亞與科孚的肉丸（polpettes），是義大利的 polpette，來自義大利語 polpa，即「肉」。以濃汁小公雞肉或者肉醬，澆在長管狀義大利麵上，稱為 pastitsada，可以類比義大利的雜燴通心粉（maccheroni pasticciati），後者是用乳酪、奶油和肉汁烹製的通心粉；但是 pastitsada 與希臘各地都知道的碎肉通心粉派餅

---

9 英國國王愛德華七世，一九〇一－一九一〇在位，愛德華時代所指通常延續至一九一四年，此期間的建築、藝術、經濟、社會等各方面出現新潮流與極大改變。
10 Τζιτζιμπίρα，「ginger beer」。
11 一八〇九－一八九八，英國政治家，一八六八－一八九四任首相。
12 義大利語 pasta frolla。

（pastitsio，這又是一個義大利名稱）不一樣，後者是碳水化合物愛好者版本的茄子肉醬千層派穆薩卡。很明顯的是，義大利的影響不僅表現在菜餚上，也表現在其名稱上：科孚的魚湯 bourdeto，來自義大利語 brodetto，「肉清湯、魚湯」；辣醬煎小牛肉是 sofrito，來自義大利語 soffritto，「以少量油煎」；stoufado 是洋蔥燉肉或雞肉，直接來自義大利語 stufato，「燉」（其他地方常用的字是 stifado）。七島的大蒜醬汁是 aliada，是鹽醃鱈魚（bakaliaros）的首選調味品，其名稱來自義大利語 agliata，aglio 即大蒜。

伯羅奔尼撒半島

這裡是希臘大陸半島的南部三分之一，以科林斯地峽與以北的希臘大陸連接，在拜占庭帝國後期被希臘與法國分割。拜占庭帝國總督從古代斯巴達附近的米斯特拉（Mistra）治理該地，而面向西方的拉丁公國亞該亞（principality of Achaea）[13]，擁有一座港口城市格拉倫察（Glarentza）[14]，這座港口早已被遺忘，位於現代希臘第三大城暨主要港口帕特拉斯（Patras）西邊不遠處。伯羅奔尼撒在中世紀稱為摩里阿（Morea），是一個多山的半島，其中心是難以進入的阿爾卡狄亞地區。由於人們熟知古老的神話，比如厄律曼托斯山[15]的野豬（Erymanthian boar）、以及古典時代的獵人事蹟如色諾芬，因此旅人一向來此尋找森林與獵物，並且的確有所收穫。「我在伯羅奔尼撒見過最好的森林是在阿卡伊亞（Achaea），」一六七六年，英國作家弗朗西斯‧維爾農（Francis Vernon）寫道，「那裡有許多松樹、野梨、冬青、七葉樹（esculus），有水的地方還有懸鈴木（plane-tree）。」[18]正確地說，阿卡伊亞是半島北緣，而厄律曼托斯山是將其與阿爾卡狄亞分開的部分山脈。里克在一八三〇年記載，在這些山坡上，鹿已經罕見，但經常

---

13 第四次十字軍東征後建立，一二〇五－一四三二。拉丁帝國（一二〇四－一二六一）附庸。
14 位於半島最西端，一四六〇年被鄂圖曼帝國征服，十六世紀後廢棄。
15 位於半島西北部，獵取該野豬是赫拉克勒斯的十二功績之一。

可以看到雄狍（roebuck，zarkadi）及野豬（agriochoiros）。」[19] 再往東，在斯廷斐洛斯（Stymphalos），鹿與野兔很常見，里克在一處泉水停了下來，當地人「夏天裡在此等待，射殺來此喝水的鹿（elaphia），在這個季節，山上其他泉水及水源都乾涸了。我的嚮導說這種鹿有的跟公牛一樣大，有很長的分岔鹿角，每年鹿角都換新」。里克的注意力接著從狩獵轉向採集，他看到「一些野生鵝莓樹叢……剛剛結果，稱為 louloustida：他們說，兒童在這個季節前來摘採這些果實」。[20] 再往南走，「在東部的拉科尼亞山間有很多野草莓」，也就是斯巴達東部。[21]

　　伯羅奔尼撒並不全是山林與山脈。一六七六年，伯納·倫道夫列出「摩里阿的商品」，包括橄欖油、蜂蜜、奶油、乳酪、葡萄乾、無核小葡萄乾、無花果、葡萄酒、小麥、大麥、黑麥、燕麥。[22] 里克在一八三〇年說，這些橄欖油運往義大利，就跟愛奧尼亞群島的橄欖油也運往義大利一樣。里克把倫道夫的名單加上了玉米與稻米，此外還有兩種出人意料的出口產品：「kedrokouki，即杜松子，運往英格蘭」，以及松子，產自帕特拉斯附近「一片茂密的石松（strofilia），學名 *Pinus pinea*，這個品種產出可食的種子，像杏仁一樣食用，在希臘烹飪中經常用以代替杏仁」。[23] 在十九世紀，無花果通常曬乾、用蘆葦串起來，用於長途貿易，就像在古典時代一樣。今天仍偶爾這樣做。黑麥種在山區，這些地區不適合種植其他糧食作物。總體而言，在整個半島，作物的選擇，以及每種作物的播種與收穫季節，必須取決於差異極大的各地地理、水資源、微氣候。不過倫道夫依然列出了伯羅奔尼撒農夫的農事曆：

　　在十二月，他們開始榨油，持續到三月初，或者視橄欖的數量而定。二月、三月、四月製作奶油與乳酪，也是剪羊毛的時間。五月和六月收割小麥。六月和七月忙於採集桑葉，用來餵養他們的蠶。八月、九月、十月是採集並曬乾無核小葡萄、無花果、葡萄乾……以及菸草；也釀酒、收穫蜂蜜與蜂蠟。[24]

　　帕特拉斯位於西部沿海平原，臨愛奧尼亞海，近幾個世紀以來的每一位評論者都讚美它的果園，這些果園給這個地方帶來「非常宜人的一面」（里克語，但接著煞風景的一句），「從遠處看，不會暴露出大部分居民的慘狀。」[25] 早於他一百五十年的倫道夫，列舉出這些果園裡的柳橙、檸檬、香櫞、石榴、杏子、桃子、李子、櫻桃、核桃。「他們沒有很多蘋果和梨」，他補充道；[26] 在希臘南部，這些低地對蘋果來說太熱了，不舒服，蘋果更喜歡山村。維爾農寫道，這裡的香櫞是土耳其帝國最好的；他的同時代人惠勒曾經在早餐時間參觀了「一座名為格呂卡達（Glycada）的花園，生長著美味香櫞」。他深情地加以描述：

　　最大的有兩三個好檸檬那麼大，果皮內白色的部分味道很好，但中間一點是酸的……。好心的園丁把柳橙、檸檬、香櫞、石榴、核桃放在一個漂亮的籃子裡，上面鋪滿了紫羅蘭花束。於是我們派人去買麵包和帕特拉斯著名的松脂酒（pitch-wine），我們喝了早上的酒，祝朋友們健康，希望他們也能喝上好酒、心情好，但不需要離家太遠才能喝到。這裡柳橙的味道和形狀都與塞維亞的柳橙很相似。[27]

　　惠勒提到的 pitch-wine，當然就是松脂酒（retsina）。英國人對小葡萄乾的需求永不滿足，最終使得希臘大陸廣泛種植這個異常的葡萄品種，尤其是在帕特拉斯附近。增產取決於貿易，減少和增加都一樣容易，於是這導致了一些有趣的實驗。法國建築學家雅各‧斯朋（Jacob Spon，一六四七－一六八五）在一六七八年寫道：「他們有時用它釀酒，當作試驗，但是釀出來的酒太烈了。不過應該可以變成非常好的水果白蘭地。」[28] 如果有哪位品酒師懷疑希臘白蘭地來自某個遙遠銀河系，那麼他應該考慮一下，對於其古怪之處的解釋其實可能更簡單，那就是，它的基底是無核小葡萄釀造的。無論如何，實驗並沒有就此停止；與釀酒人約翰‧格奧爾格‧富克斯（Johann Georg Fuchs）同時代的巴伐利亞人古斯塔夫‧克勞斯（Gustav Clauss），富於創業精神，他來到帕特拉斯製酒，最後創造出與

波特酒及雪利酒同類的馬弗羅達弗涅酒（Mavrodaphne）[16]，可能就因為此事，小葡萄乾市場起了變化，因為馬弗羅達弗涅酒使用的葡萄是馬弗羅達弗涅（mavrodaphni），以及科林斯葡萄（korinthiaki，即無核小葡萄）。

里克是橫向思考者，他注意到無核小葡萄樹做了一件好事：他認為，帕特拉斯釀造的葡萄酒比許多其他地方的好，因為雖然山坡更適合釀葡萄酒，但低地平原對葡萄種植者來說省力得多。可是在帕特拉斯，無核小葡萄占據了低地，釀酒葡萄就必須種在「崎嶇的山丘上」，里克在這些山丘上品嘗到的葡萄酒「不亞於波特酒」。[29]他喝的這種酒肯定是當地傳統的、在克勞斯來到之前的馬弗羅達弗涅，如今想要一嘗這類葡萄酒的人，如果有能力做得到，一定要找到凱法利尼亞島的馬弗羅達弗涅酒。

伯羅奔尼撒半島的西南部是古老的墨西尼亞地區，在邁錫尼時代，這裡有奈斯托耳（Nestor）[17]的宮殿，或者至少考古學家這麼認為；如今這是一處巨大的宮殿廢墟。在古典時代，這裡是莫托尼港，威尼斯人的前哨，在中世紀名為摩冬。前往聖地的朝聖船隻中途停靠此處。這是個吃東西的好地方：「麵包和肉都很便宜，」一四八〇年的敘述稱，「但酒中松脂太多，無法飲用。」[30]十年後，天主教教士皮埃特羅・卡索拉（Pietro Casola，一四二七－一五〇七）的記載證實了此地餐酒的確添加了松脂。他寫道：「葡萄酒在發酵過程中加入松脂，使其濃烈，這留下了一種非常奇怪的香氣，我並不喜歡；他們說，如果不這樣做，葡萄酒就無法保存。」[31]同時代的神學家費利克斯・法貝爾（Felix Faber）記述當地的豬肉交易：

　　大船上的人買下牠們，殺了，剃掉毛，扔掉頭和腸子，剔掉骨頭並扔掉。他們只保留燻肉，而且把兩三頭豬身上的脂肪都放進一頭豬的身體裡，用針把肚皮牢牢封住，然後把它帶上自己的大船，帶回威尼斯的家中……那裡有大量臘腸，按腕尺出售。[32]

16 都是帶甜味的烈性葡萄酒。波特酒原產葡萄牙北部，雪利酒原產西班牙南部安達魯西亞。
17 《伊里亞特》《奧德賽》中的老英雄，普洛斯（Pylos）國王。

　　當地有小牛肉、牛肉、羊肉；有雞肉，但很貴；有無花果、李子，尤其是柳橙，物美價廉，「誰都買得起一籃很好的柳橙，只要五六個馬克，二三十籃只要一個第納爾。大船裝滿了這些水果，每個人都給自己買了一籃，雖然我們是朝聖者。」法貝爾如此寫道，但是他不明白為什麼這種水果對長途航行的人來說如此珍貴。[33]

　　中世紀時摩冬出口兩種好酒，一種是馬爾姆塞，另一種在行業中稱為vin de Romanie [18]，即茹姆尼酒（Rumney），或稱摩冬的茹姆尼（Rumney of Modon）。當時的朝聖者充滿愛意地描述這些酒，並沒有將其與自己不喜歡的那種餐酒聯想在一起。「我該怎麼說那裡釀的酒呢？」法貝爾寫道，「我甚至想到它的時候都感到高興。」[34]

　　科羅涅（Koroni）也曾是威尼斯控制的飛地，出口橄欖油。摩冬與科羅涅現在在貿易上都微不足道，被卡拉馬塔（Kalamata）取代。卡拉馬塔位於墨西尼亞灣的頂端，在十九世紀初已經是主要的集散中心。里克曾描述每逢星期天的市集，集上出售玉米、小麥、大麥、油、無花果、乳酪、奶油、牛與其他家畜，都是當地生產的。這些無花果「僅次於士麥那的無花果」，裝在 tzapeles 即小柳條籃中。[35] 一半出口到的里雅斯特（Trieste），每年一船運往馬耳他，其餘運往希臘與阿爾巴尼亞。令人驚訝的是，當時的記載沒有提到橄欖，而現在卡拉馬塔這個名字在全世界都代表了飽滿美味的紫色橄欖，這些橄欖是在還未成熟的時候採收，迅速醃製。但提到橄欖油是對的，馬涅半島有很好的橄欖油，由卡拉馬塔出口到俄羅斯與義大利。

　　該地區最好的油來自拉科尼亞的米斯特拉與斯巴達附近，運到卡拉馬塔；拉科尼亞是伯羅奔尼撒東南部地區，距離卡拉馬塔不遠，不過被陶格托斯山隔開。往西和南可以抵達古老的堡壘港口摩涅姆瓦希亞，馬爾賽姆葡萄酒的名稱就源於此地；甜葡萄酒的傳統，長久沉睡於此，現在終於復甦了。往北是特薩科尼亞山區，是幾個釀酒家族的發源地。再往北走，瑙

---

18 Romanie 或 Romania 是當時對希臘及巴爾幹南部的稱呼。

普里翁（Nauplion，今納弗普利奧〔Nafplio〕，曾短暫成為希臘首都）以 tsakistes 聞名，意為「敲打的」綠橄欖，以大蒜及香草植物調味，與卡拉馬塔的橄欖頗為不同。也正是在伯羅奔尼撒的東北部、科林斯以南的涅墨阿（Nemea）周圍，現在釀造出希臘最好的紅葡萄酒，使用的葡萄品種是 agiorgitiko，「聖喬治的」，非常本土，而且顯然非常古老。

　　現在再回到最南方，此處離卡拉馬塔不遠，但對所有人來說，它被賦予了遙遠的神祕感、傳統、強烈的獨立性，嶙峋、貧瘠，而且以此自豪，

城市市場上出售的橄欖。前左是 tsakistes，即還是綠色的時候「敲打」下來，以大蒜和香草植物調味。前右的滋味幾乎躍然紙上，這是 freskies glykopikrides，「新鮮苦甜」。這些以及圖中最後方的橄欖都來自馬其頓的哈爾基季半島（Chalkidiki）。還有一些紅褐色的，來自伯羅奔尼撒半島的卡拉馬塔：中左方是瘦小便宜的 psiles[19]，中右方是大而肥美的 hondres[20]，多汁鮮潤，令人食指大動，也是最昂貴的一種。

---

19 Ψιλές，「細瘦」。
20 χοντρές，「粗胖」。

這是馬涅半島，希臘的極端之地。安科納的賽里亞克是古物研究者，他在十四世紀造訪此處，觀察到一項活動，而且這項活動可能就是在其一千多年前，地理學家帕烏薩尼亞斯描述過的：

　　他們帶我看了一個以天然石塊圍起的地方，在那裡，年輕人每年都按照古老的習俗參加一場比賽，由他們的王子提供獎品；這是一場長達五弗隆[21]的男子競走，他們光著腳，只穿亞麻外衣。排名第一的人得到十個青銅海培倫（hyperpera）[22]，然後按照完成的順序，給其他人一點現金或固定數量的山羊肉。每個人都得到獎勵——王子給最後走完的人一個洋蔥，使得他成為被挖苦的對象。[36]

　　賽里亞克和里克之間相距六個世紀，在此期間，馬涅人很少有訪客，至少是很少有人寫到它。那些參加比賽的年輕人很幸運，因為這裡的日常飲食幾乎沒有肉。「除了在盛大的宴會上，只有最富有的人……宰殺綿羊或家禽；不再適合耕地的老牛，或者瀕臨死亡的綿羊或家禽，他們有時就宰來吃。」[37]里克說，乳酪和大蒜、豆子、「細的小麥」、玉米麵包，就是主要食物；但他補充說，某個沿海村莊出產鵪鶉，以及「法蘭克無花果」（Frank fig）即梨果仙人掌，這種仙人掌種植在村莊周圍，是為了取其果實。菜園裡只生產一些無花果與葡萄，以及幾種蔬菜。婦女播種並收割小麥，她們「在打穀場上收集麥穗，用手揚起，用腳打穀，因此她們的手腳覆蓋著乾裂的皮膚，像烏龜殼一樣厚」。[38]當地沒有天然水源，農場與村莊都有雨水蓄水池，「覆蓋著拱形的石頭，有一扇小木門，一直鎖著。」[39]生活艱苦，但里克的東道主沒有抱怨。他們誇口自己的羊肉很甜，有時可以把小麥賣到基特拉島，還可以在卡拉馬塔賣牛，而且年景好的時候，除了葡萄酒和乳酪，他們什麼都不用買。除了橄欖油，他們還出口著名的馬涅蜂蜜：

---

21 一弗隆約等於二〇一‧一六八米。
22 中世紀晚期使用的拜占庭錢幣。

　　這些蜂箱由四片石板構成，其他石片做屋頂和地板。在一些架子上，八個或十個蜂箱成一排，因此在遠處看，這種結構就像是很大的石頭砌成的一道牆；石板的連接處以石膏黏合。[40]

　　還有一種出口產品：「鹽醃鵪鶉，裝在羊皮袋裡，運往君士坦丁堡與諸島。」這是著名的天然資源。至少從十五世紀起，朝聖者的記載中提到這裡的鵪鶉，牠們每年在穿越地中海前後，都會在馬涅半島以及基特拉島的沿岸上棲息。聚集數量最多的地方是希臘大陸最南端馬塔潘角（Cape Matapan）附近一處偏遠多岩的港灣與岬角，這裡有一個義大利語名稱 Porto delle Quaglie：「鵪鶉港」。附近一座修道院也借用了這個名稱，稍後我們會讀到，里克的艱辛旅程在此有了回報，他得到了舒適的住宿、晚餐沙拉，以及最好的馬涅半島蜂蜜（Maniate honey）。

雅典

　　古希臘最偉大的城市、羅馬時代希臘的文化中心、鄂圖曼帝國的落後地區，自一八三四年以來是獨立希臘的首都，如今是龐大而雜亂無章的大都市雅典，理所當然是希臘食品業的中心。雅典市中心有一座市場，那裡的魚種類繁多，評價極高，就像公元前四世紀，阿爾克斯拉托斯與喜劇詩人們所熟悉的雅典的情況。這個有頂棚的大市場建於一八八六年，從破曉到下午，摩肩擦踵，有各種屠戶與魚販，對於現代早期的旅人來說，雅典是一個悠閒的城市，但即使如此，「這裡的各種食品都很好，很便宜，無論是小麥、葡萄酒、綿羊肉、牛肉、山羊肉、魚還是家禽；尤其松雞和野兔非常多。」惠勒在一六八二年寫道。[42] 倫道夫補充說，此城周圍是小村莊，「那裡有非常宜人的菜園，提供各種水果與 saleting，周圍小徑環繞，上覆葡萄藤。」他又說，紅葡萄「到九月才成熟，屆時他們將其切下，掛在家裡，準備冬天吃」。[43] 這是十七世紀雅典的食用葡萄，而倫道夫所謂 saleting 則是做沙拉的綠葉蔬菜。

興建中央市場之前的雅典是夢幻之城。雅典市集，由愛爾蘭藝術家愛德華‧多德威爾在一八二一年繪製。這個角度就在現在的蒙納斯特拉基地鐵站外。

　　雅典是所在地區阿提卡的首府，阿提卡本地的葡萄酒是松脂酒。在一九三〇年代，這已經是希臘最好的松脂酒。有人許諾派翠克‧李‧費摩爾一頓講究的餐點，包括「你會喜歡的一種松脂酒……來自阿提卡的斯巴達，大肚酒瓶一整瓶……我已經把幾瓶放到井裡待涼。」[44]他知道為什麼這種酒是最好的，因為它的品質來自阿提卡與南方尤卑亞島的松林。[45]二百五十年前，松脂酒就已經受到讚賞，當時惠勒承認，「他們這裡的葡萄酒也很好，但他們放了一點松脂在裡面以利保存，還不習慣的時候並不怎麼宜人。」[47]產自阿提卡、東北部的波奧提亞、西北方的尤卑亞島的松脂酒，現在都有單獨的「地區」（district）名稱，還有許多小的「區域」（area）名稱，包括斯巴達，不過只要是你喜歡的松脂酒就是最好的。

　　新獨立的雅典，在第一位君主、巴伐利亞的奧托統治下，本地松脂酒受到一種外來的歐洲北方飲料的威脅——即啤酒。引進啤酒這件事始於阿道夫‧馮‧沙登（Adolph von Schaden），他在一八三三年的一本小書鼓勵

巴伐利亞人跟隨他們的王子，前往希臘經商，並順便指出，雖然當地沒有巴伐利亞啤酒可以為乾渴的條頓人提神，但至少有義大利及英國啤酒。這種情況很快就改變了：到了一八三〇年代末，雅典已經有了一家巴伐利亞式的戶外啤酒餐廳，名為 Zum grünen Baum（綠樹），裡面有粗陶大酒杯與喧鬧的德語飲酒歌。

一位德國教授睿智地指出：「即使在這裡，在東方的邊緣，也能喝到自己家鄉的啤酒，這對巴伐利亞人的靈魂來說是多麼必要啊！」[48] 接著是在一八五〇年，一位巴伐利亞採礦工程師之子約翰・格奧爾格・富克斯，注意到這種非希臘飲料迅速普及，於是開始自己釀造。

一八六四年，他的兒子約翰・路德維希（Johann Ludwig）在當時雅典郊區的科洛納基（Kolonaki）建立了一家大型啤酒廠，在王家授權與專賣權的協助下，占領了全國市場。其品牌 Fix，是祖先姓氏 Fuchs 的希臘語形式，很容易讓人記住（並至少兩次在瀕臨消失時獲救）。在失去專賣權後，兄弟鬩牆導致約翰・路德維希的第三子卡洛羅斯・伊奧阿努・菲克斯（Karolos Ioannou Fix）成立了競爭對手阿爾法啤酒廠（Alpha）。每個啤酒品牌在希臘都有忠實的追隨者，在希臘的外國人覺得很難區分它們，但也覺得沒有啤酒就很難活得下去。一九三〇年代，來自英國布里斯托的韓福瑞・基托教授（Humphrey Kitto）仔細記載了阿爾卡狄亞的城市帶「有來自雅典的極好的菲克斯啤酒」。古希臘人經常誇口自己是「男人，不喝大麥酒」，[49] 但基托發現，在菲克斯先生與他的啤酒廠到來之後，那種年代早已遠去。他建議：「可以買到冰鎮菲克斯啤酒的希臘城鎮，應該在地圖上用紅色標示出來。」[50]

與兩千年前一樣，當地還有一種著名特產是伊米托斯山的蜂蜜。顏色如石腦油（naphtha），呈淡黃色，土耳其旅行家艾弗里亞・賽勒比一開始的描述並不吸引人，但它非常芳香，使得大腦都充滿了純龍涎香與麝香的氣味。[51] 惠勒說，這些蜂群在春天以人工分群，把一些育王棒（stick）[23]

---

23 人工分群時使用的木棒。大致步驟為將其浸入蜂蠟，形成王台杯，將棒子固定在育王框上，然後將幼蟲移入王台杯。接著將框放進原先選定的育王群中，幼蟲成長，出現新蜂王，由此自然分群。

野兔還是家兔

　　希臘語 lagos 意為野兔，在古典時代是流行的野味。拜占庭早期的內科醫生安提姆斯（Anthimos）[24] 曾提供一則食譜，並附有早期的保健建議：

　　如果野兔還很幼嫩，可以用包括胡椒、一點丁香和薑在內的甜醬蘸來吃，用木香（costus，Dolomiaea costus）和甘松或者月桂葉調味。野兔是很好的食物，對痢疾有好處，其膽汁可以與胡椒混合服用，治療耳痛。[46]

　　現在野兔依然是好獵物，但家兔已經很常見（古希臘尚無此物），而 lagoto，即「燉野兔」，在超市和肉類櫃檯已經變成燉好的養殖兔，甚至更常見的是燉豬肉，只是名稱不變。
　　以下的食譜使用醋，可能是古代的作法，也可能是受阿爾瓦尼蒂斯人（Arvanitis）的巴爾幹影響。他們移居自阿爾巴尼亞，

移到新的籃子裡。每個蜂巢最外層的蜂房在八月收割，留下最裡面的蜂房在冬季餵養蜜蜂。這種方法不需要煙燻，在惠勒的時代很罕見，因此蜂蜜沒有煙味，蜜蜂也不會受到硫磺傷害。[52]

　　雅典身為十九世紀末、二十世紀初獨立希臘的首都，而且在很長一段時間內是唯一一個較大的城市，自然是餐館能夠蓬勃發展的地方。達米戈斯家族（Damigos）的小酒館巴卡里亞阿拉基亞（Bakaliarakia），一直很樸素，而且樸素只是它的唯一缺點，它位於普拉卡區（Plaka）[25] 中心的一處

---

24 出身拜占庭，代表東哥德國王迪奧多里克（四五四－五二六）出使高盧。
25 雅典的歷史性街區，位於衛城的東面及北面山坡，在古雅典就是居民區。

在十四至十七世紀移民到色薩利與伯羅奔尼撒。

在尼科斯・卡贊扎基斯（Nikos Kazantzakis）[26]的小說《自由與死亡》（*Freedom and Death*，一九五三）中，燉野兔有了克里特島的味道。米哈伊隊長（原型為作者的父親）外出騎馬，以克制因土耳其占領克里特島而感到的絕望：

他覺得餓了，在寡婦的客棧下了馬。掌櫃的走了過來——樂呵呵的寡婦，潑辣、肥胖。她聞起來很清涼，帶著洋蔥和葛縷子的氣味。米哈伊隊長的視線越過她；他不喜歡輕佻的女人，扭著屁股……

「稀客啊！」寡婦說著，朝著他使眼色。「如果你現在沒有齋戒，我有新鮮洋蔥和葛縷子燉的野兔。」

她彎下腰，給他擺了下馬凳，她那好客的胸脯，乳溝清晰可見，膨軟而清涼。

「米哈伊隊長，你該吃肉，」她說著，又朝他拋了個媚眼。「你現在長途奔波，而且這又不是罪孽。」

地下室，幾乎正好位於同樣古老的布雷托斯酒廠（Brettos）下面。巴卡里亞阿拉基亞（Bakaliarakia）創立於一八六四年，店名來自其供應的主食，即挪威鹽鱈魚，至於它的酒，當然是雅典附近的墨索吉亞（Mesogia）[27]所產的阿提卡葡萄酒。巴卡里亞阿拉基亞現在被其他餐廳包圍了——普拉卡區到處都是餐廳——但具有同樣古老歷史的類似樸素餐館就很少了。普拉托諾斯（Platanos）及普薩拉（Psaras）都不遠，伊得阿爾（Ideal）在大學附近，斯伽拉斯（Sigalas）較遠，位於克拉墨科斯區（Keramikos），但值

---

26 一八八三一一九五七。生於克里特島。著名作品包括《希臘左巴》《基督的最後誘惑》。
27 Μεσογεία，「中間地帶、內陸」，阿提卡的一個地理區域，位於大雅典區的北、東、東南面。

伯羅奔尼撒兔肉（Lagoto）

一隻兔子，切成八塊
一又二分之一大匙番茄泥
一小撮糖
一根小的肉桂棒，一片月桂葉，兩三顆丁香
二百五十克核桃仁，稍加切碎
二百五十毫升優質橄欖油
三片乾的酸麵團麵包，去皮
六十毫升紅酒醋
六十毫升不甜的紅酒
四至六瓣大蒜，視個人口味
鹽與胡椒

　　將兔肉擦乾。在寬口平底砂鍋中熱一點油，將兔肉分批油煎至上色。

　　把所有肉放進砂鍋，加上番茄泥、糖，加上水，剛好覆蓋住兔肉。加入香辛料，煮沸，轉小火，蓋上鍋蓋，燉三十至四十分鐘。

　　燉兔肉的同時，將麵包浸濕，再擠乾水分。將其放進食物調理機，一面以機器攪拌，一面慢慢倒入油，然後是醋與酒。全部融合之後，加入大蒜與核桃，繼續攪拌，直到變成有質地但滑順均勻的醬。

　　等到肉燉好且醬汁美味可口，將做好的麵包核桃醬倒入，傾斜並旋轉鍋子，使其分布均勻。放置加熱，熱食或溫食，配上煎馬鈴薯或者雞蛋寬麵（chilopites），在全希臘都很常見，是伯羅奔尼撒的特產。

　　四人份。

得專程前往。在巴卡里亞阿拉基亞（Bakaliarakia）用餐，四周都是歷史照片。「雅典人」（Athinaikon）也是如此，不過此地比起創立時期已經變得很豪華了，當初在一九三二年開業時，它還是一個樸素的烏佐小酒館（ouzeri），後來成為頗有地位的 ouzomezedopoleio，「烏佐酒與開胃菜酒館」。位於比雷埃夫斯（Piraeus）的瓦希勒納斯（Vassilenas）成立於一九二〇年左右，也將其悠久歷史搬進了漂亮的新裝潢裡，價格相應提高，據說食物也很好。[53] 至於成立於一九六〇年代初的狄俄尼索斯（Dionysos），從一開始就以其建築與美食為傲：衛城的景色令人嘆為觀止，各國政要在此用餐，欣賞美景。一些更新的餐廳借鑑國際上希臘餐廳的風格與內容，看起來很有特色；其他餐廳遵循較傳統的模式，將地方與諸島的烹調帶到饕餮般的首都，而首都也開懷大嚼這些美食。雅典的餐飲業自然反映了一代又一代希臘人的流動愈來愈頻繁，但這個行業卻活在希臘人保持的家族關係中。由於有了這些關聯，來自色雷斯與伊庇魯斯、來自克里特島與多德卡尼斯群島、來自海外僑居地的所有希臘地方飲食與酒類，只要耐心尋找，都可以在雅典這個大城市找到。

希臘中部

　　從雅典往西走，越過山脈，就到了科林斯灣的北岸，里克在此處山麓漫步，「那裡布滿橡樹與懸鈴木，到處都是野生的葡萄藤」，長角豆（carob）與濱棗（Christ's thorn）開滿了花，「與希臘隨處可見的芳香灌木雜生，夜鶯棲息，在深濃的樹蔭間歌唱。」[54] 再往西，在一個俯瞰海灣的高處，則是古老的聖地德爾菲（Delphi），據說弗朗西斯・維爾農是第一個辨認出此地的現代旅人。他發現此地「非常奇怪地坐落在一座崎嶇的小山上」，比海面高，但遠遠低於帕納索斯峰（Parnassos）[28]。「這裡看似貧瘠，水果卻很

---

28 海拔二四五七米。是阿波羅與文藝三女神的聖地，謬思女神的故鄉。排行最長的謬思卡利俄佩之子俄耳甫斯在此居住，並蒙阿波羅贈與黃金七弦琴。

好……葡萄酒很出色，plants 與 simples 十分芳香，療效很好。」[55] 維爾農所謂 plants 是可食的野菜，simples 是藥用植物，這兩個類別對他來說是重疊的，在古代也是如此。維爾農可能也注意到了兩種綿羊乳酪，福爾邁拉（formaella）與費塔。他提到的酒是德爾菲本地的，產在東邊波奧提亞的小鎮阿拉科瓦（Arachova），曾經很出色，但現在已難找到；阿拉科瓦的重點已經轉移到橄欖油上，附近的安菲薩城（Amphissa）也有很好的橄欖油。

再往西走，在帕特拉斯以北，隔著愛奧尼亞海，向伊薩卡島與凱法利尼亞島望去，是希臘西海岸的一連串城鎮，在飲食與貿易上都很重要，偶爾在歷史上也很醒目。一八二四年，拜倫在此地的邁索隆吉（Mesolongi）英年早逝，沒能看到希臘重獲獨立，他曾滿懷浪漫之情，為其奮鬥，他也沒有經歷一八二六年邁索隆吉遭圍困[29]的恐怖、饑饉與吃人事件。[56] 屋大維於公元前三十一年，在亞克興（Actium）擊敗馬克‧安東尼與克麗奧佩脫拉，隨之建立了羅馬帝國，也建立了以下提到的尼刻波利斯（Nikopolis，勝利之城）。東面不遠的勒潘托（Lepanto，希臘語名稱是瑙帕克托斯〔Naupaktos〕），（某些）歐洲人曾在此擊敗土耳其人[30]，確保了愛奧尼亞群島繼續安全地待在鄂圖曼帝國的勢力範圍之外。

位於大陸西南角，戰略位置重要的古希臘城市是卡呂冬。它幾乎沒有什麼名氣，但根據地理學家斯特拉波所述，這裡「曾經是希臘的展示精品」，定期舉行博覽會。[57] 美食詩人阿爾克斯拉托斯提到卡呂冬的次數幾乎超出其他城市，因此我們不禁好奇，在他的某個失落片段中，是否曾經讚美（或痛罵）此處海岸生產的一種傳統海洋美味，即鹽醃的灰鯔魚子，美食家們稱之為 botargo。

十六世紀的魚類學家魯多維科斯‧諾尼烏斯（Ludovicus Nonnius，一五五三－一六四五）寫道，它是「以灰鯔魚卵製成，混合這種魚的血與鹽，這種魚通常稱為 cephalus，卵在魚身的兩個精巧囊袋中」。[58] 里克描述

---

29 鄂圖曼軍隊圍困此城希臘反抗軍，從一八二五年四月十五日至一八二六年四月十日希臘人突圍。
30 勒潘托海戰。一五七年十月七日，歐洲一方以西班牙帝國及威尼斯共和國為主力，鄂圖曼帝國是蘇丹塞利姆二世（Selim II）在位。

了製作鹽醃灰鯔魚子的過程，他是在希臘的一個小海港（名為「四十聖徒」）見到的，這個海港如今名叫薩蘭達（Saranda）[31]，屬於阿爾巴尼亞，靠近希臘羅馬時代的城市布烏特羅同（Buthrotum，今名布特林特〔Butrint〕）遺址。他的東道主的房子是海關辦公室，也是魚店及煙燻作坊，其氣味引人側目：

　　一端是一座爐灶，但沒有煙囪，煙燻過程中，煙從瓦片縫隙逸出，用於燻製鯔魚子，這些魚子被包裹在來自魚身上的天然薄膜中，懸掛在樑上，燻過之後，再浸入融化的蠟中。希臘所有潟湖與湖泊都盛產這種魚kephalos，這些湖泊和布烏特羅同的湖一樣，都與大海相通；而鹽醃鯔魚子是希臘人在齋戒期間的重要物資，因為此時只允許吃無血的魚類食品。[59]

　　今天的鹽醃鯔魚子仍然使用同樣的黃蠟包覆。就像里克在腳註中解釋的，botargo 這個名稱來自拜占庭希臘語 augotarichon，而這個字又源於古代希臘語的一個詞，意為「醃蛋」。這個古代的字詞並沒有記錄下來，但是在中世紀埃及的科普特語中，有一個線索，在科普特語中，鹽醃鯔魚子是butarikh，顯然是從希臘語借來的；另一個線索是阿特納奧斯的詩，他引用了某位膳食作家的話，說鹽魚子，即 ta ton tarichon oa，不好消化。[60] 也許吧，不過，請相信我，此物的確值得這一番功夫。黛安・科奇拉斯建議，將鹽醃鯔魚子切成紙一般薄，剝去蠟。也許可以撒上現磨的胡椒，滴上橄欖油，再加一點新鮮檸檬汁。這樣就夠了。[61]

　　這片西北海岸的各港口，南邊是已經消逝的卡呂冬，北邊是現在阿爾巴尼亞的薩蘭達，中間是邁索隆吉，此外就是普瑞維扎（Preveza），曾經是威尼斯的屬地，如今已遭遺忘。在過去，它總是有種鄉間氣息，民居分散在一大片地方，每家旁邊都有蔬果園，裡面有無花果、核桃、杏子等果樹，還有烹飪用的香草植物。除了鹽醃鯔魚子，橄欖油也曾是主要出口

---

31 希臘語名為 Άγιοι Σαράντα，四十聖徒。

邁索隆吉出產的鹽醃鯔魚子（avgotaracho），這個城鎮是拜倫逝世地，也生產希臘最好的鹽醃鯔魚子。

品，就像在許多屬於威尼斯的港口一樣，都是用來供應貪得無厭的義大利市場。「最好的油用的橄欖都是手採的，」里克記載，「雖然這些橄欖的產量還不及從樹上掉下來的一半。」橄欖樹下也不播種小麥和大麥，因為擔心耗費地力並損害作物；「葡萄樹應該不會有類似影響，有時候也種植在橄欖樹之間。」當地魚類數量豐富，品質優良，在阿爾克斯拉托斯的時代就已經是如此，沿著這一帶海岸，在安布拉基亞灣中，還有沿岸的潟湖中，直到南邊的邁索隆吉：

可以捕到介殼類、鰻魚、灰鯔魚──後兩者是在尼刻波利斯的潟湖裡。在海峽周邊及城市附近的淺灘，介殼類取之不盡；大齋期間，許多介殼類運往各島。偶爾也有大量阿爾塔（Arta）各潟湖的大量鰻魚，突然出現在普瑞維扎港。這種情況……可能只有在它們從繁殖地即海灣的河流及潟湖，遷移到海上時遇上風暴，才會發生。[62]

皮利翁山的辣椒燉臘腸（spetsofaï）

　　Spetzes（字面意思是香料）是皮利翁方言，指的是希臘北部及巴爾幹地區烹調中非常流行的小辣椒。最初這種辣椒是簡單的農家菜的主要材料，這道菜稱為 spetsofaï。隨著口味與生活方式改變，肉類的比例逐漸提高了，比如色薩利地區使用小茴香臘腸及紅椒粉臘腸。在牧羊為主的社區，香腸餡料是羊肉，不過現在通常是豬肉。

　　辣椒燉臘腸是希臘境外比較知名的菜餚，也是少數以臘腸為原料的菜餚。（希臘臘腸風味濃郁，只需要搭配檸檬汁，以及麵包，用來吸收那些帶有檸檬香味的鮮美肉汁）。這道菜夠四個人吃，加上麵包和一塊硬的黃乳酪（比如克法洛格拉維拉〔kefalograviera〕[32]），也許加上萵苣絲沙拉，或者當作數種開胃菜中的一種，供更多人吃。

Spetsofaï 這個名稱來自其中使用的紅辣椒（「香辛料」），這種紅辣椒賦予其辛辣風味。

---

32 以綿羊奶製作，或者混合山羊奶，味鹹，香氣濃。

辣椒燉臘腸

橄欖油

五百克香腸（如果沒有希臘臘腸，就用義大利香腸，或者
北非的梅爾格茲〔merguez〕）

一個大洋蔥，切片

四個甜紅椒，切粗條

一根小紅辣椒，切碎，視個人口味可去掉籽，或者以一些
乾紅辣椒碎片代替

三個成熟的小番茄，略磨碎（最理想的是李子番茄〔plum
tomato〕）

一小撮糖

鹽、胡椒、小茴香、一點匈牙利紅椒粉

在一口大煎鍋中，加熱一點油（不要太多，因為臘腸已有
足夠的油脂），將臘腸煎至上色，幾乎熟透。取出臘腸，留下油
及臘腸油脂。把鍋放回火上，以小火炒洋蔥、胡椒與甜椒，直
到變軟，而且甜椒釋放的水分蒸發掉。

加入番茄、糖，按口味加入其他調味料，煮至醬汁變濃。
將臘腸切成可以一口咬的厚片，放回鍋中一起煮。這道菜必須
趁出鍋熱吃。

希臘北部

希臘北部的品都斯山脈（Pindos）[33]山脊以西，與中部南部非常不一樣。
這裡並非沒有丘陵與山脈，特別是愛琴海沿岸的奧林帕斯山及皮里翁山，

---

33 略呈西北東南走向，北端進入阿爾巴尼亞。長約一百六十公里，寬四十五至六十公里，最高峰斯莫利卡斯
（Smolikas），海拔二六三七公尺。

但這裡基本上是小麥與牛群的土地。它曾經容納了一個似乎不可分割的民族混合體：色薩利平原與北部海岸的希臘人、緊鄰內陸的南部斯拉夫人（保加利亞人與馬其頓人）、土耳其人與為數不少的其他穆斯林、品都斯山坡及其東北一帶的弗拉赫人（Vlachs）或稱阿羅蒙人（Aromunians）[34]。塞薩洛尼基現在是希臘北部的大都市，它曾經是一座著名的猶太城市，同時也是青年土耳其黨人運動（Young Turk）的搖籃。現代土耳其的國父凱末爾·阿塔圖克，在一八八一年出生於此。

　　無論是在史前、古典時代，還是現代，色薩利都養牛。古代的色薩利人大嚼牛肉是有名的——姑且不論這種說法是否公平，現代的色薩利人最喜歡的日常菜餚是牛肚，畢竟只要有大量的牛，就有大量牛肚。皮里翁地區最典型的菜餚是以臘腸為主的辣椒燉臘腸，其主要材料是皮里翁傳統的煙燻臘腸，以綿羊肉或山羊肉製成。但也有其他名產。提爾納沃斯（Tyrnavos）地區以烏佐酒及每年大齋期前的謝肉節聞名，在謝肉節期間，人們喝下的烏佐酒可是不少。（見第二五七頁）。

　　法爾薩拉（Farsala）最首要的身分是甜點哈爾瓦（halva）之地。每年有一次節慶以這種中東甜食的特殊版本為主題，整個色薩利的市集與市場都出售，稱為 farsalinos、panigiriotikos（市集酥糖）以及 sapoune，最後這個名稱暗示了它的質地如肥皂。法爾薩拉的哈爾瓦以玉米粉為基礎，的確不同於更知名的兩種哈爾瓦，這兩種在現代早期的君士坦丁堡已經很流行，其一是用粗麵粉製成，比較清淡而甜的蛋糕狀甜點；其二是以芝麻為基礎，比較濃郁，幾乎是鬆脆的塊狀甜食，這也是國際上最知名的酥糖哈爾瓦。

　　在將色薩利與馬其頓區隔開來的北部山區，坐落著茲亞提斯塔地區（Siatista），在十九世紀，以羊肉著稱，「以這座石灰岩山的美味草料為食」，還有豐富的野味，尤其是野兔，「數量之多，在葡萄園下雪時，通常

---

34 從中世紀直到現代，弗拉赫人一詞用以指稱中歐南歐的東羅曼語支族群，又稱瓦拉幾亞人（Wallachian）。主要分布在希臘北部、阿爾巴尼亞、馬其頓共和國、保加利亞。

的習慣不是用狗去追牠們，而是以棍子敲死，因為牠們當時已經餓得要命，無法奔跑。」[63] 雖然茲亞提斯塔冬季下雪，而且秋季天氣不穩定，但曾是一個傑出的產酒區。據里克說，這是「羅米利（Rumili）[35]最好的葡萄酒產區之一」，不過大部分是在色薩利及馬其頓當地銷售。據說，最堅硬的土壤能產出最好的葡萄酒；和其他地方一樣，乾旱的年分會減少葡萄酒產量，但能提高品質。他最欣賞的是其中一種 elioumeno，即「曬過的」葡萄酒，這些白葡萄與紅葡萄「在太陽下曬了八天，或者在有頂棚的建築物裡放置六星期，釀成一種甜白酒，口感厚重，香氣明顯」：

茲亞提斯塔當地人把自己的葡萄酒存上三五年，有時甚至更久。每個有地位的地主都有一架葡萄酒壓榨機，每一座宅邸都有酒窖，像文明的歐洲一樣，展示著排列整齊的酒桶，賞心悅目。

當時茲亞提斯塔還生產一種叫做 apsithino 的葡萄酒，以苦艾調味，「在壓榨機裡放在葡萄之中。這種酒是甜的，香氣明顯，但苦艾並沒有使其變得更佳。」[64] 對於日後的馬丁尼，里克可能也會有同樣評語，因為他描述的這種酒正是香艾酒（vermouth）。邁爾斯・蘭伯特－戈克斯說，現在茲亞提斯塔的酒窖依然很壯觀，里克所說的「曬過的」葡萄酒依然在生產，但沒有上市。這是一種 liasto，即葡萄乾酒，是希臘最好的酒之一：

成熟的葡萄在陽光下鋪開，曬一週左右，或者在通風的房間裡放置六週左右。壓碎葡萄，以乾淨的山羊毛小袋過濾。將葡萄汁放入小桶中發酵，有時是栗木，有時是當地的一種松木（robolo），不過這不會給製成的葡萄乾酒帶來松木的味道。十至十五天後，將酒桶密閉，繼續發酵二十五至三十天，此時天氣已經寒冷，阻礙發酵過程，直到第二年五月左右。然後繼續發酵，當酒精含量達到百分之十五至十六，發酵就會自然停止。[65]

---

35 鄂圖曼帝國時期，羅米利為土耳其語「羅馬人的土地」，指東羅馬帝國統治的巴爾幹半島南部，以希臘為中心。

「酸黑」葡萄 Xynomavro，用來釀造茲亞提斯塔，以及希臘北部某些其他紅酒。

塞薩洛尼基市場上出售的河魚。

就如同蘭伯特－戈克斯觀察到的，這種酒的現代常用名稱 liasto，與里克所說的 elioumenon，字面意思都是「曬過的」。將葡萄稍加日曬的做法非常古老，此酒也因此得名。赫西俄德在公元前七百年左右描述過這個製法，他建議的季節是九月中旬，在更溫暖的希臘中部某個地方：

當獵戶座與天狼星到達天空中央，
玫瑰色手指的黎明女神瞭望著大角星，
這個時候，珀耳塞斯，帶上你收穫的葡萄。
你必須讓它在太陽底下曬十天十夜。
為它遮陽，再放五天；第六天時
裝進甕裡，這賜禮來自歡欣的狄俄尼索斯。[66]

茲亞提斯塔的主要葡萄品種是希臘北部經典的 Xynomavro：「酸黑」。雖然它的名稱聽來不吸引人，實際上卻好得多，也是興盛的瑙烏薩（Naoussa）一帶的主要品種，這個地方並不遠，在科扎尼城（Kozani）東北方、塞薩洛尼基以西，該地的葡萄酒依然是最可靠、最經典出色的。

馬其頓地區還有一種資源，在希臘東南部的大部分地區幾乎不為人所知，就是它的淡水魚。北方的大河裡有豐富的淡水魚；很久以前，在新石器時代，斯特律蒙河畔（Strymon）[36]的克律奧涅里（Kryoneri），就已經捕撈灰鯔魚、鯉魚、丁鱥（tench）、鯰魚（Silurus glanis）、鰻魚；到了古典時代，人們依然享用讚賞這些鰻魚的後代。在那個時期，位於希臘的哈爾基季基半島（Chalkidiki）與馬其頓腹地之間的沃爾維湖（Volvi 或 Bolbe），以其鱸魚（perch）聞名。時代稍近，則是卡斯托里亞湖（Kastoria），以及阿爾巴尼亞邊境上的普雷斯帕湖區（Prespes）[37]，這兩處位置偏遠，古希臘人並不熟悉，但至今一直以鯉魚、丁鱥、鰻魚、鯰魚聞

---

36 今名 Struma 或 Strymónas。發源於保加利亞西部維托沙山（Vitosha），先往西，然後往南流入希臘，注入愛琴海，全長四百一十五公里。
37 兩處皆位於西馬其頓大區。
38 為全長都在希臘境內的最長河流，二九七公里。流經西馬其頓及中馬其頓，注入愛琴海。

名，而馬其頓地區的阿里阿克蒙河（Aliakmon）[38]著名的是鱒魚。

比起在其他地方，旅人在希臘北部的大部分地區，更清楚感覺到山區人民與平地的希臘人截然不同。有些山區居民是季節性移牧的牧人，而且有些人到現在依然從事移牧，特別是在西北部的伊庇魯斯地區。除了春秋兩季的來回遷徙之外，他們還帶著牛羊群長途步行，賣給城裡吃肉的人。他們運用奶類有其訣竅，而且他們在獨立希臘的政治與商業發展中一直很有地位。

早在十六世紀中葉，皮耶・貝隆取道古老的埃格納提亞大道（Via Egnatia）[39]，途經一座橋的時候，就遇到了「牧羊人正在燒烤去掉羊頭的全羊，賣給旅人」：

> 他們把羊穿在柳木杆上，取出內臟，縫合腹部。沒有親眼見過的人都不會相信，這麼大的一整塊肉可以用燒烤的方式來烹調……。羊肉烤熟後，這些牧羊人把肉切開，把肉塊賣給旅人。我們在橋頭的柳樹下紮營，讓馬匹休息，並買了一些這種肉，我們發現這種肉比切塊後烹煮的更好吃。[69]

因此，來自希臘與巴爾幹山區的牧羊人和牧羊犬，與其他行業一起參加君士坦丁堡的行會大遊行，這一點也不奇怪——牧羊人把自己的狗當作同伴，絲毫不介意用同一只碗吃飯。[70] 里克在埃托利亞地區（Aitolia）的斯特拉托斯城（Stratos）看見三百頭瓦拉幾亞的牛，每一頭都是白色的，「要運往諸島」，這件事也不足為奇。

這些牛從羅馬尼亞南部一路走來，此外，每年還有來自品都斯山區的大批牛群與羊群，在阿卡爾納尼亞（Akarnania）與埃托利亞的平原上覓食過冬。[71] 不久之後，里克在這些山區遊歷的時候，在弗拉赫人的敘爾拉科鎮（Syrrako）附近，發現自己「突然置身於一片茂密森林，有椴樹、楓樹、

---

39 羅馬人建於公元前一四六至一二〇年之間。東起亞得里亞海濱的都拉斯（Durrës，當時稱為Dyrrachium），西至愛琴海濱塞薩洛尼基，再往西到拜占庭城，路線經過阿爾巴尼亞、馬其頓共和國、希臘、土耳其，全長約一一二〇公里。

奶類：從牧羊人到城市居民

在放牧山羊的聚落裡，鮮奶派餅 galatopita 是一種很經濟的美食。有些配方要用希臘式酥皮千層麵團（filo，phyllo）覆蓋表面，或者當作外皮。如果羊奶很好，足夠甜，就不需要這種麵團，不過它的確可以讓切塊的派餅更容易攜帶，這一點對牧羊人來說很有用。

還有一些配方以小麥麵粉代替粗麥粉（semolina），但在馬其頓的山區，只有玉米麵粉。派餅剛從烤爐裡拿出來的時候，有時會淋上簡單的糖漿，糖漿可能有柳橙或檸檬調味，這樣就讓派餅顯得更豪華。在現代，經常使用的調味則是香草。吉

Galaktoboureko，希臘的卡士達餡派餅，這個名稱是半希臘語、半土耳其語，其來歷至今不明。

櫻桃、七葉樹、橡樹、榆樹、梣樹、山毛櫸、岩槭（sycamore）、角樹（hornbeam），夾雜著山茱萸、冬青、接骨木、榛子，以及各種生長較慢的植物」。在一片陡峭的山坡下，有一道湍急的水流，是阿拉克托斯河（Arachthos）[40]的支流，水中深潭處處，盛產鱒魚，「最常見的方法是將生石灰扔進潭水上游，這樣很快就能將被麻醉的魚帶上水面。」[72]

---

40 發源於品都斯山，位於伊庇魯斯地區東部。

爾‧馬爾克斯（Gil Marks）寫道：「鮮奶派餅（galakto[41] pastries）是美味的早餐，但希臘猶太人在特殊的乳製品餐食之後也會食用，例如在五旬節（Shavuot）[42]，長方形的單個小派餅，形狀類似摩西在西奈山上完成的十誡石板。」[67]

鮮奶油餡派餅 bougatsa 的餡也使用類似配方（通常沒有雞蛋），在塞雷斯（Serres）[43]及塞薩洛尼基很流行，希臘各地也都有。Bougatsa 的字面意思是酥皮千層麵團（filo，土耳其語為 poğaça，這個字來自義大利語 foccacia，源自拉丁語 panis focacius，「烤爐麵包」）[44]，因為這種點心最初沒有餡；而現在它的外皮與餡料依然一樣重要。鮮奶油餡是最普遍的，但是在北方，也有乳酪或肉餡，這些在其他地方稱為 tyropita 及 kreatopita，「乳酪派」及「肉派」。現代大多數商店使用大規模生產的酥皮千層麵團，但最好的鮮奶油餡派餅用的是手工麵團；熟練的麵包師製作這種麵團外皮時，抓住其邊緣，將麵團像撒網一樣反覆甩出，麵皮的面積隨之逐漸擴大。[68]

情境就是一切。鮮奶油餡派餅是在上班路上用小叉子吃的，站在早餐吧裡，喝著咖啡，看著晨間新聞，與朋友討論最新的加稅與減薪。沒有比這個更好的城市早餐了。

弗拉赫人說的是一種類似羅馬尼亞語的語言，里克在其他段落寫下了一個（希臘人教他的）句子，以證明這種語言的「聲樂性」：「oáo aué oí auá」，據他解釋，這句話等於希臘語的「auga staphylia probata edo」，「我吃蛋、葡萄、綿羊肉。」一隊阿爾巴尼亞或希臘牧羊人只要會說這幾個詞，

---

41 前綴「加上奶的」，來自 γάλα，「奶」。
42 逾越節七週後，猶太曆三月六至七日，新曆五月至六月之間，慶祝收穫小麥。
43 位於中馬其頓大區，塞薩洛尼基東邊約六十九公里處。
44 土耳其的 *poğaça* 通常是酥皮派餅，類似希臘鮮奶油餡派餅 bougatsa，不同於義大利佛卡夏麵包 foccacia。

鮮奶派餅（Spetsofaï）

七百五十毫升鮮奶（可混合牛奶與山羊奶）
二百二十五克細白砂糖
一百五十克細的粗麥粉（semolina）
一百克奶油，切成小塊，另備一些用來抹油
一個小柳橙的皮，磨碎
兩個蛋
肉桂粉

預熱烤箱至一百八十攝氏度，將一個長三十公分、寬二十公分的烤盤抹油。

在醬汁鍋中，加熱牛奶與糖。到達沸點的時候，一次倒入所有粗麥粉，以木匙攪動。繼續一面煮、一面攪動，直到稍微變稠。離火，加進奶油，以攪拌器攪拌。然後加進雞蛋，一次一個，攪拌均勻，接著加柳橙皮。將此混合物倒入已經抹油的烤盤，烤三十分鐘，直到外表形成一層薄皮，並且上色、定型。

放涼，切成正方形或菱形，撒上肉桂粉。在室溫下食用，最好是在當天，或保存在冰箱裡。

途經弗拉赫人的村莊時就能點菜吃。[73] 不過現代希臘的移牧人並不全是弗拉赫人。說希臘語的薩拉卡特薩尼人（Sarakatsani），也有類似的移牧生活方式，一九三〇年代，派翠克・李・費摩爾曾在色雷斯受邀參加他們的婚宴。[74] 他的描述讓人想起《奧德賽》中的晚宴（李・費摩爾對這部作品非常熟悉）：

低矮的圓桌上，都備好了酒杯以及共用的大盤，盤中熱氣騰騰的烤羊

羔肉，是外面烤架上旋轉的全羊，熟練地劈開，撒上了岩鹽，不斷端進來，擠在眾人之間……玻璃酒壺高舉在頭上，在手中依次傳遞……我們可以聽到切肉刀剁在砧板上，鑿開骨頭時的脆響，一名肌肉虯結的牧民，像劊子手一樣奮力跟上兩百人的強健胃口。這道可口的烤肉沒有任何配菜，只有極好的黑麵包……從外面的圓頂烤爐裡送上來，熱騰騰的……。在這樣的場合，陌生人受到熱情關注，特別好的部位、一塊塊羊肝與羊腎，還有更多看不出是什麼的美味，不斷遞過來，還有從縱向切開的羊頭裡取出的羊腦。

　　李・費摩爾也承認，外來賓客們試圖婉拒羊眼球，但「山民非常重視」羊眼。[75]

　　在聖迪米特里紀念日（十月二十六日）前六天開始，整個北方都聚焦在塞薩洛尼基，這裡在九百年前就已經是美食的好地方，也是馬其頓最大的年度市集所在地；市集在城門外舉行，不僅吸引了保加利亞人與弗拉赫人，還有加泰隆尼亞人、義大利人、法國人。一〇九七年，參加第一次十字軍東征的人興高采烈地抵達「塞薩洛尼卡（Thessalonica），這裡物產豐富，人口眾多」，他們在城外紮營，開心吃喝了四天。[77]九十年後，西西里島的諾曼人攻下這座城市，但據主教歐斯塔提奧斯說，這些人並非來者不拒；他們拒絕異國香料和陳年葡萄酒——對他們來說這種酒不夠甜，但是大吃豬肉、牛肉和大蒜。[78]在這之後，猶太人來到這裡，他們是來自西班牙及葡萄牙的難民，讓塞薩洛尼基成為最傑出的猶太城市之一。如今他們已經離開了，但是人們說，二十世紀初塞薩洛尼基的典型猶太飲食，聽起來非常像今天這個城市的典型飲食。[79]它的中央市場是在一九一七年的大火之後重建的，規模僅次於雅典。塞薩洛尼基現在的偉大之處不僅在於它的中央市場區，還在於食品商店與餐館，其中許多都聚集在市場周邊，比如拉吉安，這家食品店出售獨特的朋土斯特產；這座城市還有鮮奶油餡派餅與咖啡，是完美的塞薩洛尼基早餐；以及提神飲料薩勒皮，流動小販做成熱飲出售，數百年來依然如此。

甜的鮮奶油餡派餅 (Sweet Bougatsa)

一公升香濃鮮奶
一百八十克粗麥粉
二百克砂糖
三大匙奶油，切成小塊

多多尼餐廳 (Dodoni) 可能是塞薩洛尼基最佳早餐地點。

愛琴海諸島

　　每一座愛琴海島嶼都各有被外國統治的歷史，而且每一座島嶼的食品
特產也不相同，從雷斯博斯的烏佐酒，到希俄斯島的黃連木乳香。

　　希俄斯是一座多山的大島，非常靠近小亞細亞海岸，在古典時代已經
是奢侈之地，不僅生產最好的葡萄酒，還有稍微曬乾的金色無花果，與無
可替代的希俄斯黃連木乳香。此物是當地一種黃連木 *Pistacia lentiscus var.
chia.* 的芳香樹脂。雖然一些古代作者曾經提到它，尤其是它的藥用價值，
但是沒有人像孜孜不倦的安科納的賽里亞克，描述了它的採收過程。他於

六張希臘式酥皮麵團 filo
融化的奶油
糖粉及肉桂粉，裝飾用

　　將鮮奶、粗麥粉與糖在鍋裡加熱，變稠之後，加入奶油。攪打均勻，注意不要煮沸。完全放涼，必須足夠濃稠，達到可以塗抹的程度。

　　將一張酥皮刷上奶油，然後在上面再放置一張。將上述做好的鮮奶餡放在酥皮中央，呈長方形。像包裝禮物一樣，把酥皮向中央折疊，蓋住餡料。再用兩張酥皮，以同樣的方式塗奶油，再將剛才包好的餡餅放在中間，包裹起來。如此重複，最後包裹成一個整齊的鮮奶油餡派餅。將餡餅上方刷上大量奶油，以一百八十攝氏度烤三十至四十分鐘。塞薩洛尼基多多尼餐廳的佩特洛斯（Petros）是在幾乎烤好的時候將其取出，以鋒利的刀尖刺破表面多處。

　　從烤箱中取出，稍微放涼一點，切成四塊。撒上糖粉與肉桂粉，切成小正方塊供食。

在塞薩洛尼基市場的乾豆中，可以看到德拉馬的鷹嘴豆和小扁豆；在它們後面是普雷斯帕的紫色腰豆，以及白色的，「巨豆」；在照片後方是進口稻米。除了稻米之外，看不到其他進口產品。

塞薩洛尼基的中央市場，僅次於雅典的市場。

塞薩洛尼基市場裡正在曬乾的紅辣椒，吸引著顧客。

朝聖者的聖伊西多爾戳印，據傳說，他的眼淚是最早的黃連木乳香。這是中世紀時賣給前來希俄斯島的朝聖者的紀念品。

一四四六年一月在希俄斯島，騎馬穿過「格外青翠、珍貴的乳香黃連木林」，觀察這些生產名貴物質的著名樹木。他看到一滴滴晶瑩的樹脂從「含淚但喜悅的樹幹」中滲出，並接了一些在手中，他說，希俄斯島是世界上唯一生長這種樹的島嶼。[80] 希俄斯島在中世紀的擁有者是熱那亞人（他們稱此島為 Scio），這種樹脂是他們的主要財富來源之一。當時並產生了一個傳說，即第一滴黃連木乳香是希俄斯的聖伊西多爾（St Isidore of Chios）的眼淚，他因信仰基督教受到酷刑並遭殺害。

此後沒多久，熱那亞人克里斯多弗·哥倫布在探索西印度群島時，以其永不熄滅的樂觀精神，在當地的芳香劑中尋找黃連木乳香，而且他相信自己找到了。對於被壟斷的黃連木乳香，他擁有第一手知識，但他還是錯了；直到今天，依然只有希俄斯島出產這種樹脂。後來有許多旅人記錄了黃連木乳香的採收、貿易及用途。貝隆說，這些樹「如果不給予必要的照顧，幾乎不會產生任何樹脂」。[81] 理查·波卡克對於採收過程的觀察最仔細：

七月九日，他們在樹幹的樹皮上打一些洞……他們清掃地面，在上面

潑水，將地面踩得光滑；三天後，樹脂開始流淌，他們讓樹脂滴在地上，大約八天後才乾；這時已經硬化，可以處理，他們就把樹脂拿起來；整個八月，樹脂都在流淌。[82]

　　波卡克解釋，土耳其女士咀嚼黃連木乳香「當作消遣，也是為了美白牙齒」。法國律師安托萬・德斯・巴赫（Antoine Des Barres，一六二二－一六八八）說，希俄斯的女孩也是如此：「她們給了我一些，我拒絕了，我說我不使用任何形式的菸草。她們大笑起來，告訴我，她們嚼的是黃連木乳香……她們說這是非常健康的。」[83]他不相信，但是蘇格蘭人威廉・利斯高(William Lithgow，約一五八二－約一六四五)比他聰明，他稱之為「有藥效的黃連木乳香（masticke）」。現今黃連木乳香有許多健康用途。[84]乳香利口酒在希臘突然流行起來，而乳香烏佐酒這種沒有甜味的烈酒，出了希俄斯島就很少有人知道。波卡克還說，黃連木乳香也加在麵包裡，「據說味道非常好」。[85]事實的確如此。[86]

　　希俄斯島和北邊鄰近的雷斯博斯島，在古典時代以葡萄酒聞名，但現在不復當年了。雷斯博斯擁有一千一百萬棵橄欖樹，物產除了橄欖油之外，還有許多人眼中希臘最好的烏佐酒。

　　釀酒廠集中在南邊海岸的小鎮普洛馬里（Plomari），這裡的雷斯博斯烏佐酒搭配附近卡洛尼鎮（Kalloni）的鹽漬沙丁魚，是最好不過了。希俄斯島的南方是薩摩斯島，雷斯博斯島的西北方是特涅多斯島及勒姆諾斯島。薩摩斯與勒姆諾斯以麝香甜葡萄酒而自豪，的確可說是理直氣壯；勒姆諾斯最好的葡萄酒可與世界首屈一指的潘特勒里亞島（Pantelleria）麝香葡萄酒並駕齊驅。不久以前，特涅多斯本來也種植麝香葡萄；波卡克寫道，它的「主要出口產品是好葡萄酒與白蘭地」[87]，安托萬・加朗也同意。至於薩摩斯，自然學家約瑟夫・皮同・德・圖爾內福（Joseph Pitton de Tournefort）[45]在十八世紀初就認為麝香葡萄是該島最好的水果，並補充道：

45　一六五六－一七〇八。植物學家，在生物分類方面提出「綱」的分級與定義。

米諾斯文明阿克羅蒂里遺址壁畫（聖托里尼島）。如果圖中是一名漁夫，那麼這種魚的實際尺寸應該更大；如果是神，那麼就不一定了。這種魚是 Coryphaena hippurus，其英文常用名令人困惑，叫做海豚魚（dolphinfish），不過現在更流行的是它的夏威夷名稱 mahimahi（鱰鰍、鬼頭刀）；這種魚很美味。

「如果他們知道如何製造並保存」，葡萄酒就會很好，「但希臘人很髒，而且他們忍不住往裡面加水。」[88] 現在情況已經改善了，薩摩斯的陳年麝香葡萄酒，名為 Nectar 及 Old Nectar [46]，芳香非凡。

　　貝隆在一五五〇年造訪勒姆諾斯島，沒看到麝香葡萄，但注意到「他們非常小心保存著水，因為他們在菜園裡辛勤工作，熱衷於種植洋蔥與大蒜……並且非常注意栽培小黃瓜，小黃瓜味道非常好，他們和麵包一起吃，不放油或醋」：

46 Nectar，希臘神話中諸神的神酒。

　　有朋友參觀菜園時，主人就選一根小黃瓜，以左手擎著，豎起來，縱向削皮直到莖部，讓黃瓜皮呈星狀落在他手上。然後他將黃瓜切成四塊，向每人奉上一塊。他們吃的時候不需要其他配菜……。這是他們表達禮貌的最高境界，就像我們分享一只好梨一樣。[89]

　　因此，每座島嶼在這方面都可圈可點，能夠盡量利用自己的水與土壤來生產蔬菜與水果，並獲得最好的成果。十七世紀初，利斯高在多德卡尼斯群島某處近海擱淺，他看到一男二女游到「一英里多遠」的船上，帶著一籃水果去賣。他們不登船，而是在海面上漂浮「一小時以上」，與乘客聊天講價。[90]現代多德卡尼斯群島的烹調有時暴露出古老的貿易關係。在卡爾帕托斯島的奧林帕斯村（Olympos），雖然此地很偏遠，但麵包及乳酪塔使用的香料是粗磨的芫荽籽（本地產）、眾香子粉、肉桂、丁香、小茴香、黑胡椒、黃連木乳香或大茴香籽混合而成。[91]

　　一七四九年，查爾蒙特勳爵（Lord Charlemont）[47]品嘗了納克索斯島的無花果（「馬賽的無花果……與之相比，平淡無奇。」），現在該島的無花果品質仍然很好。[92]韓福瑞‧基托在一九三〇年左右到訪聖托里尼島，他寫道：「番茄在任何地方都能從光禿禿的田地裡長出來……很小，但滋味豐富。」兩千多年來，葡萄在該島欣欣向榮（至少也是生長結果），這些葡萄樹聚集在風蝕山坡的凹地，當地品種包括阿敘爾提科（Assyrtiko），這種葡萄能夠抵禦根瘤蚜，因此備受讚譽。很多人認為以這種葡萄釀造的葡萄酒，即 visanto 或 vin santo，品質很好。不過基托發現這種酒是「紅葡萄酒，很像著名的馬弗羅達弗涅，也就是說，像稀釋過的雪利酒加糖蜜（sherry-and-treacle）[48]」。）[93]荷蘭旅人艾格蒙與海曼興致勃勃地報告了米洛斯島的情況（與此無關的是，那裡的婦女「在貞潔方面是整個群島中最差的」）：

---

47 一七二八－一七八九。愛爾蘭貴族。
48 此糖蜜為精製糖過程中的副產品。

燉鷹嘴豆（revithada）– 克莉索拉的鷹嘴豆

五百克乾的鷹嘴豆（非罐頭）

三四瓣大蒜，去皮，完整或切成兩半（融入醬汁）

兩片月桂葉

兩枝茂盛的迷迭香，長約六公分

兩個中型洋蔥，切厚片

一百五十毫升果味橄欖油

鹽與胡椒

每人份需要半個檸檬汁

麵包，與鷹嘴豆同食

鷹嘴豆以大量清水浸泡一夜。瀝乾水分，沖洗乾淨，與大蒜、月桂葉、迷迭香一起放進一只大烤盤，烤盤必須有密閉的蓋子。在豆子上鋪上洋蔥片，加上鹽、胡椒、水，淋上橄欖油。要確定蓋子密閉，如果不放心，就加上雙層鋁箔。以一百五十攝氏度烘烤至少四小時，五小時也無妨。

上菜時要擠上大量檸檬汁，麵包則用來蘸取醬汁，也許還可以搭配硬的克法洛提里（kefalotyri）乳酪（或滋味濃重的蘭開夏乳酪）。燉鷹嘴豆與剛出鍋的香脆炸魷魚是完美的搭配，不過克莉索拉用的是燉章魚（見第六十一頁）。

此為六至八人份。

野生與馴化的島嶼風味

　　諸島上，到了仲春時節，苦澀的冬季蔬菜已經變老，不適合烹調。從三月開始，菠菜和莙蓬菜就可以取而代之了，經歷了冬天無情的苦澀之後，這些菜顯得清爽甘甜。然後是短暫當季的卡爾法（kalfa，Opopanax hispidis）[49]。在去年第一場秋雨過後，這種植物開始發芽。整個冬天任其生長，不斷發芽的蓮座狀葉叢保留下來，只食用花枝。在五月的大約兩個星期裡，長度在十公分以內的嫩枝就可以從野外摘採。其外觀甚至味道都讓人聯想起綠蘆筍，不過法爾卡更柔軟，味道也更圓潤。在這個短暫的季節裡，酒館供應自家摘採的卡爾法，但這種蔬菜沒有英文名稱，也很少出現在菜單上，必須口頭詢問。

　　鷹嘴豆則早已不是野生的了，公元前四千年甚至更早，就在色薩利開始種植。鷹嘴豆生長及成熟依靠的是冬季保留在土壤中的水分，在夏季幾乎沒有降雨的地方（如愛琴海島嶼），它是重要的主食。

法爾卡：當季時間很短，比綠蘆筍還好吃。從嫩枝下方將比較老的外皮去除，小心煮至稍軟，要注意脆嫩的芽尖。在以大量橄欖油，或者溫和的芥末淋醬，溫熱食用。

---

49 繖形目繖形科，屬名Opopanax，尚無中譯名，其下四個種。Opopanax hispidis 英文常用名 heal-herb、Hercules' heal-herb、Hercules' woundwort，中文常用名癒傷草。

克莉索拉的鷹嘴豆。

　　傳統上，燉鷹嘴豆（revithada）是在大陶罐裡煮的（基克拉澤斯群島的錫夫諾斯島有很好的天然黏土礦，以生產這種陶罐聞名，稱為 skepastaria 或 pilina）。這些裝了鷹嘴豆的陶罐，在星期六晚上送到村裡麵包師的烤爐去，和其他一些菜餚一樣，以烘烤麵包後的餘熱慢慢燉一晚上，在週日彌撒後取回，就可以吃午飯了。這種做法在許多鄉間聚落依然很常見，星期天早上去麵包店的人很可能看到門口有一排鍋，等待著自己的主人。這些鍋通常以麵粉與水做成的簡單麵糊密封，以確保在烹調過程中，為鷹嘴豆增添風味的寶貴醬汁不會蒸發流失。這種烹飪方式能夠做出天鵝絨般細膩、有堅果味、融合一體的燉鷹嘴豆。

　　迷迭香在希臘很容易生長，但不是每個人燉鷹嘴豆都用上它，有些人覺得味道太強烈。橄欖油的品質是最重要的，是這道菜的風味來源。這道鷹嘴豆「鮮奶油般的精華」是烹飪過程中停留在表面的一層焦糖化的油狀洋蔥，如果不拌進豆子裡，光吃洋蔥就是一種享受。

帕羅斯島的首府帕羅伊基亞（Paroikia），餐廳的新鮮蔬菜到貨。

　　此地盛產許多最精緻的食物，比如鵪鶉、斑鳩、歌林鶯[50]（beccafigo）、鴨子等；美味的水果，比如甜瓜、無花果、葡萄等；還有同樣美味的魚。此地的葡萄酒也很好……他們用羊奶做了很好的乳酪。[94]

　　因此，對於每個島嶼和愛琴海的每一處微氣候，都可以檢視並評估其野生資源，包括山地香草植物、芳香灌木、野生果樹，它們的特殊價值已經被發現，或等待著某一天被發現。惠勒記載，在小島提洛（Delos）[51]，也就是古代阿波羅聖地的廢墟所在地，「長著大量野生的 lentiscus，即乳香黃連木，我觀察到其上有流出的乳香，這讓我們相信，如果這裡像希俄斯島那樣種植，可能會一樣產生乳香。」[95] 人們可能會對多山的卡拉布倫半島（Karaburun）[52]有同樣的想法，這裡屬於土耳其，看起來就像希俄斯島的孿生兄弟，緯度相同、氣候相同，而且曾經出產與希俄斯島差不多的葡

---

50 Curruca hortensis 與 Curruca crassirostris。義大利語 beccafico，英文常用名 western Orphean warbler 與 eastern Orphean warbler，中文名西／東歌林鶯、西方／東方動聽林鶯。
51 女神勒托在此誕下阿波羅與阿耳忒彌斯。
52 位於土耳其西部，伊茲密爾省，愛琴海濱。

萄酒；但迄今為止，乳香黃連木在這些地方都沒有產出可用的樹脂。

　　許多人都會提到聖托里尼島。它在公元前一六二九－前一六二七年的火山爆發中被摧毀，反而因此獨特地保留了當地飲食的史前狀態，包括蜂箱、儲藏的聖托里尼豆、採收番紅花的壁畫、被火山灰掩埋在羊圈裡的山羊。

　　前文中我們讚美了帕羅斯島的蘑菇；蘭伯特－戈克斯對薩摩斯及伊卡利亞島（Ikaria）的蘑菇給予熱情的評價。李·費摩爾好奇為什麼錫夫諾斯島盛產廚師，他之所以提出這個問題，是因為尼科勞斯·特賽勒門特斯（Nikolaos Tselementes）[53]出身錫夫諾斯島，或至少他的家人來自該島，李·費摩爾將他比擬為希臘的畢頓夫人（Mrs. Beeton）[54]，不無道理。[96]事實上，希臘出版第一本烹飪書（一八二八年，希臘獨立獲得國際承認的四年前），就是在附近的錫羅斯島。

　　每個島嶼都有自己的糕餅和甜食。卡呂姆諾斯島（Kalymnos）從古至今都以蜂蜜聞名，但如果想吃到古希臘人非常欣賞的最好的蜂蜜與芝麻甜食，可以試試卡索斯島（Kasos），或者基斯諾斯島（Kythnos），甚至遊客密集的伊奧斯島（Ios）；至於糖衣杏仁，人們說要去阿納菲島。每個島嶼對於這些食物與飲品的詮釋，都足以分別稱道，雖然這些詮釋彼此之間不需要有什麼區別，但事實上的確一直各有特色。

　　即使在這些地區，本地生產者也有自己的本地市場。帕羅斯的烏佐酒和納克索斯的烏佐酒不一樣，雖然兩地之間乘渡船只有四十分鐘的距離。熟成的各種納克索斯乳酪非常出色，而希俄斯島的科帕尼斯特乳酪（kopanisti）的霉味最好，無與倫比。希俄斯島的佐餐橄欖，尤其是chourmades：「椰棗」，是獨一無二的，而納克索斯的 throumbes：「樹熟橄欖」也是如此。

---

53 一八七八－一九五八。希臘著名大廚，烹飪書作家，出身錫夫諾斯島。如今他在希臘是烹飪書與善於烹調者的同義詞。
54 Isabella Mary Beeton，本姓 Mayson。一八三六－一八六五。英國作者、編輯、作家。著作《畢頓太太的家政管理手冊》（Mrs. Beeton's Book of Household Management, 1861）影響深遠。

克里特島

　　克里特島的地理環境，就像許多獨立國家一樣豐富多彩。（一九〇〇年前後一段時間裡，這裡幾乎就是一個獨立國家。）它的食品也複雜多變。多山的西部有柳橙與檸檬園，有肉類菜餡、奶油與乳酪，並且喜愛稻米；中部的佩扎及阿爾卡涅斯（Archanes）有認證產區的葡萄酒；多岩的東部有魚，人們喜愛布格麥與香辛料。密集的旅遊業與商業壓力帶來了劇烈變化，但許多克里特人保留了他們與鄉間的連結，以及一些傳統飲食方式。〔97〕

　　就野生食用植物及其保健特性而言，沒有哪個島嶼比克里特更著名。它的藥草在羅馬帝國時期就已經很珍貴了，但如今在藥典中已不像從前那樣重要。雖然如此，少吃肉、多吃野菜、以克里特橄欖油大量調味，並佐以克里特葡萄酒的「克里特飲食」，如今已被譽為「地中海飲食」的最佳種類。克里特人因此而長壽，不過還比不上伊卡利亞島民那麼長壽。

　　在雅典市中心，蒙納斯特拉基區（Monastiraki）阿提納斯街（Athinas）的室內肉類與魚類市場，以及希臘各地的露天市場，仍然可以看到綠色野菜（horta）[55]小販，他們蹲坐在折疊露營凳上，手裡拿著兩三個塑膠袋，塞滿了新摘的野菜。酒館通常有野菜這道菜餡，有些酒館會註明現在供應的是哪一種（最有可能是菊苣〔radikia〕[56]，在克里特島則是刺菊苣〔stamnagathi〕[57]）。愈來愈多蔬果商及特產超市也開始出售野菜。地中海雄鹿草〔kafkalithres〕[58]、野莧〔vlita〕[59]及灰芥〔vrouves〕[60]這三種都屬於高價商品。二〇一四年十一月，在雅典一家頗受歡迎的超市，克里特野菜的價格超過每公斤四歐元，是一顆蘿蔓萵苣的五倍。

---

55 Χόρτα，「綠葉野菜」，什錦綠葉沙拉。
56 Ραδίκια，Cichorium intybus，菊科菊苣屬，英文常用名 dandelion greens、chicory。
57 Σταμναγκάθι，Cichorium spinosum，菊科菊苣屬，常用名 spiny chicory、coast chicory。
58 Καυκαλήθρας，Tordylium apulum，繖形科環翅芹屬，常用名 Mediterranean hartwort。
59 Βλίτο，Amaranthus blitum，莧科莧屬，常用名 purple amaranth、 Guernsey pigweed。
60 Βρουβες，Hirschfeldia incana，十字花科灰芥屬，常用名 Mediterranean mustard greens。

當然了，克里特島並沒有專賣權。「這裡有一些很好的麥田，」里克在穿越拉科尼亞的旅途中記述，「現在婦女們正在麥田裡清除雜草。我們經過的時候，其中人問她們在做什麼，她們以拉科尼亞語答道『botanizomen』。」[98]這的確是簡潔的拉科尼亞表達方式[61]：用英語表達同樣的意思需要五個詞，「we are gathering wild greens」[62]，而里克偶然用了雜草（weeds）這個詞，也很生動。本書作者瑞秋在文稿中數次用了這個詞，可是安德魯把它改掉了，後來才明白她是有里克當作根據的。

克里特島現在生產的烈性甜酒已經很少了，這種酒曾是拜占庭希臘人與中世紀歐洲人花高價購買的。該島在食譜及食品名稱上顯示了威尼斯的遺產——威尼斯統治克里特島的時間比鄂圖曼土耳其人還要長。

中世紀的旅人通常稱克里特島為坎迪亞（Candia）。他們對藥草還沒有興趣，首先注意到的是葡萄酒（「出口到全世界，最有名的克里特葡萄酒」[99]，「全世界最好的馬爾姆塞、麝香葡萄酒、利阿提科（Leaticke）[63]」[100]），接著是乳酪，然後是水果。

一四八〇年，某篇朝聖記錄的佚名作者面臨一個問題：克里特酒非常烈，必須混合三倍的水。[102]費利克斯・法貝爾證實了這一點，他在同一年旅行時「看到幾名朝聖者站在碼頭邊搖搖晃晃，猶豫是否要上船，因為大量飲用甜味怡人的克里特酒會引起暈眩。」[103]十年後，皮埃特羅・卡索拉的記載解釋了這個場面；他在瑞提姆諾發現，如果你點餐酒，提供的就是馬爾姆塞。他還觀察到，這裡的葡萄藤是沿著地面生長的，「就像我們種甜瓜和西瓜那樣，在地上蔓生。」[104]

克里特島的馬爾姆賽葡萄酒及麝香葡萄酒，與其他準備長途運輸的希臘葡萄酒一樣，都經過特殊處理。從貝隆的敘述可以看出，兩種烈性葡萄

---

61 英語形容詞 laconic，「簡短的、直率的」，出自此地區名稱。拉科尼亞在古典時代就是斯巴達人的土地，斯巴達人以語言簡要著稱。
62 我們在採野菜。
63 此種黑葡萄原產義大利托斯卡納，稱為 Aleatico，英文名又稱 Liatico。即第二〇九頁的 liatiko。

克里特島瑞提姆諾（Rethymno）[64]的碼頭岸邊。

酒傳統都起源於中世紀希臘，即雪利酒的索雷拉處理法（solera）[65]，以及班努斯（Banyuls）與莫里（Maury）[66]的「烹煮法」。貝隆證實，最好的克里特馬爾姆塞酒是從瑞提姆諾出口，而且「路程愈遠，酒就愈來愈好」，就像人們對恰到好處的馬德拉酒的評語一樣。[105]

現在克里特島的葡萄酒種類繁多（但它是一個大島）。東部的塞特伊亞（Siteia）出產了大部分甜酒，這是紅酒，使用的是古老的葡萄品種利阿提科（liatiko），即「七月」。中部的阿爾卡涅斯及佩扎也出產不甜的紅葡

---

64 位於克里特島北部。
65 西班牙語「在地上」，一種酒類熟成系統裝置。將不同年分的酒桶，按年分遠近，從上往下放置，酒液自動從上往下流動混合並熟成，最低一層（地面層）酒桶中的酒即為成品。
66 兩種酒都產在法國東南部的魯西永（Roussillon）。烹煮法是將酒置於大玻璃罐中接受日曬，使其顏色變深，並且具有雪利酒的特性，術語為 Maderisation，來自馬德拉酒（Madeira）。馬德拉酒使用其他方式增熱促進成此步驟稱為 estufagem，意為爐子或溫室。這些方法都是模仿熟成桶中的酒在長途熱帶海運中所得到的效果。

Horta：希臘與克里特島的野菜

　　混合幾種不同野菜是最好的：蒲公英、苦苣（zochos）和菊苣（radikia）都非常苦，野萵苣幾乎是過分的苦，矢車菊（knapweed）很有滋味，「小腳丫」（podarakia）多汁而且是肉質的，但這兩種都很難大量食用。以下列出一些常見種類。

　　採集時，下刀的部位盡量讓葉子附著在底部，但根留在地裡，以便再發芽。清洗時，修剪掉根部及所有棕色的小葉片，並在流水下沖洗掉所有砂礫。放進一個大盆或水槽中，加入幾滴醋，以大量的水浸泡。在水中靜置一小時左右，然後將菜從盆中撈出，放進濾網中。沖洗盆子，再浸泡兩次。砂礫即使夾在緊密的皺褶中，這樣也會沉底並被清除。然後在大量水中煮約二十五分鐘，直到完全變軟，大部分苦味消失。不要把水從鍋裡倒出來（這可能會使得所有殘留的砂礫重新分散開來），用叉子把野菜從水裡勾出來。蒸野菜是不行的，只煮至口感脆而不煮軟也不行。輕輕捏住一叢野菜的底部，可以測試嫩度：如果有彈性，那麼就可以了。放置冷卻，食用時倒淋上大量檸檬汁和橄欖油。

在野外遇見的矢車菊，以及 petro-
maroulo（一種野萵苣）。

Agriasparangia（野蘆筍，天門冬屬〔Asparagus〕的某些種）：根據每年的天氣條件，在三月至五月之間，只出現兩到三個星期。總是生長在靠近水源的地方，在比較乾旱的地區，人們在乾河床尋找。在不放油的鍋中燒烤，或加入簡單的煎蛋捲中，就可以當作開胃菜，搭配渣釀白蘭地澤波羅 tsipouro。

Agrioradiko、pikralida、pikromaroulo、antidi（野菊苣及苦苣〔wild chicory、endive〕，菊苣屬〔Cichorium〕的某些種）：有很多種類，遍及希臘，有些較苦。刺菊苣（stamnagathi，spiny chicory）是克里特島獨有的，現在很流行，此已經開始人工種植。

Chamomili（洋甘菊，學名 *Matricaria chamomilla*）：在春天摘採，此時大地鋪滿雛菊花毯，空氣中瀰漫著它的獨特芬芳。晾乾後供全年使用。在希臘常用於草藥茶，民間諺語說「Ta niata theloun erota kai oi geroi chamomili」，「年輕人需要愛情，老人需要甘菊茶。」

Chirovoskos、karyda（矢車菊，矢車菊屬〔Centaurea〕的某些種）：味道鮮美，適合在煮熟的沙拉中與苦味野菜混合。

Kafkalithra（類似細葉香芹〔chervil〕，學名 *Tordylium apulum*，環翅芹屬）：是冬天野菜中最常見的芳香植物。採集其嫩葉，與其他更苦的野菜一起食用。

Lapatho（酸模，酸模屬〔Rumex〕的某些種）：在蕁麻地附近有許多，這是件好事。希臘有多達二十五個種，從冬天到晚春，都很茂盛。嫩芽可生食，成熟的葉子煮熟。其味讓人聯想到醋。

Molocha（錦葵，錦葵屬〔Malva〕的某些種）：嫩葉與其他野菜一起煮熟，或者像多德卡尼斯群島的食譜，用來包裹錦葵葉捲多爾瑪德斯（dolmades），代替古代的無花果及現代的葡萄葉。

Myroni（脈篦榛果芹，學名 *Scandix pecten-veneris*）：古希臘人稱之為 skandix。這是冬季野菜，以少量嫩葉當作芳香植物，混合其他較苦的種類。

Petromaroulo、agriomaroulo（野萵苣，學名 *Lactuca serriola*）：與上述野菊苣不同，但處理方法相同，用於煮熟的混合野菜沙拉。在全希臘都是非常普遍的冬季野菜。

Taraxako（蒲公英，學名 *Taraxacum officinale*）：生食用於沙拉，或者與其他野菜一起煮熟，整個冬季在全希臘與賽普勒斯都有。

Tsouknida（蕁麻，學名 *Urtica dioica*）：在乾燥的愛琴海南部島嶼不太常見，但在希臘大陸，尤其在北部，是最受喜愛的冬季野菜之一。朋土斯希臘人在油炸麵點與湯中大量使用蕁麻葉，比如 kinteata，這是一道濃湯，內有蕁麻葉與薄荷，用紅辣椒片或匈牙利紅椒粉調味，加上玉米麵粉和 korkoto（去殼並壓碎的麥粒）增稠。

Vlita（莧菜〔blite、amaranth leaves〕，學名 *Amaranthus blitum* 及類似的幾種）：在漫長的夏季，地中海各地水源充足的田野、菜園與休耕地中都能找到。在馬涅半島及克里特島，經常與 ambelofasoula（嫩黑眼豆）、番茄及洋蔥同煮。在其他地方，煮熟後當作一道沙拉，搭配肉食，或者單吃。其味多汁清

新，完全不像冬季野菜那樣苦。如果在市場上購買，要像處理芹菜那樣，去掉根葉及粗纖維，煮二十五分鐘或者直到變軟。

Vrouves（數種芥菜，包括學名 *Hirschfeldia incana*、*Sinapis alba*、*S.nigra*[67]的三種）：皮耶・貝隆在君士坦丁堡的蔬菜市場見到，並以其希臘名稱記錄下來。有些種類極受珍視，有些因為太硬而且沒有香氣而遭棄置。

Zochos（苦苣菜〔smooth sow-thistle〕，學名 *Sonchus oleraceus*）及 agriozochos（彎喙苣，字面意思是野苦苣〔wild sow-thistle〕，學名 *Urospermum picroides*）：分布最廣、採集最廣的兩種（在「耕地、荒地、休耕地、田地邊緣、草地、路邊、橄欖園、葡萄園、溝渠」[101]，這幾乎是整個希臘了）。季節是十一月到三月或四月初。要煮熟，單獨食用或者與其他野菜一起，浸在檸檬汁與橄欖油中，這兩種菜經常出現在酒館菜單上。

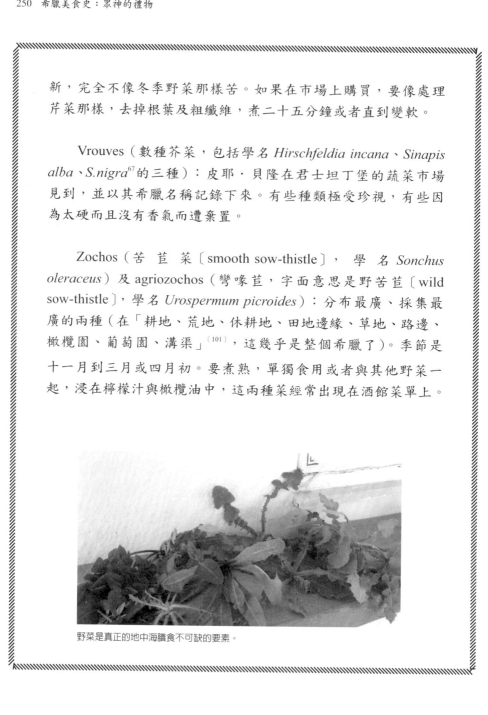

野菜是真正的地中海膳食不可缺的要素。

---

67 分別屬於十字花科灰芥屬、歐白芥屬、蕓薹屬。最後一種現在學名為 Brassica nigra。

萄酒。最西端的基薩摩斯（Kissamos）也有好酒。不過中世紀及現代前期的歐洲人曾為之付出高價的馬爾姆塞及麝香葡萄酒，現在已經很難找到了。

　　早在一三二三年，愛爾蘭朝聖者西蒙・塞蒙尼斯（Symon Semeonis）就記錄了克里特島最豐富的水果：石榴、香櫞、無花果、葡萄、甜瓜、西瓜、小黃瓜。[106] 貝隆在前往東方的科學研究任務途中，首先在克里特島停留，他注意到當地的氣候和泉水促進了菜園與果園發展，園中種著杏仁、橄欖、石榴、紅棗、無花果，尤其是柳橙、香櫞及檸檬。關於當地將柳橙及檸檬榨汁並銷往君士坦丁堡，他是第一個加以記錄的人：「因為土耳其人在烹飪中大量使用柳橙與檸檬汁，而非酸葡萄汁（verjuice）[68]；因此，這種果汁在販賣鹹魚及魚醬的商店中零售。」[107] 至於葡萄乾，最好的是蘇丹娜葡萄乾（sultana）[68]，現在克里特島依然以此聞名，東端的塞特伊亞每年為其舉辦一次節日。中世紀及現代作家很少提到榲桲，但是在古典時代，哈尼亞（基多尼亞）以此聞名。在當地，如今榲桲已經讓位給了柳橙，但克里特島還是有一些榲桲，就像桑・費爾定（Xan Fielding）[70]在一九四〇年代遇見的那樣，當時他的早餐是茶，然後是渣釀白蘭地澤庫迪亞（tsikoudia）[71]搭配榲桲。[108]

　　克里特島的橄欖油，現在是高調的出口產品，但只有時代較近的資料中才提到，分別是埃利斯・弗里亞德（Ellis Veryard）在一七〇一年，以及理查・波卡克在一七四三年（可能是因為克里特島由威尼斯統治直到一六六八年，當時橄欖油都順理成章流向威尼斯）。提到蜂蜜的時間較早：艾弗里亞・賽勒比記載，當地的蜂蜜是最清澈、品質最純的，看起來猶如白色薄紗，「享有盛名，銷往所有外邦」。[109] 費爾定寫道，在薩馬利亞峽谷（Samaria）[72]腳下的聖羅米利村（Agia Roumeli），蜂蜜是當地的驕傲，村民

---

68 中世紀歐洲常用的酸味調味品。
69 一種淡金色無籽葡萄乾。
70 一九一八－一九九一。英國記者，二戰期間曾在克里特島及法國為英國的特別行動執行處（Special Operations Executive）擔任情報人員。
71 克里特島西部特產，類似希臘大陸的渣釀白蘭地澤波羅（tsipouro）。
72 位於克里特島西南，現為國家公園。

的田地曾有機會噴灑 DDT 去除害蟲，結果他們為了不讓蜜蜂冒險，選擇了保留害蟲。

這就是為什麼費爾定能夠享用「該地的特產，浸在蜂蜜中的鮮奶油乳酪煎餅」。[110] 這讓我們想起山羊和綿羊奶製成的奶油及乳酪；如果第一章提出的、新石器時代人類住地向高原擴散的原因是正確的，那麼這些很可能正是最古老的克里特食品。哈尼亞及瑞提姆諾的奶油加上麵粉煮過之後，成為奶油麵粉糊 staka[73]，以及 stakovoutyro，即乳脂，用於烹飪與烘焙，這兩種都很獨特。[111]

有一種同樣獨特的鮮奶油狀半軟乳酪是 anthotyro：「乳酪之花」。一些中世紀的作者說，他們搭乘的船上裝載了大量克里特島乳酪。皮埃特羅・卡索拉寫道，克里特生產的羊奶至少和葡萄酒一樣多，而且還有大量乳酪；遺憾的是這些乳酪太鹹了。「我看到很大的倉庫，裝滿了乳酪，有些滷水有兩英尺深，裡面漂浮著很大塊的乳酪。他們告訴我，這些乳酪不能以其他方式保存，因為非常濃醇。」[112]

---

73 Στάκα，克里特特產。羊奶鮮奶油加上小麥粉或澱粉，低溫加熱，乳脂中的蛋白質與麵粉融合，成為 staka，食吃，通常以麵包蘸取。分離出的脂肪則成為乳脂 στακοβούτυρο／stakovoutyro，稍有乳酪味，克里特島婚禮上的抓飯必須添加這種乳脂。

第七章
近代希臘的飲食

在過去的一萬七千年裡，希臘的地理環境發生了變化。海面上漲，愛琴海不再是由幾座大島組成的海域，而是許多小島。這些島嶼和大陸的丘陵及山坡，也都不像從前那樣被森林覆蓋了。希臘變得愈乾燥，森林就愈不可能再生。

希臘自然景觀的其他變化，至今都是在人類控制下發生的──如果控制這個詞可以用在此處的話，比如砍伐森林。梯田覆蓋著山坡，有時可以達到頗高的海拔，可能精耕細作，也可能廢棄，但廢棄的梯田可能重新開始使用，比如現在在納克索斯就是如此。

橄欖和野生葡萄曾經只是希臘陽光下的一部分植物，現在橄欖樹幾乎成了希臘的固定風景。就像許多橄欖樹生長的梯田一樣，有些橄欖樹受到精心照料，有些則被遺忘，但許多被遺忘的橄欖樹活了下來，可以重新利用。隨處生長的葡萄藤也占據了希臘的風景，許多是在地面蔓生，散布在滿是岩石的田野上。鬱鬱蔥蔥的果園，柑橘葉的深綠色，占據了人工灌溉的較低的坡地與谷底。

人類活動的殘餘物四處散布，遠遠超出應有的範圍。不僅有正在使用的建築，還有沒完沒了的新建築，以及曾經的建築；空蕩蕩的建築鋪滿了水泥，而不像從前的廢墟，無花果樹與續隨子樹叢可以在裡面蓬勃生長。還有現在需要的道路，與不再需要的道路，以及建造時完全無謂破壞了自然景觀的道路；這些都成了垃圾堆，或是永遠沒有送到垃圾場裡的垃圾。

烹飪書及廚師

　　愛琴海的錫羅斯島雖然在希臘革命中保持中立，但一八二八年希臘第一本烹飪書在當地出版時，它是革命者的避難所，是萌芽中的國家首都。這本烹飪書的匿名作者說，它的目的是把義大利的烹飪方式帶給希臘人；不過「義大利」在此指的是西方，書中有八道甜食，其中兩道是英國的，即麵包奶油布丁，以及米飯布丁。接下來的一本希臘文烹飪書可追溯至一八六三年，其靈感也主要來自外國。該書名為《烹飪手冊》（*Syngramma magirikis*），由尼可勞斯・薩蘭提斯（Nikolaos Sarantis）編寫，並在君士坦丁堡出版，目的顯然是向該城希臘裔中產階級讀者介紹法國菜，雖然在我們看來，這些讀者的傳統烹調比法國菜有趣得多。不過，薩蘭提斯以奇特的方式向希臘獨立致敬（這個做法在當時的君士坦丁堡無疑是顛覆性的）：他以希臘革命海軍指揮官的姓名命名了三道菜，分別是來自尤卑亞島的米奧爾（Miaoul）[1]、來自伊德拉島（Hydra）的薩克圖瑞斯（Georgios Sachtouris，一七八三－一八四一）、來自普薩拉島（Psara）的卡納瑞斯（Kanaris）[2]。[1]卡納瑞斯曾在一八二二年對鄂圖曼帝國海軍的希俄斯島大屠殺（Chios massacre）進行報復[3]，後來擔任希臘總理，在薩蘭提斯此書出版時，仍是活躍的政治家。

　　下一本希臘文烹飪書是《烹飪指南》（*Odigos Magirikis*），作者是著名的尼科勞斯・特賽勒門特斯，出身錫夫諾斯島，一八七八年生於雅典，在維也納學習廚藝。他深信希臘飲食必須摒棄所有東方影響，所以引導讀者轉向中西歐的甜味與不加香辛料的做法。二〇〇四年，美國劇作家兼飲食作家強納森・雷諾茲（Jonathan Reynolds，一九四二－二〇二一）尖銳地寫道：「這名烹調上的叛徒流放了橄欖油與大蒜，貶謫傳統希臘香草植物與香辛料，迎來奶油、鮮奶油與麵粉。」但是在特賽勒門特斯的時代，「希臘

1　一七六五－一八三五。本名 Andreas Vokos，別名 Miaoulis，源自土耳其語 miaoul，「二桅或三桅小帆船」。
2　Konstantinos Kanaris，一七九〇－一八七七。曾五次擔任首相。
3　希俄斯島大屠殺發生在該年四月至八月，鄂圖曼帝國報復希臘獨立運動。卡納瑞斯在六月襲擊鄂圖曼艦隊並摧毀旗艦，並在十一月再次襲擊成功。

的中上層階級就像契訶夫筆下的俄國人，對這種新的精緻趨之若鶩，於是產生了無趣、臃腫、油膩的烹調，在這個渴望更加歐洲化的國家流行起來。」[2] 這本書連續發行了幾種版本，賣給整整一代充滿熱望的新式家庭主婦，其譯本也傳播到世界各地。正如阿格萊阿・克瑞墨茲所指出的，特賽勒門特斯有幾道最正宗的希臘食譜，都來自他的錫夫諾斯島傳承，包括蜂蜜乳酪酥皮糕點「skaltsounia」。但永垂不朽的是他的穆薩卡——茄子肉醬千層派，這道菜的歷史複雜，名稱來自阿拉伯語 musaqqā，意思是「濕潤的」，阿拉伯研究專家查爾斯・培利（Charles Perry，一九四一－）解釋，「指的是番茄汁液」。在中東這是一道烤茄子冷盤，淋著濃郁的番茄醬汁，而希臘人把這種東西叫做假穆薩卡，只有在齋日才吃。在土耳其，它變成茄子片和肉做成的砂鍋菜；如果當初特賽勒門特斯沒有在上面加白醬（béchamel），它在希臘也會是。[3]

現代作家與大廚

　　希臘裔美國學者阿爾特彌斯・勒翁提斯（Artemis Leontis）在《希臘文化與習俗》（*Culture and Customs of Greece*）中對特賽勒門特斯給以正面描述：他是「定義希臘國族烹調的推動力之一」，「消除了即興變化與異國情調」，「藉由添加法國烹飪技術，創造了一套可重複的食譜，將食譜『升級』。」但這裡強調的「升級」，其實頗煞風景；勒翁提斯繼續說，從一九八〇年代開始，希臘人注意到小亞細亞希臘裔難民的貢獻，他們使用「特賽勒門特斯力圖根除的一些異國『土耳其』香料」，可能由於這種意識，希臘人開始重視自己的本地飲食傳統，這些傳統在過去已經逐漸遭到遺忘。與此同時，新的飲食專家開始成名。「他們對烹飪的人種學研究方法，讓希臘人利用基本的新鮮當季原料、久經考驗的技術、本身的創造力，對於自己能夠做出的事物，更有想像力」，最終消解了特賽勒門特斯的大部分影響。[4] 現在在希臘的餐館裡，食物可能比北方和西方的大多數國家更好、更新鮮，希臘餐飲業者開始為此一事實感到自豪；即使在雅

典，這些菜餚也經常洩露出它們的地區起源，也許在雅典尤其如此，因為正如英國學者詹姆斯・佩提弗（James Pettifer，一九四九－）所寫的，「雅典是一座異鄉人的城市……。希臘人的最終忠誠是對出生地的忠誠，即使它是愛琴海中一座荒涼崎嶇的小島，或者色薩利的某個貧困山村。」他接著說，這些連結如果現在變得更堅牢了，那是因為現代雅典反覆遭受貧困與饑荒，兩次世界大戰期間都出現了營養不良和餓死的情況，與農村仍有聯繫的人比較幸運，也許還保留了可以種植糧食的土地。[5] 難怪一些曾遭棄置的梯田現在復耕了。

克莉索拉的茄子肉醬千層派穆薩卡

五個中型或大型茄子
鹽、橄欖油

餡料：
橄欖油一百五十毫升
一個大洋蔥，切碎
牛絞肉半公斤
肥的豬絞肉半公斤
不甜的紅酒一百五十毫升
一大匙番茄糊，或者一公斤攪碎的新鮮番茄
滿滿一小匙肉桂粉
肉豆蔻，最多四分之一個，使用時現磨
一個胡蘿蔔，使用時稍微磨碎（可省略，但可以平衡番茄的酸味）
磨碎的乳酪五十五公克——克法洛提里（kefalotyri）、熟成的切達、格呂耶爾（Gruyère）均可
鹽與胡椒

雅典可能是出版與傳播的大都市，永遠是吸引作家與名人的磁石。但是特賽勒門特斯的未來接班人，即今天的飲食作家與代表人物，如果失去了與各地區、僑居地、與外界世界的連結，就會匱乏得多。

在眾多的代表人物中，有兩位餐廳大廚樹立了典範。勒弗特里斯・拉扎魯（Lefteris Lazarou）以自己的海鮮烹調為榮，可謂實至名歸。

他頌揚愛琴海鹽的特質賦予本地魚類無與倫比的滋味。他和他父親一樣，習藝成為船上廚師，在這一行幹了二十二年之後，他決定開一家「不移動的」餐廳。他在家鄉比雷埃夫斯開設了瓦魯爾科餐廳（Varoulko），並

白醬：

全脂牛奶一公升半

低筋麵粉一百四十公克

稍微磨碎的乳酪五十公克，克法洛提里（kefalotyri）或熟成的切達、滿滿一大匙無鹽奶油

四分之一個肉豆蔻，使用時現磨

蛋三個，稍微打散

裝進烤盤時用：

一點奶油

磨碎的乳酪

細麵包屑

首先準備茄子：將茄子去掉頭尾，縱向切成一公分厚的條狀。放在濾器中，撒上鹽（這些鹽最後會洗掉）。用碟子壓住，利於瀝乾水分，放置一晚。

用廚房紙巾拍乾茄子。以熱橄欖油煎然後瀝乾油，或者（像克莉索拉一樣）在錫箔紙上鋪開茄子，刷上油，放進非常熱的烤箱中烘烤。翻面，到了烤透但是質地依然堅實、沒有變形的時候，將其取出。靜置一旁，準備肉餡（這個時候可以將其放

涼，包好，然後冷凍，以備冬天沒有新鮮美味的茄子時製作穆薩卡）。

在一口大的醬汁鍋中熱油，以中火把洋蔥炒上幾分鐘，炒至軟但尚未上色。加入絞肉繼續炒，直到稍微呈褐色，倒入紅酒，煮五分鐘。在夏天，如果你有滋味鮮美的番茄，可以將一公斤成熟但是堅實的番茄絞碎，稍微過濾，加入絞肉中。在冬天，可以用一大匙好的番茄糊加上三百三十五至四百五十毫升水代替，以彌補缺少的番茄汁。無論用哪一種，加進去之後再煮五分鐘，撒上肉桂粉，肉豆蔻現磨並撒上。加上胡椒一起煮，吸入香味。這個時候將胡蘿蔔稍微磨碎，加進去。小火煮三十至四十五分鐘。

這個醬不要完全煮透，因為還要在烤箱中烘烤，但是也不能殘留過多水分，變成一道拖泥帶水的菜（醬可以煮久一點，就成了典型的希臘肉醬，可搭配義大利麵條，或者當作碎肉通心粉派餅的餡料）。

煮好的時候加上適量的鹽，克莉索拉提醒，如果過早加鹽，肉會「卡住」，也就是變老。然後將鍋離火，加上磨碎的乳酪攪拌，這樣會增加鹽分，但也增加了滋味的深度。

白醬可以在燉肉醬的時候準備。在大煎鍋中，以中火開始加熱牛奶。加入麵粉、乳酪、奶油、肉豆蔻、適量胡椒與鹽。繼續煮，偶爾攪拌一下，此時肉醬在冒泡。白醬最後會開始變稠，達到濃稠的重乳脂鮮奶油（double cream）的濃度時，就離火。讓白醬冷卻幾分鐘，加入蛋液（這樣可以「固定」白醬，在第二天更容易整齊切片）。

現在把這道菜組合起來。直徑四十公分的圓盤，或大長方形烤盤，塗上一點奶油，在底部鋪上一層茄子。撒上一小把乳酪，再鋪上薄薄一層肉醬。如此重複一兩次，直到用完所有材

料。如果肉醬比較濕──在夏天使用新鮮番茄時可能如此──就在肉醬上撒上一小把細麵包屑，以吸收多餘的水分。有些酒館會加進更多麵包屑，當作肉醬的便宜替代品，但這種作法是有傳統基礎的，尤其是在肉類稀少（即使是節日菜餚）的小島。最後以調羹淋上白醬，如果直接澆上，可能破壞精細的堆疊構造。再加上一把碎乳酪與麵包屑。將這道壯觀的菜餚以兩百度烤一小時左右，待出現泡泡並且上色即可，聞起來很香。

　　在典型的希臘世界裡，這道菜必須冷卻到溫暖的室溫，更好的是等到第二天才吃。搭配簡單的萵苣與芝麻菜沙拉、幾塊克法洛提里或熟成的切達乳酪、還有麵包。

克莉索拉的穆薩卡。

且一直擔任希臘版《廚神當道》（*Masterchef*）評審以及美國烹飪學院的客座指導。他為希臘烹調贏得了第一顆米其林評星。

克里斯多弗洛斯・佩斯基亞斯（Christoforos Peskias）出身最古老的希臘僑民群體，即賽普勒斯人。他在波士頓留學，在雅典附近的克菲希亞（Kephisia）擔任大廚，然後在芝加哥習藝，最終回到雅典開設一家餐廳，（因為沒有更好的名字）他名之為 π box。「我們吃什麼，我們就是什麼。」（We eat what we are.）他說得很有哲理，並且宣稱要利用被解構的希臘烹飪經典。[6]

伊利亞斯・馬馬拉基斯（Ilias Mamalakis）是雅典人。他並不是餐廳大廚（不過一直是餐廳顧問），而是作家、廣播電視名人、遊戲節目主持人、希臘版《廚神當道》評審。他熱愛乳酪，是慢食主義者，而且是法國美食學者——這是一項不小的成就。

薇弗・阿列克薩杜（Vefa Alexiadou）是所有名人之中的元老，一家英國報紙將她比擬為「希臘的達莉亞・史密斯（Delia Smith）4」。她出生於色薩利的沃洛斯（Volo），憑藉電視系列節目獲得了經典地位，該節目以食譜競賽的形式，收集來自全國各地數千種傳統菜餚；「有些人甚至把他們祖母的手稿寄給我。」[7]薇弗的女兒阿列克薩（Alexia）出生在塞薩洛尼基，是大廚暨烹飪作家，也是《新聞報》（*Ta Nea*）日報烹飪版的編輯，二〇一四年驟逝。

斯特里阿洛斯・帕爾里阿洛斯（Stelios Parliaros）也是一位重要人物。他出生在君士坦丁堡，具有僑民背景，在巴黎及里昂習藝，成為甜點廚師。他將自己的甜食稱為「甜蜜的煉金術」，最出名的是他的甜食食譜書。他也從事教學，並為《每日新聞報》（*Kathimerini*）及現已歇業的《出版自由》（*Eleftherotypia*）日報撰寫文章。黛安・科奇拉斯，在希臘是烹飪節目廚師，並在美國擔任顧問大廚。她是伊卡利亞島人，出生在紐約，現在定居伊卡利亞，在當地教授烹飪。

---

4 一九四一－。英國烹飪電視節目主講人、作家。

　　阿格萊阿‧克瑞墨茲曾留學倫敦，並為《出版自由》週日版撰稿，現在定居克阿島（Kea）並教授烹飪。有克里特島背景的飲食歷史學家瑪麗安娜‧卡夫魯拉基，是《論壇報》（To Vima）週報的烹飪版編輯，並舉辦希臘美食的研討會。琳達‧馬克里斯（Linda Makris）、黛安娜‧法爾‧路易（Diana Farr Louis）都是美國人，與希臘人和希臘結了婚；馬克里斯曾為《每日新聞報》英文版撰稿，路易曾為已停刊的《雅典新聞報》（Athens News）撰稿，並與人合著標題巧妙的《普洛斯彼羅的廚房》（Prospero's Kitchen）[5]，講述愛奧尼亞群島的烹飪。

做一頓飯

　　畢竟長久以來，希臘一直是旅人的目的地。古羅馬人來到雅典學習哲學與修辭學，並精進希臘語。聖維利巴爾德這樣的中世紀背包客，以及西蒙‧塞蒙尼斯這樣的經濟艙朝聖者，在希臘的道路上風塵僕僕，或者在希臘的港口上岸，前往聖地。十字軍取道希臘，其中有些人在此停留太久了，不受歡迎。安科納的賽里亞克這樣的古物研究者在此尋找遺跡與銘文；皮耶‧貝隆這樣的博物學家在此發現了早已被遺忘的植物物種。所有人都對這裡的飲食有話要說，有褒有貶。

　　希臘飲食擁有極大的地理差異，這是必然的，因為希臘的地理環境獨特多樣；但是從歷史上看，此地人們的食物、備製食物的方式、享用食物的方式，都有著令人訝異的連續性。在前文中，我們已經大致看過考古學家能夠找到證據的史前希臘食物：從種子推斷出水果、蔬菜、及香草植物；從魚骨推斷出魚類（雖然這些很容易被遺漏，而且在較早的發掘中很少發現）；從貝殼推斷出介殼類，從獸骨推斷出肉類；還有麵包、乳酪、葡萄酒、橄欖油，只要其製作證據能夠識別。至於古典希臘，關於人們吃

5　普洛斯彼羅是莎士比亞《暴風雨》的主角米蘭公爵，遭兄弟安東尼奧背叛，與女兒米蘭達漂流海上，至地中海某無名島嶼。他曾於書中習得魔法，遂隱居該島，不為外人所知。據說該島為愛奧尼亞群島的科孚島，所以此處說「標題巧妙」。

多德威爾在薩洛納的一餐

　　一八〇五年，愛德華·多德威爾在希臘西北部旅行時，受薩洛納主教（Salona，古代的安菲薩）之邀，吃了一頓飯。他在《希臘的古典與地理之旅》（*Classical and Topographical Tour in Greece*，一八一九）完整描述了此一場景，並在《希臘風景》（*Views in Greece*，一八二一）加以描繪。以下可能是首次將其文字描述與繪圖同時刊出：

　　這真是太糟糕了！他過著原始基督徒的那種簡樸生活，除了米飯和劣質乳酪，沒有別的可吃；酒非常難喝，而且浸透了松脂，幾乎把我們的嘴唇都磨破了！但是我們有此機會看到希臘房子的內部，並觀察這個國家的一些風俗。在坐下吃飯之前與之後，必須進行 cheironiptron 儀式，也就是洗手：一名僕人以左臂托著一只錫盆，依次送到每個人面前，右手將錫罐裡的水倒在對方手上，他的肩上搭著一條毛巾，用來擦乾手。

　　我們在一張圓桌上用餐，桌子是銅鍍上錫，以一隻腳或曰柱子支撐。我們坐在放在地板的墊子上；我們的服裝不像希臘人那麼寬大方便，於是我們發現要把腿縮在身下，或者說要坐在腿上，非常困難，而他們做起來非常輕鬆靈活。有好幾次我差點往後倒、打翻主教的神聖桌子和上頭的所有好東西。主教堅持要我們的希臘僕人和我們坐在一起用餐；我說這有悖我們的習俗，他回答說，他不能忍受在他的家裡有這種荒謬的區別。我好不容易才獲得使用自己的杯子喝酒的特權，而不是用所有人共用的大高腳杯，這只杯子已經被主教及其他人的鬍子沾過了，因為希臘人和土耳其人吃飯都共用一只杯子。

　　飯後，分給每個人不加糖的濃咖啡，杯子並不是放在碟子裡，而是放在金屬套杯裡，這樣可以預防手指燙傷，因為咖啡端上來後要盡可能趁熱喝。[11]

這張圖中，可以看到多德威爾小心拿著自己的酒杯。旁邊是他的嚮導，凱法利尼亞島的安德里亞・卡塔尼博士（Dr. Andrea Cattani）；對面是他的僕人，他不希望與他同桌進食。一名希臘訪客正在向主教行禮。

愛德華・多德威爾在一八○五年與薩洛納主教進餐。

的東西，我們有當時寫下的文字證據。當他們泛泛言之，往往提到麵包、葡萄酒、肉和魚──提到肉是因為它是宴會主角，提到魚是因為在上頭花了錢，提到麵包和酒是因為總是有這兩樣，提到橄欖油是因為它很有用而且有價值。我們也許懷疑，與史前及古典時代的日常生活比起來，在考古與文本證據中，肉類的地位更顯著；偶爾有一些證據集中在窮人的生活方式，把我們的注意力引向水果、蔬菜、麵包，或許還有乳酪。

麵包、葡萄酒與橄欖油是必需品，蔬菜水果與乳酪常用來搭配，可能的話還有魚，但肉類就少得多，這些都與古典時代的記載相去不遠，近代

前往希臘的旅人也重新領略。一八九三年，伊莎貝爾・阿姆斯壯（Isabel Armstrong）在回憶錄《兩位漫遊的英國女子在希臘》（*Two Roving Englishwomen in Greece*）中寫道：「葡萄酒與麵包似乎是此地人民的主食。」

　　她與同伴在希臘大陸旅行，因此很少看到魚，但他們發現，幾乎所有種類的肉都必須提前預訂，「但旅人通常不會在一個地方停留那麼長的時間，足以受惠於一頭待宰的羔羊。」她也注意到，雞蛋是奢侈品；咖啡也是，如果她們是男人，可能更容易喝到咖啡，因為這樣就能進入咖啡館（kafenia）。都有些什麼肉呢？「我們進入色薩利之前，我不記得在希臘見過哪怕一頭牛，但是有許多綿羊山羊，所以有奶與乳酪，奶油是奢侈品，我們只在帕特拉斯、雅典和沃洛斯品嘗過。」[8]這兩位英國女士遊歷時，希臘還沒有延伸到色薩利以北，馬其頓與色雷斯還是鄂圖曼的兩個省，一名日後被尊稱為阿塔圖克的十歲男孩還在長大，住在塞薩洛尼基。這片北部地區大部分在一九一三年併入希臘，肉類，尤其牛肉，在當地膳食中較常見。奶油也是如此，基本取代了橄欖油，而橄欖油是希臘南部的日常必需品。希臘各地都很常見的酥皮千層麵團派餅，以北部做得最好，這也就不奇怪了。北部的肉餡派餅也比其他地方多，因為即使在農民飼養大量牛群和羊群的地方，肉類也不可能便宜，而派餅可以讓碎肉大有用武之地。

　　近代在希臘的旅人無論傍晚下榻何處，對於一頓豐盛的午餐都沒有什麼期待。一八〇五年左右，有人建議愛爾蘭畫家愛德華・多德威爾（Edward Dodwell）隨身攜帶食物，因為如果他在村落停留研究廢墟與碑文，除了麵包與乳酪，他會找不到東西吃。因此他的隊伍帶上了咖啡、茶、糖、葡萄乾、無花果、橄欖、魚子醬、哈爾瓦酥糖；對於買不起魚子醬或者不願意在長途跋涉中攜帶魚子醬的人，他推薦鹽醃灰鯔魚子，這種食品本身並不便宜，但在希臘西北部可能比魚子醬更容易買到。他對橄欖的描述很恰當：「極好的食品，肉類的良好替代品」；魚子醬及鹽醃灰鯔魚子應該也是如此。他認為哈爾瓦酥糖（他稱為 kalbaz）可以代替奶油，這的確也是一種方式。多德威爾覺得讀者可能要問，為什麼他的補給品不包括乳酪，他解釋道：「這些乳酪是以山羊奶或綿羊奶做的，而且非常鹹，不

符合我們的口味。」他對希臘葡萄酒也感到不滿：「經常帶松脂味，而且刺激，所以我們不得不以拉克酒代替，這是一種烈酒，以壓榨機取出的葡萄藤釀造而成。」這顯然是喝拉克酒的好理由了。[9]

多德威爾預料在旅途上能找到麵包，因此一個也沒帶。里克沒有帶任何食物，他在拉科尼亞某個村莊要了一些做午餐的材料，得到雞蛋、葡萄酒、小麥麵包，然而他的希臘嚮導將就著吃「昨天的冷豆粥，已經是一塊固體，切成片，加上鹽和醋」。[10] 但如果沒有村落怎麼辦？皮耶·貝隆在一五五〇年左右造訪阿托斯山，由一位年輕僧侶帶領他前往每一座修道院。有一次他們在翻山越領時錯過了路，他們沒有攜帶食物，最終因為太晚而無法在當晚抵達目的地。但他們來到一條盛產淡水蟹的小溪，嚮導「生吃了螃蟹，並向我保證生吃比熟食好，我們跟他一起吃了，我不記得從前嘗過如此鮮美可口的肉，無論是因為我們十分飢餓，還是因為這種食物對我們來說是如此新奇。」[12]

多德威爾列出的這些食品當作營養的點心是有道理的，但給人奢侈的感覺。這與桑·費爾定在克里特島西部享用的即興午餐形成鮮明對比；當時是在薩馬利亞峽谷攀爬了數小時之後，吃的是乳酪、生洋蔥、大麥硬麵包（paximadia，「自家烘焙的大麥餅，有令人滿足的堅果味，但是太硬了，必須浸泡在水中才能吃。」）。[13] 費爾定的旅行比多德威爾晚了大約一百三十年，他倚賴希臘同伴知道要帶哪些食物，而且不必花錢。

大約在同一時期，派翠克·李·費摩爾也是如此。這是德國占領下克里特島某個山洞裡的典型晚餐：豆子、扁豆、蝸牛和香草植物同燉，大家從一只錫盤中各自以調羹取食，配上「那種兩次烘焙的牧民麵包，必須以水或者山羊奶浸過才能吃」（指大麥硬麵包）。李·費摩爾和戰友用匕首挑著山羊乳酪，在火上烤，喝著從下面村落送來的一瓶瓶拉克酒。[14]

吃一頓飯

如果受邀去吃飯呢？若是在修道院，直到晚近都會經常遇到下述情

況，愛德華・李爾寫道：「最糟糕的是食物與骯髒。」他平靜地隱居在科孚島，然而決定造訪並畫下阿托斯山的修道院。他並不怎麼欣賞那些「嚼著魚肉和橘子醬」的僧侶，不過以上都是他私人信件的內容。[15] 在出版的記載中，造訪希臘修道院的旅人都對接待與食物表示滿意，儘管這些通常都很簡樸。里克在鵪鶉港聖母修道院（the Virgin of Porto delle Quaglie）享用了「迄今為止我在馬涅半島遇到的最宜人的住宿」，以及一頓非常健康的晚餐：

在東側，一股泉水從坡邊流下，落在山邊幾塊菜園梯田上，上面種著橄欖、胡蘿蔔、柏樹，夾雜著幾棵柳橙樹。菜園為我提供了晚餐沙拉，並為修道院的倉庫提供最好的馬涅蜂蜜。

伊維隆修道院（Iviron，意為「高加索伊比利亞人的」[6]，來自現在的喬治亞共和國）的廚房菜園。阿托斯的修道院菜園自從一七四四年瓦西里・巴爾斯基畫下來之後，幾乎沒有變化。

6　伊比利亞，Ἰβηρία，希臘羅馬時代對於高加索的卡特里（Kartli）王國（前三〇二－五八〇）的稱呼，位於今天喬治亞共和國東部。該修道院創始人約翰來自該地。

Hamades 是完全成熟時收集的橄欖，通常已經從樹上自行掉落或者即將掉落，用鹽保存，從前是每一位旅人都注意到的修道院主食。

里克的希臘嚮導們稍早已經吃了一頓熱食，所以這頓吃的是豆子湯和鹹橄欖。[16] 以下還會再提到這種橄欖。

　　一六八二年，喬治・惠勒注意到修道院的早餐「有麵包、蜂蜜、橄欖、好的葡萄酒和 aqua vitae（水果白蘭地）」（即後來的作家所說的拉克酒，這裡是早期的記載），修道院長允許自己在晨禱之後，與客人在「類似酒庫的地方」一起享用。這是在波奧提亞地區的利瓦提亞（Livadia）附近。後來惠勒與住在赫利孔山（Helikon）[7] 下的三位隱士一起吃飯。他們通常的食物是麵包與香草植物，喝的是水，而且即使是這些，一週也只有四天可以享用。在節日，其中一位隱士、即惠勒的東道主，可能吃一點蜂蜜；只有領聖餐時才會嚐一點葡萄酒。另外兩位鄰居有一處菜園，「種滿豆子與豌豆，還有一處在菜園旁邊，養了四五百隻蜜蜂。」惠勒享用了「一盤美味的白色蜂巢，搭配麵包與橄欖，以及非常好的葡萄酒」，用餐時「比歐洲最豪華的宴會更使我們滿足」。[17]

　　皮耶・貝隆參觀了阿托斯山的幾座修道院，並應邀參加了大齋晚餐。修道院院長「給我們準備了芝麻菜、芹菜、韭蔥頭、小黃瓜、洋蔥和美味的綠色小蒜苗。我們生吃這些植物，沒有油和醋。這是他們的日常飲食」。貝隆說。但他們還提供他醃黑橄欖、餅乾（是 paximadia，不是麵包，因為齋期沒有生火烘烤）和葡萄酒。

7　在希臘玻俄提亞的特斯皮埃地區（Thespiae），海拔高一七四九公尺（五七三八英尺），位於科帕伊斯湖（Kopais）和科林斯灣之間，一年中大部分時間被積雪覆蓋。公元前八世紀的希臘詩人赫西俄德的故居就在這裡。

在齋戒期間，他們可以吃各種螃蟹、海鞘和介殼類，如淡菜與牡蠣……他們一向以生洋蔥和大蒜開始一餐；主菜是鹹橄欖和浸水的蠶豆，最後是芝麻菜和水芹（cress）……選擇這樣生活的不只有僧侶，希臘的神父與教會其他人士，還有普通人，也是如此；他們在齋戒期間不吃帶血的魚、肉，以及其他不合適的食物，即使他們可能因缺少進食而死亡。[18]

貝隆提到的海鞘將在稍後解釋。修道院的橄欖是實際上的主食，就像在這些記載中一樣。貝隆在其他地方還寫道，醃橄欖是最常食用的，這些橄欖與法國人熟悉的那些完全不同，是「黑色、成熟的，保存時沒有醬汁，就像李子乾」。[19]一百二十五年之後，惠勒的敘述也與此一致：醃橄欖是大齋的主食，「不像其他地方那樣還是青澀的時候就醃製，而是完全成熟並且充滿油。他們加上醋一起吃，非常營養健康，對胃相當有益。」[20]又過了一百二十五年，多德威爾寫道：「橄欖成熟時會變黑，從樹上掉下來，這樣就可以和麵包與鹽一起吃了，不需要任何處理。」[21]這些橄欖就像蔬菜與香草植物一樣，產自修道院的共用廚房菜園，貝隆還說，有些僧侶也有自己的小菜園。俄羅斯僧侶瓦西里・巴爾斯基在一七二五年及一七四四年造訪阿托斯山，以素描畫下當地修道院，他特別仔細描繪了這些廚房菜園和正在園中工作的僧侶。貝隆觀察到，修道院園丁種植的穀物不多，他們有葡萄樹、橄欖樹、無花果、洋蔥、大蒜、蠶豆、蔬菜，並且以多餘的產出與運來小麥的水手以物易物。他們還採集香楊梅（bayberry），用以榨油，送往巴爾幹地區銷售。[22]貝隆觀察到，由於完全不允許吃肉，他們不養家畜，甚至不抓野禽，但有些僧侶以海釣來打發時間；果然巴爾斯基描繪過埃斯菲格墨努修道院（Esphigmenou）的一名僧侶用魚竿釣魚，還有一名在小船上用魚叉捕捉章魚。[23]

有幾位作家對修道院地窖中存放葡萄酒的巨大木桶印象深刻。阿斯托山伊維隆修道院的司事伊阿科博斯（Iakobos）正好有空，帶領安科納的賽里亞克參觀了該修道院的地窖：

伊維隆修道院的院長，喬治亞人格拉斯摩斯（Gerasimos）正在對土耳其人進行外交任務，因此不在院中，於是司事向我展示了修道院中的所有重要財產，包括三個巨大的古老酒桶，我們測量了他給我們看的第一個，裡面裝滿了酒，長二十英尺，直徑十英尺。[24]

惠勒也有類似的經歷：不過與地窖有關的不是修道院長，而是一位擔任翻譯的僧侶，「一位年輕的神父，義大利語說得很好，是贊特島人」（扎金索斯島），帶他去看葡萄酒與橄欖油的倉庫。「他們將其保存在我所見過最長的木桶裡，我測量了其中幾個，將近二十英尺長。」[25] 里克參觀的是卡拉夫律塔（Kalavryta）附近大洞窟修道院（Megaspelio）[8]的酒窖，厚牆與夏天裡岩石上潺潺水流將其降溫，不過更讓他印象深刻的是木桶裡淡而無味的稀釋紅酒。[26]

雖然在阿托斯沒有肉，其他地方的僧侶也不允許吃肉，但一些修道院的客人還是幸運地得到了一些肉。惠勒說，他們受到了最豐盛的基督教式的歡迎：為他們一行人宰了一頭綿羊羔，晚飯有米飯、雞、很好的橄欖、乳酪、麵包、葡萄酒。[27] 至於那兩位漫遊的英國女子，參觀了位於梅提歐拉（Meteora）[9]的聖瓦西里修道院（St Basil），也總算受惠於一頭已宰的羔羊，並被鼓勵一起吃羊頭上的鮮美碎肉；其中一位女士，（我相信）比後來經歷過類似場合的派翠克・李・費摩爾更勇敢，她接受了最尊貴的部位———一顆羊眼球。菜單上還有米飯、醃包心菜、酸奶、乳酪。修道院長自己沒有取食肉類，但其他人從自己堆滿肉的盤子裡舀起肉放到他的盤子上，他並沒有反對。[28]

所以，受邀去吃飯是件好事，即使主人受到宗教限制，對自己不能像對待客人那樣慷慨。在邏輯上與現實中，更好的是被邀請回家，對於希臘

---

8 卡拉夫律塔在阿卡伊亞地區（Achaea，在《聖經》及十字軍歷史中譯為亞該亞），該地區位於伯羅奔尼撒西北部。修道院名 Μέγα Σπήλαιο/Mega Spilaio。
9 修道院群，地位僅次於阿托斯山，位於希臘中部色薩利平原西北。

一家 xenodochion（客棧）與其競爭對手奧林匹亞旅館的素描，約一八九○年，出自伊莎貝爾·阿姆斯壯的《兩位漫遊的英國女子在希臘》。她與伊迪絲·潘恩（Edith Payne）在這家旅館第一次見到酸奶（「非常酸的凝塊鮮奶油」）。

食物是否可口這個一般性問題，勞倫斯·杜瑞爾的微妙回答就是以此為出發點。如果真正的問題是希臘人在家吃什麼，那麼他絲毫沒有疑慮：他們吃得好，他們選擇得好，料理做得好。受邀到私人住宅或參加某些家庭慶典時，食品的種類與美味會令人感到震驚。但這需要許多準備，杜瑞爾補充道：「在幕後，奶奶的身影籠罩一切，她從清晨四點就開始為宴會忙碌。」最美味、最多樣的食品往往是在一頓希臘大餐開始的時候出現的，這些食品的分量小，單獨盛盤，很快地接連上菜，稱為 mezedes，可說是「開胃菜」；杜瑞爾還說，既然人們可能是在戶外葡萄架下享用食物，這種情況就在情理之中了。[29] 希臘的進餐規矩中，主菜也以同樣的方式與類似的多樣性，一道又一道上菜，非常符合中國人的習慣，但完全不同於法國人及英國人；法國人偏好的是按著順序上菜，每道菜之間有很長的間隔，英國人喜歡的則是急匆匆的一連串，盡快吃完，換下一道。一頓好的希臘餐是由一群人分享——理想情況下，人數要比阿爾克斯拉托斯認為的頂多三五人來得多——而且需要很長的時間。

　　希臘美食的前提是愉快的心情，在餐廳用餐，獲得的樂趣取決於複雜的協商：這裡有什麼食物、廚師可以用它做什麼、用餐者帶了什麼東西

科斯塔斯・普瑞卡斯（Kostas Prekas）在錫羅斯島的店鋪，有來自全希臘的各種傳統物產，名氣遠揚島外。他出售自己做的日曬番茄、鹽醃續隨子，以及其他果醬與蜜餞。

來、餐廳能夠給用餐者什麼東西。不過這場協商也可能注定失敗：韓福瑞・基托宣稱，「在此地鄉下不可能弄到一個像樣的白煮蛋，因為根本沒有人知道三又四分之一分鐘到底是什麼。」[30] 他說的可能是對的，但是如果他不介意這一點，反而會更好。同樣地，杜瑞爾因為食物連溫熱都算不上而失去了幽默感；費爾定也注定永遠無法習慣克里特島的農村烹調，他承認，如果食物是熱的，那還可以忍受，「但從來都不是」[31]；李・費摩爾講了一個故事，有一次他點了煎蛋和薯條，然後等了半個小時，因為在

做好之後，還要冷卻。「熱的食物不好，」咖啡館老闆告訴他，「會讓人生病。」[32]

由於好的希臘飲食取決於地點與季節——而且要碰運氣——好的餐廳並不穩定。「晚餐永遠是驚喜，」漫遊的兩位英國女士發現，「一頓飯從三道菜到六道菜不等。」[33] 她倆很幸運。基托在特薩科尼亞時，有時只有一道菜：「今天沒什麼吃的。你要煎蛋捲嗎？」[34]

滿足是一門學問，而且很容易學會。基托在遊歷特薩科尼亞之後不久就學會了，那天他「在一家肉店附設的館子裡，找到第二份早餐……一大盤炸肝和番茄。」[35]「你很快就能克服起頭難」（勞倫斯·杜瑞爾這句話彷彿在回應基托），「並且沉浸在認命的情緒中，平靜接受任何事物的到來——而很多真正的好事都會到來。」[36] 杜瑞爾在這裡舉出一些最好的東西：伊德拉島的龍蝦或螯蝦、科孚島的辣醬煎小牛肉（見第二○六頁的食譜）、羅德島的 soutzoukakia（串烤內臟）。平心靜氣接受到來的一切，也就是準備好等待那些偉大菜餚碰巧自行現身，同時在肉店裡享受炸肝。從某種意義上來說，那兩位英國女士在奧林匹亞旅館的第一天晚上就做到了這一點，「結果晚餐比我們預料的好得多」：

湯很濃郁——我們認為好極了——但是無法否認，這道湯在洶湧的海上會有很好的舒緩效果。然後是切成各種奇形怪狀的羊羔肉塊，根據各人需要上菜；接著是肉排，這就解釋了之前的肉塊從何而來了。最後是非常酸的凝塊鮮奶油，以及柳橙，就結束了這頓飯。這裡的松脂葡萄酒，無論是紅的還是白的，都很好喝，不甜，而且非常有益健康。[37]

費利克斯·法貝爾也正是做到了這一點。現在我們回到十五世紀，回到克里特島的坎迪亞（赫拉克勒翁〔Heraklion〕）[10]，某天傍晚，他與一群五花八門的日耳曼朝聖者乘船抵達此地，這些人包括「貴族、神父、僧

10　克里特島最大城，位於北部海岸中點，克諾索斯遺址，即米諾斯宮殿，位於其東南五點五公里處。

侶」，正在前往聖地：

　　我們沒有找到客棧，只找到一家妓院，在此我很遺憾地說，那是一名日耳曼女人經營的……我們一進去，她就清掃了房子，把所有房間給我們使用。她是個彬彬有禮、恭敬謹慎的女人，我們需要的東西，她都弄來了許多。我們還吃了一頓豐盛的晚餐，喝的是克里特葡萄酒，就是我們所稱的馬爾姆塞酒。那天我們還吃了許多成熟的葡萄，黑的白的都有。[38]

　　杜瑞爾還提供了一則有用的提示：「無論身在何處，都必須努力，才能找到合乎自己口味的餐廳。」[39] 在法貝爾之後四百五十年，也就是在杜瑞爾寫下這句話之前四十年，費爾定在克里特島西端的哈尼亞致力於這項任務，最終選定了一家無名的海港小酒館：

　　這裡沒有菜單，人們只要掀開在炭火上冒著熱氣的銅鍋蓋子，就可以切實看到正在煮的是什麼。食物有時非常好，但總是很樸實：番茄橄欖燉小章魚；用同樣方式烹煮的乳豬；鱈魚排佐大蒜醬（skordalia），這種醬相當於普羅旺斯的大蒜醬（aioli）；烤小牛排，或者烤紅鯔魚；有時只有湯，扁豆或者鷹嘴豆，或者豆子加上……我最喜歡的「火山」沙拉。[40]

原料：水果與蔬菜

　　水果是希臘詩歌中最早提及的食物，即使在今天，水果也是詩歌的要素。我們已經看到，《奧德賽》描述了法伊阿基亞（Phaiakia）—虛構的科孚島上的果園，裡面有六種水果。[41] 中世紀文學中，大主教歐斯塔提奧斯在歡迎法蘭西公主阿涅絲（Agnès）[11]的演講中，將利用聯姻以鞏固拜占庭防禦的皇帝曼努埃爾（Manuel）比喻為果園主人，他從北方、南方、東方和西方帶來年幼的果樹，種植在君士坦丁堡。在現代馬涅半島記錄的一首

---

11 一一七一一一二二○。法蘭西國王路易七世之女，一一七九年抵達君士坦丁堡，一一八○年與王子阿歷克塞（曼努埃爾一世之子，阿歷克塞二世，一一六九一一一八三）成婚，改名安娜 Anna。

輓歌也採用了同樣的意象：

> 死神打算開闢一座果園。
> 他開挖整地，好把樹種下。
> 他種下的檸檬是少女，翠柏是青年，
> 他把玫瑰種滿園，那是年幼的孩子，
> 老人是那一圈樹牆，圍繞著他的果園。[42]

　　如今希臘的果園已經變得更多樣。橄欖、葡萄與無花果在幾千年前就已經開始種植了，在史前時代的末期，又加上《奧德賽》提到的蘋果、梨與石榴，還有李子、榲桲與核桃。古典時代加入了櫻桃、桃子、杏子、阿月渾子與香櫞。然後是檸檬、苦橙與甜橙，最近的則是奇異果。他們都在希臘飲食中找到了自己的一席之地，比如檸檬，現在很難想像希臘飲食中沒有檸檬會是什麼樣。然而，希臘最早的居民所知道的野生水果種類，其中一些偶爾有人栽種，有些則從未種植過，不過在森林裡還能找到，其中一種就是草莓樹（strawberry tree，又稱漿果鵑〔arbutus〕）。

　　里克在伯羅奔尼撒的荒野

香櫞（Citrusmedica）並不好看，也不好吃，但是氣味芬芳。這是最早抵達地中海地區的柑橘類，就在亞歷山大大帝的時代之後。目前希臘仍種植香櫞，並且為島嶼產利口酒 kitron Naxou[12] 提供了獨特的味道。

---

12 納克索斯島產，以香櫞果實及葉萃取精油，加上酒精，然後加上水、糖等蒸餾而成。

中注意到這種樹，杜瑞爾在科孚島聽見人們討論這種果實的奇怪特性，於是他在《普洛斯彼羅的廚房》引用友人西奧多・史蒂芬尼德斯（Theodore Stephanides）的話：「你是否注意到，漿果鵑的果實也會令人醺醺然？」[43] 史蒂芬尼德斯是生物學家、放射科學家，也是詩人，很久以後他出版了對希臘自然歷史及希臘食物的個人觀察，並且引經據典，為這則出人意料的推斷加以論述：

在九月和十月，漿果鵑──有時也稱為草莓樹──結滿了一簇簇橙紅色果實，每個果實都有大櫻桃那麼大，可以做成美味的果醬，有細膩的草莓香味。如果空腹生吃，會產生一種類似醉酒的陶醉感。第一次世界大戰期間，在馬其頓前線，我曾見過由大約五十人組成的工作小組，因為這種作用而淪為可笑的醉漢。[44]

在人工栽培的水果中，葡萄身為葡萄酒的來源，永遠不會遭到遺忘，

草莓樹，或稱漿果鵑，學名 *Arbutusunedo*。十月裡能見到這些小白花、未熟的果實，以及成熟的紅色果實。

納克索斯沙拉及希臘沙拉

「我們沿著一條激流前進，頭上是懸鈴木樹蔭，到處都是夾竹桃；進入阿爾卡狄亞一處谷地，這裡有兩座村莊，我們的目的地是其中較大的那個村，名為梅蘭斯（Melanes），在東邊半個小時路程的地方。我們繼續沿著水道前進，偶爾有水池，以及許多懸鈴木。我們越過一處露出的白色大理石岩層，到達村子。它在峽谷南側，而遠近馳名的 peribolia（蔬果園）則在另一側，那也是我們這趟炎熱旅程的起因……我的嚮導故意帶偏了路，好讓我花錢去參觀他的家，因為村裡的咖啡館及漂亮的女掌櫃卡利歐佩，似乎都是他家的。但是在炎熱的中午，更糟糕的地方實在太多了；這裡有涼爽的樹蔭、新鮮雞蛋、好麵包、入口即化的無花果、美味的葡萄，還有納克索斯葡萄酒……。在這場盛宴之外，再加上上好的土耳其咖啡，還有小睡一段午覺，所以我已經準備好原諒這個年輕的無賴了。」

以上出自美國人 J・爾文・馬納特（J. Irving Manatt）的著作《愛琴海的日子》（*Aegean Days*，一九一四），他住在安德羅斯島（Andros），當時造訪鄰近的納克索斯島。一百年後的今天，那些「遠近馳名的 peribolia」幾乎沒有變化，依然被精心打理著，而梅蘭斯也依然是吃午飯的好地方。十一月初，我們在納克索斯步行了一段漫長炎熱，但極為滿意的旅程，從鬱鬱蔥蔥、點綴著水車的梯田河谷，走到橄欖林中一條陡峭的驢道；接著是一處嶙峋的山口，通向一座古老而未完的成青年雕像，它已經斷裂，頹圮在兩千五百年前遭棄置的地點，最後抵達隱蔽的古代水渠入口。然後就是馬納特寫到的蔬果園，陡峭的梯田分布在河谷的另一側，蜿蜒曲折，沒有一條路可以輕鬆往下走或者越過溪流。一旦越過了，就有更多果園與菜園，最後就是梅蘭斯村，以及酒館吉奧爾戈斯（O Giorgos）。我們吃了鮮甜的黃瓜，是他們自己種的，當季頭一批，滿滿一盤，去皮，切成

兩個歐元硬幣的厚度；還有 anthotyro，也是他們自己的，從羊奶表面撇下來的新鮮白色乳酪，這種真正富含鮮奶油的羊奶，只有在初秋雨水催生出鮮綠嫩芽給山羊取食之後，才有可能產出；乳酪淋上油，和麵包一起吃。

　　無數菜單上的經典「希臘沙拉」，是番茄、小黃瓜、洋蔥、青椒、費塔乳酪、橄欖、牛至。但希臘沙拉豐富多樣，是上好材料的合理組合，輕輕加上少量醬汁，與大量鄉村麵包或者酸麵團麵包一起吃。英國小說家約翰・符傲思（John Fowles，一九二六─二○○五）提出建議：「我們在廊下吃午餐，簡單的希臘餐，是羊奶乳酪與青椒沙拉加雞蛋。」[48]番茄是許多種沙拉的基礎，但品質必須上等；從七月底至十月，番茄的風味變化非凡，可能是酸的、甜的，甚至讓人聯想起草莓。隨意添加紅洋蔥、小黃瓜、續隨子、青椒、紅椒、白色鹹味乳酪比如費塔或乳清乳酪米茲瑟拉（mizithra，即 myzithra）、嫩的馬齒莧、牛至等。

但我們可能忽略了食用當季新鮮葡萄的樂趣。為了向雅典供應食用葡萄，過去人們在附近的阿姆克洛佩皮（Ambelokipi）「葡萄園」種植葡萄，這個地方現在是市中心區，往返機場的人都知道這個地鐵站名。伯納・倫道夫曾在此地漫步於「非常宜人的菜園，提供各種水果與 saleting，周圍小徑環繞，上覆葡萄藤。」[45]在克里特島的哈尼亞以西，普拉塔尼亞斯村（Platanias）──意為「懸鈴木」──的河邊，曾經有大片遮蔭的懸鈴木，正是為了在葡萄季節過了之後，還能供應鮮食葡萄。一七四三年，理查・波卡克在此欣賞了這些樹：

　　它們長得很高，是最美的一片樹林；樹下長著葡萄藤，纏繞在樹上，任其自然生長，不加修剪；由於四周多蔭，葡萄成長較慢，直到季節過了

之後才成熟；葡萄掛在樹上，直到聖誕節，帶來非常可觀的收入。[46]

　　一八三七年，正是這些樹與葡萄藤，受到羅伯特・帕什利（Robert Pashley）的稱讚，當時「在法國和義大利都沒有這樣高大的，許多枝幹已經有成年人腰圍那麼粗」，「哈尼亞的訪客最值得一觀的景物」。一八六四年，帕什利最用心的讀者愛德華・李爾，沿著夜鶯繚繞、令人心曠神怡的綠色小徑來到這裡，但是他來得太晚了，葡萄藤已經死去，懸鈴木已無用處，砍伐殆盡了。[47]

　　在希臘關於慶典的敘述中，偶爾會提到水果，但蔬菜幾乎從來沒有提過。沒有人誇耀希臘的蔬菜，然而其重要性顯而易見，特別是在日常飲食中（肉類一直是奢侈品），對較貧窮的人而言尤其如此（肉和魚很貴），尤其是生活在鄉間的窮人，如果他們有空間和時間打理菜園的話。在一部古典時期的喜劇中，一位貧婦列舉出她生活中的主要食物，包括豆類、羽扇豆、蕪菁、黑眼豆及球莖（bolboi）。[49]古希臘人知道包心菜、萵苣、菊苣、蕪菁、甜菜；蠶豆、豌豆、扁豆、鷹嘴豆幾千年來一直為人所熟悉。

西瓜與費塔乳酪沙拉

兩人份：一大塊西瓜，約三百公克，去皮，果肉切成大塊
費塔乳酪一百五十公克，稍加捏碎，撒在西瓜上
黑胡椒
一點橄欖油及大量麵包

開吃，吐籽。
與西瓜更佳的搭配是 touloumisio，一種硬的羊奶乳酪，質地有如蜂巢，放在羊肚中熟成，但很難買到。

小麥與大麥短缺的時候，這些蔬菜甚至可能成為主食；但如果有麵包，豆類通常會當作主菜。據安科納的賽里亞克記載，在中世紀的拉科尼亞，「他們的食物是用大量的油調味的碎豆，麵包是用大麥做的。」[50] 即使是這樣的基本食物，也得依賴和平的環境與人工灌溉，正如里克觀察到的，他的希臘之旅發生在十九世紀初，正是希臘從土耳其人手中獨立之前幾年：

　　菜園的夏季產出……依賴灌溉，如南瓜、小黃瓜、badinjans（茄子）、西瓜等，對窮人來說太珍貴了，或者說得確切一點，是根本買不到，因為園藝產品很容易被掠奪，在土耳其這樣一個財產沒有保障的國家，園藝是不可能蓬勃發展的。[51]

　　在這份簡短的名單中，里克提到的兩個物種，南瓜和西瓜，在古希臘就已經有了，但在古典文學中幾乎沒有提及。他還提到小黃瓜與茄子，現在已知這兩種都是在拜占庭時代引進。他還可以加上菠菜；還有番茄，這是最近才有的，但現在已經少不了它；他也可以加上洋蔥與大蒜，當然還

伯羅奔尼撒柳橙沙拉

　　取幾個大的厚皮柳橙——厚皮的柳橙好吃，去掉頭尾，用一把利刀從頭到尾沿著曲線劃開外皮，然後剝掉外皮。將柳橙切成圓片，在一只盤子裡放好，並且盡可能以盤子接住切開時的汁液。將幾根青蔥切細碎，撒在柳橙上。取一些滋味濃郁的白色山羊或綿羊乳酪，比如乳清乳酪，捏碎，撒上。最後撒上一些乾的紅辣椒片。加上少量油，但不要加醋。

納克索斯馬鈴薯沙拉

煮熟的納克索斯馬鈴薯，五百公克，切成一口大小的塊狀
李子番茄兩三個，切成四瓣
紅洋蔥半個，切片
半大匙鹽醃續隨子，瀝乾並浸泡過
橄欖油，適量醋，一點鹽（續隨子已經很鹹了）

納克索斯的馬鈴薯是粉狀與蠟質的完美結合，有奶油的質地，做沙拉或者當作燒烤的配菜都同樣美味。納克索斯城的餐廳 Meze Meze，菜單上有「馬鈴薯沙拉」及「納克索斯馬鈴薯沙拉」，務必選擇後者。在帕羅斯島的勒弗克斯村（從納克索斯城就可以望見），馬鈴薯沙拉就不一樣了，是馬鈴薯與續隨子葉片加上油。

有韭蔥，在古典時代，韭蔥名不見經傳，但是地位重要，因此菜圃稱為 prasion，字面意義就是韭蔥地。現在韭蔥依然重要，就像馬涅半島的一首輓歌裡說的：「我在菜園裡，周圍是我的蔬菜，」哀悼者哭泣道，「我摘了歐芹，拔起韭蔥……歐芹是我的眼淚，韭蔥是我的哀傷。」[52] 豆類和其他一些種類可能足以做成一道開胃菜或者配菜，比如很多餐廳菜單上的巨豆；蔬菜可以加在派餅裡烘焙，比如菠菜派餅（spanakopita）甚至萵苣派餅（maroulopita）；鮮嫩多汁的新鮮蔬菜可能出現在餐廳午餐的「希臘沙拉」中，別忘了桑·費爾定最喜歡「火山沙拉」中的幾樣：「大蒜與生洋蔥、紅椒青椒與橙椒，以及半打清涼的冬季梨形小番茄。」[53]

　　屬於蔬菜王國的還有芳香植物與香辛料，拜占庭人及其後的土耳其人為了健康與樂趣而使用的這類植物，小亞細亞的希臘裔也曾保留在自己的傳統中，但獨立後的希臘人幾乎將其遺忘，如果當初尼科勞斯·特賽勒門

特斯實現了自己的理念，如今希臘人早就已經把這些都拋在腦後了。不過現實中這並沒有發生；現在希臘飲食充分運用芳香植物，阿爾特彌斯‧勒翁提斯整齊列出了似乎經常搭配在一起的香辛料：「檸檬與蒔蘿，檸檬與橄欖油，醋與橄欖油，醋與蜂蜜，醋與大蒜，大蒜與牛至，大蒜與薄荷，番茄與肉桂，番茄與續隨子，大茴香（或烏佐酒）與胡椒，柳橙與茴香，眾香子與丁香，松子與無核小葡萄乾，聖露西櫻桃仁（mahlepi）與希俄斯乳香酒。」[54] 後來從東方與西方來的人帶來了丁香、檸檬、柳橙、番茄、眾香子，但以上的一些組合在古代的烹飪中就已經熟悉了。

原料：魚與肉

　　對於生活在海邊的人來說，介殼類及其他無脊椎動物海產在春季是很重要的，就像野菜一樣。遵守傳統的人在齋戒期間禁食魚與肉，但允許吃「無血的魚」。因此，中世紀君士坦丁堡在海鮮烹調上投入了巨大心力；也因此，現代希臘人對於來自海裡的「非魚」——墨魚、魷魚、螃蟹、龍蝦、螯蝦、蝦——都很感興趣。還有章魚，希臘諺語有言：「章魚要被打兩個七次」，因為如果不這樣軟化，就很難吃。[55] 還有海膽，桑‧費爾定在他最喜歡的哈尼亞的酒館裡學會了享用海膽，其味是「砂礫、稀泥和碘的混合，是海洋的精華」，它的外型像刺蝟，因此得名[13]，但內裡卻非常不同。在海膽被切成兩半之後，他看到那些紫色的刺仍然在動，裡面那些深橙色的東西，即生殖腺，被挖出來，放在一片麵包皮上。費爾定想以白葡萄酒搭配這道奢侈的開胃菜，但是主人堅持要喝烏佐酒。[56] 還有海鞘[14]，這是《伊利亞特》中提到的唯一一種「無血的魚」，亞里斯多德也曾加以詳細描述，因為沒有其他生物與它相似（與其說是一種動物，倒更像是一個小宇宙）；阿爾克斯拉托斯建議在拜占庭城對面的卡爾克多恩（Kalchedon）[15]

---

13 海膽 urchin（urcheon），這個字在中古英語指刺蝟。
14 地中海地區食用的是小海鞘屬的 Microcosmussabatieri，俗名 grooved sea squirt、sea fig、violet。
15 位於小亞細亞比提尼亞地區，現在是伊斯坦堡的卡德柯伊區（Kadıköy）。

購買。現代希臘語稱其為 fouska，古希臘語稱為 tethyon。海鞘要切成兩半，生吃其柔軟的黃色內部（「像炒蛋」，英國外交官艾倫・戴維森說〔Alan Davidson，一九二四－二〇〇三〕）。[57] 用檸檬汁調味，或者用古代海鮮作家色諾克拉底（Xenokrates）[16]推薦的香料，不過其中的塞爾菲昂現在必須以阿魏代替：「切開海鞘並沖洗乾淨，用來自庫勒尼的塞爾菲昂、芸香、滷水和醋調味，或者用浸在醋中的新鮮薄荷與甜酒。」[58]

　　自從弗冉克希洞穴的居民開始捕捉鮪魚以來，愛琴海就以魚聞名。而且自從鑄幣發明以來，希臘人就一直願意花大錢買好魚。這些海中的財富沿著達達尼爾海峽（赫勒斯滂），延伸到馬爾馬拉海（普羅蓬提斯），直到君士坦丁堡的海岸。皮耶・貝隆指出，普羅蓬提斯的海產產量並不亞於良好牧場地區的畜牧產量，他還說：「土耳其及希臘的全體居民都更喜歡吃魚，而非吃肉。」[59] 希臘有很長的海岸線，很多居民住在海邊，還有一些很好的城市市場，因此希臘特別注重海洋美食，這是獨一無二的。惠勒在一六八二年寫道：「他們在小船上用小燈捕魚，魚兒看到燈光就跟著走，漁夫發現了，立刻用魚叉捕魚。」[60] 愛琴海的漁業規模很小，但種群正在減少，這個行業受到致命威脅，因為政府一面鼓勵無法永續的捕魚方法，一面扼殺地方傳統。[61]

　　無論是在港邊還是市場上出售，當魚到達廚房，很可能會像阿爾克斯拉托斯建議的那樣簡單烹飪，而且可能使用完全相同的食譜。處理每一種魚的完美方法一旦發明出來，就沒有必要改變了。某次費爾定面對一種他不認識的魚，學到了三句詩，這三句詩合起來就是一則有用的雙關食譜 Σκάροιστησχάρα（烤架上的隆頭魚）：

> 我叫隆頭魚（skaros），把我放在烤架上烤
> 再把我裝盤，加上油與醋：
> 然後你就能把我吃掉，內臟和全身。[62]

---

16 約前三九五－前三一三。古希臘哲學家，正好出身海鞘產地卡爾克多恩。此處所謂海鮮作家是戲謔語。

阿托斯山，瓦托佩狄修道院（Vatopedi），壁畫《最後的晚餐》，約一三一二年。

　　這是古羅馬人花高價購買的一種魚，但是他們的詩人馬提亞爾是個挑剔的吃家：「它的內臟是好的，其餘部分味道很差。」[63]

　　如果你在餐館點鮮魚（冷凍魚不得當作鮮魚出售），你會指出你看中的那條魚，按重量付錢；如果你有興趣，還會想起古代雅典舞台上關於魚類高價的許多議論。鮮魚可能不會列在菜單上，因為這怎麼可能呢，沒有人能知道每天會送來什麼魚，這取決於漁民，也取決於魚。對於希臘西北部可能出現的種類，黛安・科奇拉斯提供一則簡要的魚類月曆，但只是一個提示：「鯛（bream，tsipoures）在九月達到高峰。體型小的稱為 ligdes，以鹽與橄欖油稍加醃漬保存。」[64]

　　肉類是人類幾乎無法企及的奢侈品。我們無法完全得知，史前希臘人為了屠宰自己飼養的牲畜想出了什麼藉口，但我們知道有些人在神聖的處所飲宴，並由此把神靈引入這種行為中。當然這就是古希臘人的做法：犧牲動物——犧牲這個詞的含意在此發揮得淋漓盡致，幾乎所有的肉都被參加儀式的人分享，只有很少一點留給接受供奉的神靈。這就是拜占庭及現代希臘人吃肉的背景；肉在現在的餐館菜單上已經很普通了，但並非想吃的時候就能吃到；肉類在現代生活中比過去常見得多，但大多數希臘人吃的量比歐洲北部少得多，因為肉（尤其是綿羊羔）仍然是犧牲的食品，雖然神靈已經換了，宗教哲學也已經改變了。

　　屠宰一頭動物能夠產出大量食品，從可能烤來吃的肉，到提供特殊美味的頭部，再到內臟，都被轉化成各種色香味俱全的食品。動物一旦宰殺，除了肉，其他部分被吃掉的時候沒有任何慶祝或儀式。但烤肉卻是一項慶祝儀式，無論是古代《伊利亞特》和《奧德賽》中獻給客人的晚餐，還是現代希臘的復活節羊羔或婚宴，或者較普通的慶祝餐宴。在重大活動中，可能還像史詩描寫的那樣，由男人負責烤肉，但並非全部如此。「這裡有一隻非常棒的羊腿」，派翠克・李・費摩爾的臨時旅伴拍著自己的背包對他說。這是一隻三個月大的春季羊羔，將由他的房東太太烤製：「用油紙全部裹起來……她把完整的蒜瓣戳進肉與骨頭之間。」經過適當烘烤，解開油紙，金黃色的羊腿將會「起著焦泡，冒著肉汁，圍著一圈在烤叉上

烤過的馬鈴薯」，充滿了大蒜、百里香與迷迭香的香氣。[65] 碎肉可以做成實惠的菜餚，比如香辣肉丸 soutzoukakia 或者較軟的肉丸 keftedes，也可以進一步做成派餅餡，因為肉也是希臘各地具有當地特色的派餅餡之一。

碎肉也可以做成臘腸。希臘的許多屠戶自己做臘腸，主要用豬肉，但也有牛肉與羊羔肉，或者混合肉類，配方因地區及屠戶個人而異。人們可能長途跋涉前往自己偏愛的臘腸製造商店。不同的自然資源、長期的人口交流歷史，都導致最北部地區的臘腸與南方有很大不同。在色雷斯及希臘馬其頓，使用的香料類似甚至雷同於鄰近的巴爾幹國家，即保加利亞及前南斯拉夫的馬其頓共和國。這些香料包括紅辣椒，無論是新鮮的還是乾的或者片狀的，都大量使用，還有磨碎的小茴香、眾香子、黑胡椒。在馬其頓中部的科扎尼，臘腸以番紅花的雄蕊塗成深橙色，這種當地產的番紅花名為 krokos Kozanis [17]，即源自其產地。在塞薩洛尼基以東的瑙烏薩地區，仍然有半游牧的弗拉赫人，那裡的臘腸用的是少量豬肉及脂肪，加上牧民聚落很容易取得的山羊肉。在色薩利地區的特里卡拉（Trikkala），臘腸是以韭蔥增加甜味。再往南，在伯羅奔尼撒半島，冬香薄荷與橙皮是首選香料，此地馬涅半島的鹽醃豬里脊（singlino）用的也是這兩種（後文將加以討論）；附近的拉科尼亞平原以出產柳橙聞名，產量是伯羅奔尼撒之最。諸島的臘腸則帶有當地香草植物的各種香味：在錫羅斯島及提諾斯島（Tinos），添加大蒜與茴香籽；帕羅斯島及安德羅斯島用的是大茴香籽，後者的臘腸保存在豬油中，用來製作名為 fourtalia 的烘蛋[18]。米克諾斯島（Mykonos）臘腸的香氣來自冬香薄荷與百里香。在克里特島西部，牛至、百里香、小茴香混合碎肉，然後在紅酒裡浸泡長達一週，才做成香腸。賽普勒斯的臘腸通常有芫荽籽，這種香料在當地烹飪中很常見，但是希臘其他地方幾乎都不使用；材料在做成香腸之前也要以紅酒浸泡數天。

在科孚島、愛奧尼亞群島、克里特島及伯羅奔尼撒部分地區，有一種

---

17 產在科扎尼地區的 Krokos 鎮，故得名。
18 通材料常有香腸、馬鈴薯、雞蛋。希臘語名稱來自義大利語 frittata。

Miran 是雅典市中心蒙納斯特拉基區最受歡迎的熟食店，也是歷史悠久的地標。風乾臘腸 soutsouks[19]及風乾醃牛肉從天花板上垂下來。

類似威尼斯血腸（boldon），以大蒜、肉桂、丁香與肉豆蔻調味，稱為bourdouni，是由威尼斯人帶到科孚島的，以小牛血及豬脂肪製成。這種血腸很可能追溯到古希臘的血腸，如果是這樣，那麼它是通過羅馬人的廚房，接著是威尼斯人的廚房，又回到了自己的祖國。瑪麗安娜・卡夫魯拉基指出，雖然食物中添加血液並非烹飪主流，但在希臘各地依然能找到許多起源於中世紀甚至更古老的此類菜餚，不過以肺或脾代替血是很常見的。[66]

這些香腸大部分是輕微風乾或燻製，在生產後幾週就可以「趁新鮮」食用。除了臘腸之外，還有保存與醃製肉類的悠久傳統，在冷藏技術出現

---

19 希臘語複數形 σουτζούκι / soutzouki，源自土耳其語 sucuk，在中亞、巴爾幹、中東都有類似食品及名稱。

最有名的希臘乳酪無疑是費塔。最好的希臘費塔是在桶中熟成的。

米茲瑟拉是一種分布廣泛的乳清乳酪，傳統上以此方式盡量利用奶類的食品價值。
Yiayia—「奶奶」，在乳清凝結時攪動它。

之前，農民或半游牧聚落必須有辦法在屠宰牲口之後長期保存肉類。

如果有哪一道熟食遍布希臘各地，那就是鹽醃與煙燻的豬肉，通常是里脊肉。傳統上，在聖誕節屠宰家豬，吃完肝、心、脾等容易變質的美味之後，剩餘的肉保存起來，留給還沒結束的冬月和以後。里脊是煙燻的理想部位，可以切成薄片，當作烏佐酒或渣釀白蘭地的下酒菜。這道熟食的名稱與調味品各不相同，但是作法經久不衰。在提諾斯島與安德羅斯島，通常以茴香籽、黑胡椒、眾香子調味；在錫羅斯島，通常用胡椒、眾香子、肉桂、丁香；而且在這三座島嶼上，都是用紅酒醃製。

在聖托里尼島及克里特島，保留了拜占庭醃肉乾 apokti 這個詞的變體。這是一種不經煙燻的豬里脊，用醋醃製。首先清理，用鹽醃一天，再以醋浸泡三天，接著拍乾，用肉桂摩擦，靜置大約六小時，使其入味，「接著以磨碎的黑胡椒、乾的香薄荷、更多肉桂摩擦，然後掛起來風乾幾個星期。」[67] 由此又有了克里特島醃豬里脊 apaki：里脊以醋浸泡，但接著煙燻數日，調味用的是磨碎的小茴香，以及鼠尾草、百里香及香薄荷等香草植物。[68]

科孚島的燻豬肉 nouboulo，是以鼠尾草、月桂、香桃木（myrtle）、牛至、杏仁殼的芳香火堆燻製的。伯羅奔尼撒的馬涅地區生產的鹽醃豬里脊，現在十分流行，用的是鼠尾草或柏樹枝，此地的主要調味品是橘子皮，香腸也一樣。里脊肉在燻製前，要用山鼠尾草枝纏壓並鹽醃，然後煙燻。如今隨著傳統方法與地方特產重新流行，許多這些原本鮮為人知的食品都可以在超市買到，已經切片、真空包裝，隨時都可以當作渣釀白蘭地的下酒菜。

希臘北部的保存方法及主要材料有所不同，更喜歡用豬油或油來炸牛肉或山羊肉（不過現在豬肉比從前常見了）。色雷斯的熟牛肉香腸 kavourmas[20]或 kaparnas 通常使用牛肉，以鹽醃，在油中與香草植物一起煮六個小時左右，直到煮出脂肪來，再捲成厚厚的香腸狀，保存起來，很像

---

20 源自土耳其語，泛指炸或煎肉菜餚，以及以此法保存的肉類熟食。

法國的油封肉（confit）。Soutzouk，巴爾幹地區隨處可見，是扎實的臘腸，類似薩拉米臘腸，其名稱來自土耳其語的「香腸」，實際上也的確是此物，但是為了保存而壓製並風乾。

在整個北部，從馬其頓向東，都可以找到 pastourma，這是風乾的醃牛肉，在前鄂圖曼帝國地中海東部的國家都很有名。雖然用的是牛肉，但偶爾有駱駝肉，而且據說是最好的，在雅典市中心的專業熟食店可以買到。與此完全不同的是義大利式的薩拉米臘腸：脂肪含量高的豬肉，加上大量調味與大蒜，在十八世紀從威斯尼灣的布拉諾島，由移民帶到了勒弗卡斯島，現在也在克里特島、薩索斯島、埃夫里塔尼亞地區（Eurytania）生產。

原料：麵包與乳酪

以農耕的立場而言，肉類代表了動物的死亡，奶類與之相比，如果可以保存，則是當前的食物來源。里克對農耕經濟感興趣，概述了奶類行業；「一頭好的母綿羊，」他首先說，「每次擠奶產出一磅羊奶，以此做出奶油、乳酪、乳清乳酪，還有酸奶。」接著他解說前三種的製作，其過程是一種接著一種。首先製作奶油，須將羊奶靜置二十四小時，待其變酸，

克里特島的 graviera 乳酪，這個名稱源自 Gruyère—格呂耶爾，但是這種希臘地方變體卻與格呂耶爾很不一樣，是一個小輪狀，通常是非常硬的綿羊乳酪。

然後用棍子在一只狹長的桶中攪拌，以產生奶油。剩下的液體（酪乳 buttermilk）與等量的奶混合，將這種混合物（tyrogalo）[21]加熱，加入鹽漬凝乳酶，就可以產生乳酪。接著他描述乳酪的製作過程，這次剩下的液體（nerogalo，「奶－水」）還有一個用途：

> 用來製造乳清乳酪。將 nerogalo……放在火上：加入大約十分之一的牛奶，經過短暫沸騰，乳清乳酪就浮在表面。用山羊奶能做出最好的乳清乳酪，即使奶水已經先提取過奶油了。[69]

因此，米茲瑟拉 myzithra 是一種乳清乳酪、希臘版的瑞可塔（ricotta），荷蘭旅人艾格蒙及海曼在基特拉島也注意到這一點。當時基特拉島是威尼斯的屬地，當地講義大利語：「最引人注目的物產是一種奶酪，叫做瑞可塔，是以煮過的山羊奶做成的。」[70]法國旅人也將乳清乳酪視為赫奎特乳酪（recuite），這種乳酪曾經是薩伏伊地區的典型產品。

至於酸奶，即使在近代旅人的作品中，描述也令人費解；如今人們已經很難記起從前這種東西是多麼地陌生。從前許多人都是在希臘才第一次見到它，比如一八九三年那兩位漫遊的英國女子，提到「一種非常酸的凝塊鮮奶油」，一九四五年的勞倫斯・杜瑞爾，著作中的詞彙表有一則「Yaourti：一種撒上肉桂的凝乳凍食品」。[72]

希臘的乳酪，其實比近代旅人所能見到的更多樣，往往也更好；最好的乳酪很少能到達最挑剔的消費者手中。有些的確不尋常，比如勒姆諾斯島的 melipasto[22]，是以海水洗過。有些乳酪好而且有名，尤其是以滷水在桶中熟成的費塔，這是一種中東傳統乳酪，在希臘以綿羊奶或者混合最多百分之三十的山羊奶製作。模仿就是最好的讚美，因此希臘的費塔乳酪在

---

21 字面意義「乳酪－奶」，即用來生產乳酪的奶。
22 以山羊奶與綿羊奶製成，熟成階段以海水浸洗，瀝乾液體後，在陰涼處晾乾，通常在春季。在第一階段，質地是絲滑的，由此得名 meli「蜂蜜」，最後則逐漸變硬。

世界其他地方也被模仿，而且直到不久之前，這些仿品標示為費塔還是合法的。

在歐盟，希臘與丹麥的法律糾紛在二〇〇二年解決後，只有希臘產品才能使用費塔這個名稱。許多其他希臘乳酪現在都有原產地認證，但是在自家地區之外最出名的乳酪製造者是斯法基亞（Sphakia，位於克里特島西南部）的巴爾巴・潘特澤里奧斯（Barba Pantzelios），但並非因為他做的乳酪，而是因為他在一七八六年做了〈達斯卡洛基奧安涅斯之歌〉（*Song of Daskalogiannis*）[23]，以頌揚這位反抗土耳其人的英勇起義者，並紀念其犧牲。

麵包在希臘已有至少七千年的歷史，古典時期雅典的麵包爐在當時是很有名的；而且雅典肯定是世界上第一個可以用錢買麵包的城市。現在的希臘麵包是發酵麵包，好的麵包是簡單一餐的主要成分，也幾乎是每一家餐廳的必備餐點。不過還有其他種類：大麥硬麵包，在歷史上曾經扮演了重要角色；白麵包圈庫盧利亞，在城市街頭大量出售，當作簡便的早餐。和肉類一樣，信仰與儀式也圍繞著麵包，特殊的麵包經常是為特殊場合而製作，比如聖誕節與復活節、訂婚與婚禮、孩子出生。

早上吃麵包，下午吃糕點，但是希臘糕點與麵包截然不同，經常被認為是土耳其傳統（大多數名稱是土耳其語，例如 kadaifi [24]、baklava），實際上與我們所知的古典及拜占庭糕點有普遍的相似之處。當然這種傳統與歐洲北部的非常不同，最明顯的可能是因為糕餅——大多數糕餅，是浸在蜂蜜中；而且看來在從前就是如此。拜占庭的農業手冊拜占庭的官方彙編《農事書》睿智地建議：「趁新鮮吃最好的蜂蜜。」還補充道，在被問及人類如何確保健康長壽時，古代哲學家德謨克里特說：「用油保養體外，用蜂蜜保養體內。」[73] 至於橄欖油，如今已經較少用它來處理外表，肥皂已經取代

---

23 本名 Ioannis Vlachos，約一七二二－一七七一。斯法基亞人，殷實的船主，外號 Daskalos，即教導者，因此得名 Daskalogiannis，「教導者基奧安涅斯」。於一七七〇年三月起兵，一七七一年六月十七日遭處決。巴爾巴・潘特澤里奧斯本人是文盲，口頭創作後由他人代筆記錄。

24 以希臘酥皮千層麵皮切成細絲，包裹碎堅果，油炸後淋上蜂蜜或糖漿。中東、鄂圖曼等阿拉伯文化圈都有類似甜點。

了這項用途，但它仍然是希臘廚房的必備物資，而現在也是地中海膳食的必需。市面上的餐用橄欖有許多品種與類型，而且數量很大。市場銷售只反映了部分橄欖與橄欖油的重要性，因為許多鄉間居民有自己的橄欖樹，以供應親友及自己的家庭。

搭配的附屬品

　　古典詩人品達有一句名言：「水是最好的。」[74]水在希臘一直很重要。一五九八年左右，喬治‧曼瓦林（George Manwaring）25在扎金索斯島，他向東道主的僕人要了一杯水。「那位商人聽見我的話，告訴我應該盡量多喝葡萄酒，因為他的水比他的酒更珍貴。」[75]古希臘人小心翼翼評估不同泉水的品質，用的是我們不知道的標準。《智者之宴》裡有一份很長的泉水名單，其中有一口泉「非常好喝，有葡萄酒的味道，據說當地人去那裡舉行會飲……我秤了科林斯的佩瑞涅泉水（Peirene）26，」文中一位角色說，「發現它比希臘其他的泉水都要輕。」[76]這種特殊的專門知識一直保留到近代。十九世紀，馬其頓的卡斯托里亞湖附近，當地人更喜歡這個湖水（據里克說，湖面是綠色的，熱而混濁，但絕非毫無滋味），而不是當地的泉水，他們認為這些泉水很重。[77]甚至到了一九三〇年代，基托寫道：「希臘鄉下人是水的鑑賞家，就像西方的品酒家。你的嚮導會告訴你，不要喝這口泉水，這個水不好，淡薄……最好再走半小時，就能抵達另一口泉，水比這輕得多。」[78]

　　在希臘，茶和巧克力從來沒有給人留下什麼印象——人們有時認為「茶」是開水浸泡當地的香草植物，而非中國的茶葉（在希臘稱為「歐洲茶」）。咖啡就不一樣了。正如歐洲第一位研究咖啡歷史的專家安托萬‧加朗所證明的，大約在十世紀，咖啡從紅海南岸開始征服世界，從那時起，

---

25 ？一一六一二。姓氏通常拼寫為 Mainwaring。曾隨安東尼‧雪利爵士（Sir Anthony Sherley）遊歷各地。
26 此泉是神話中飛馬佩伽索斯最喜愛的飲水。

傳統地生蘭提神飲料薩勒皮 salepi 的小販，西奧多·史蒂芬尼德斯曾加以描述，在塞薩洛尼基的卡里佩街（Karipi）民間藝術中留下不朽身影……

……其現代同行在夜晚的亞里斯多德廣場人群中。

阿拉伯醫學作者就將其編入藥書，但過了很久才成為一種流行的熱飲。十七世紀，咖啡在希臘開始為人所知。如今希臘保留了土耳其、希臘或者中東一向的飲用方式。喬治・惠勒在一六八二年簡短寫道：「除了吃飯，他們在任何時候都可以喝咖啡，而且有訪客的時候，這也是通常的娛樂。」[79] 一八九四年，貝德克爾出版社的希臘旅行指南提供了非常好的建議，至今依然有用：

一般而言咖啡都很好，不過供應的方式是東方式的，也就是小杯，裡面有咖啡渣。通常咖啡都已經加了糖（gliko），不過遊客可以點加了少許糖的 metrio，或者不加糖的 scheto……要待其冷卻並「沉澱」，然後小心飲用，以免喝到底部的沉澱物。

希臘咖啡必須搭配一杯冷水，是早餐飲料，是在家裡待客的飲料，也是老式咖啡館（kafenia）的主要商品。貝德克爾指南也描述了這些：「希臘隨處可見各種咖啡館，從鄉村的破舊木棚，到雅典城裡義大利風格的氣派店面。」[80] 雅典的這些咖啡館，政客與詩人曾在此擦肩而過，現在正迅速凋零，被現代的國際連鎖咖啡館取代，裡面當紅的是法拉沛冰咖啡與弗雷朵冰咖啡。[81] 鄉村咖啡館依然存在，但並非都像貝德克爾指南形容的那麼破舊，當地老人依然在此聊個沒完，而婦女通常有更好的事情要做。

不過這些新奇的提神飲料無法將薩勒皮趕出市場。正如杜瑞爾的友人西奧多・史蒂芬尼德斯所解釋的，這是將散花倒距蘭（lax-flowered orchid，*Orchis laxiflora*）[27] 以及其他幾個品種的球莖磨碎，製成黏稠的乳白色液體，甜而平淡，但是加入生薑或肉桂後趁著非常燙的時候喝，有提神作用。直到十九世紀初，這種飲料還在倫敦出售，名為 saloop；就在晚近，這種飲料小販（salepijis）在塞薩洛尼基仍是常見的人物：「他後背上掛著那把華麗的銅壺，長而彎曲的壺嘴從他的右肩上伸出來……他從那寬大的

---

27 現重新區分為倒距蘭屬，學名 *Anacampti slaxiflora*。

皮腰帶上一個小格子裡拿出一只杯子，然後靈活地一彎腰，就把杯子斟滿」，這是向顧客行了一禮，同時奉上一杯提神的飲料。現今在土耳其，人們依然廣泛飲用，在塞薩洛尼基也依然很受歡迎，都是放在小推車上出售，這種小車能保持飲料的溫度。薩勒皮首次被提及，大約是公元前三一〇年左右，在泰奧弗拉斯托斯一篇關於性興奮劑的討論中。[82] 十七世紀，艾弗里亞・賽勒比記載了這個行業在君士坦丁堡的情況：

薩勒皮通常稱為「狐狸的睪丸」，生長在高山上，比如布爾薩（Bursa）的奧林帕斯山（Olympus）[28]……長得像洋蔥，乾燥之後磨成粉，像果醬一樣加糖一起煮，然後裝在罐子裡，以火加熱後出售。他們喊著：「服用薩勒皮，玫瑰水調味，讓靈魂休息，讓身體健康！」這是強身健體的飲料，而且可使視力更敏銳。[83]

流下希臘人喉嚨的酒精主要有三種形式：啤酒、烈酒、葡萄酒。之前本書介紹了啤酒的入侵（第二一八頁）。除了最虔誠的信徒在最嚴格的齋戒時，平日佐餐的飲料不是水，而是葡萄酒，而且從史前時代開始就是如此。古典希臘人非常關注葡萄酒製造，對於產地及品質很挑剔。在奧德修斯探訪法伊阿基亞的描寫中，稍微提及了這個製造過程：

那裡還根植著一片葡萄，結實纍纍，
開闊的地野上，一處平整的曬台
在陽光下烘烤，再將葡萄收攏起來
擠壓踩踏。[84]

這幾句詩，就像前文引用的赫西俄德（第二三〇頁），已經暗示了釀酒用的是半乾的葡萄，現代術語是 liasto，發酵緩慢，帶有殘糖的甜味，有利於保存品質。至於踩踏，里克提到葡萄園裡有一口「方形的石料大桶，

---

28 布爾薩位於今土耳其西北部，此山在古典時代稱為密細亞的奧林帕斯（Mysian Olympus），今名烏盧山（Uluda）。

是在野外建造，用來踩踏葡萄，然後將葡萄汁裝在皮囊裡，運進村子去」。[85] 而發酵與熟成，在中世紀發生了非常緩慢且不規則的變化，使用的容器從半埋在地下的陶缸（dolia）[29]，變成了木桶。十七世紀時，威廉・利斯高發現賽普勒斯仍在使用陶缸：

> 他們沒有木桶，卻有很大的陶罐，葡萄酒放在裡面……這些陶罐埋在地裡，只露出罐口，而且總是敞開著的……裡面都塗了松脂，以保持陶罐不破裂，因此酒很烈，但是味道令飲酒的唇不舒服。[86]

不過前文我們也看到，比這個年代早得多的旅人，在修道院的地窖裡也發現了古老的大木桶，裝滿了修道院的葡萄酒。

現代希臘葡萄酒正在努力恢復從前在羅馬時代和中世紀西方的好名聲，在鄂圖曼時期的幾百年裡衰落的葡萄園，如今許多已經復甦，現代裝瓶及交通便利使得他們的產品能夠長途運輸。希臘的乾紅與乾白葡萄酒首次跨越世界，而在以前，最遠只能出口到義大利。這些葡萄酒產區遍布希臘，從凱法利尼亞島，到勒姆諾斯島、羅德島、克里特島塞提亞（Sitia）[30]；從馬其頓的瑙烏薩，到伯羅奔尼撒的曼提涅阿（Mantinea），最後這一種，即使按照杜瑞爾《普洛斯彼羅的牢房》中某個比較挑剔的科孚島人的看法，「在葡萄酒裡面，也不算太糟。」[87]

本地的葡萄品種從未失去過優勢，它們非常適合希臘的地貌與微氣候，而且很少有品種在其他地方能長得好（麝香、摩涅姆瓦希亞、利阿提科是例外）。一些好葡萄酒甚至產在愛琴海東岸，不過在其祖國土耳其的銷路有限。

許多希臘人以小到中等規模釀造葡萄酒。其中大部分沒有裝瓶，也沒有進入商業通路，而是為家庭、親友，以及親友經營的餐廳準備的。在希臘，你會喝到一些最差的、一些最奇怪的，還有一些最好的葡萄酒，倒在

---

29 從古羅馬時代開始使用。
30 位於該島東端，即第二四六頁的塞特伊亞（Siteia）。

精選希臘烏佐酒。愛好者能看到至少有三個雷斯博斯的品牌（Mini、Arvanitis、Varvagiannis），甚至還有希俄斯的乳香烏佐酒 Psihismastiha。非凡牌（Sans Rival）曾經是獲獎品牌，對現代人的口味來說太甜了，依然出售給觀光客，但是在這個市場攤位上並沒有。

玻璃瓶裡端上來，花費很少，而且是家釀的。杜瑞爾記載了科孚島中部一處大型家庭莊園的這種業務，規模較大，接近商業化；在當地，每年都會特別用心採收並釀造羅博拉，這是愛奧尼亞群島一種歷史悠久的經典葡萄──一旦順利完成葡萄酒釀造過程，就開始製造葡萄汁布丁。

　　先不提偶爾流行的利口酒，希臘人喝的烈酒是不加味的渣釀白蘭地澤波羅（tsipouro，或者拉克酒〔raki〕，在克里特島則是澤庫迪亞〔tsikoudia〕），以及大茴香加味的烏佐酒。約瑟夫・皮同・德・圖爾內福對克里特島的記述，出版於一七一七年，其中一段可能是首次提及拉克酒這個名稱：

　　在克里特島和黎凡特各地都喝的水果白蘭地，即拉克酒，很惹人厭。

葡萄汁布丁 (Moustalevria)

　　就像勞倫斯・杜瑞爾所描述的，葡萄汁布丁是「一種可口的愛奧尼亞甜點或果凍，它是將新鮮葡萄汁、粗麥粉、一點香料，煮至原先的一半體積。將這個糊狀物放在盤子裡冷卻，放上杏仁；整塊布丁可以新鮮吃，或者切成片，放在大儲藏櫃裡」。[88]

　　通常在秋天採收葡萄之後製作，因為這是利用剩餘葡萄汁的好方法。在巧克力與糖果還不便宜的時代，這是孩子們的最愛。現在要找到製作葡萄汁布丁的麵包店並不容易，因為多脂多糖的蛋糕與酥皮塔已經太受歡迎了。

　　五個水杯容量的葡萄汁（約八百毫升）
　　一水杯玉米粉（兩百毫升）
　　一根香茅（citronella）
　　兩把去皮的完整杏仁（七十五公克）
　　芝麻、肉桂粉

　　將一水杯葡萄汁與玉米粉混合。在一口大的醬汁鍋中，將其餘的葡萄汁及香茅煮沸，然後倒進前述的混合物。小火煮沸，時時攪拌，直到鍋中汁液變稠，質地呈柔滑鮮奶油狀。稍微冷卻，拌入杏仁（如果喜歡柔滑質地，可以省略）。倒入供食的玻璃杯中（比如威士忌杯），或者碗中，撒上芝麻與肉桂。在室溫下食用。

要製造這種酒，必須在葡萄渣中加水，浸泡十五至二十天，以沉重的石頭壓擠。先榨出一半液體，加以蒸餾，剩下的液體則丟棄。他們最好還是把全部都扔了。[89]

最近的旅人，比如桑・費爾定，則比較不抱怨，無論他們遇上的是端上渣釀白蘭地澤庫迪亞當早餐，還是和甜點一起供應給遊客——「堆積如山的核桃、瀑布一般的石榴、一串串無花果乾。」[90]各種不同名稱的拉克酒通常是自家釀造蒸餾的，相比之下，烏佐酒在希臘各地是由小型商業釀酒廠製造的，他們各有本地的忠實顧客，在全國銷售的則是比較有名的品牌。拉克酒非常類似法國的茴香酒以及地中海地區一些烈酒，所有這些酒最初受到歡迎並不只是因為大茴香籽的味道好，還因為它對消化的確有好處。就像其他烈酒，由於茴香腦的化學特性，烏佐酒加水會變成乳白色，但如果你不加水就喝，也沒有人會有異議，但法國茴香酒就不是這樣了。

烏佐酒是典型的希臘開胃酒，通常佐以希臘傳統開胃菜，渣釀白蘭地澤庫迪亞及其他烈酒也是如此。派翠克・李・費摩爾的東道主在烤羊腿的時候開了一瓶烏佐酒，是提爾納沃斯的非凡牌，現在是老派人物最喜愛的品牌；他把香腸、乳酪、青蔥、醃灰鯷魚子切片，把小碟子裡的櫻桃蘿蔔（radish）及「巨大橄欖」撒上鹽，一起當作開胃菜，搭配烏佐酒。[91]咖啡館和餐館都很樂意提供烏佐酒，此外還有一些餐館專門供應烏佐酒和開胃菜，稱為 ouzeria（重點在烏佐酒），以及 mezedopoleia（重點在開胃菜）。希臘開胃菜 meze 這個字源自波斯語，在波斯語中，意思是「滋味」或「小菜」，從這一點就看得出來，它在土耳其語衍伸義是一組食品，在英語中可能稱之為點心，這些食物安排在餐前，通常伴隨著烈酒。這種開胃菜的習慣，已經從塞薩洛尼基及希臘北部散播到現代希臘的每一個角落；菜色繁多，味道濃郁鮮美，以阿格萊阿・克瑞墨茲的話說，「精緻而基本」，材料從日常基礎的，到出人意料和有點罕見的，不一而足。[92]

醃漬蜜餞

　　希臘醃漬蜜餞的歷史至今幾乎沒有人研究過，但在其歷史不明的過去某個時代裡，有拜占庭帝國的「醃漬榲桲或果醬」（kydonata），以及，「醃漬核桃」（karydaton）。從喬治·惠勒的描述可以清楚地看出，蔗糖漿、蜂蜜、葡萄汁糖漿即（petimezi），都是早期製作醃漬蜜餞的替代品：「他們保存水果，用新酒煮成的糖漿、蜂蜜，有時用糖。」之後他在記述卡爾基斯的時候，又提到了這件事：

　　在這裡，他們還製作各種水果蜜餞，如榲桲、梨、李子、堅果、核桃、杏仁。至於其中用的糖，他們以酒煮成糖漿，並且做得合乎口味；不過我相信他們很難讓我們的部分女士接受，只因為可能十分陌生。[93]

　　大約在同一時期，艾弗里亞·賽勒比記載的君士坦丁堡行會名單中，包括了希俄斯島的製糖工人（如今該島以蜜餞聞名），因此，在一七五〇年代，艾格蒙及海曼在希俄斯島受到的歡迎儀式也就很自然了：「有蜜餞、咖啡、冰鎮果子露、玫瑰水與香水。」[94] 從十九世紀初，這種儀式就更明顯了，美國金融家尼古拉斯·彼德爾（Nicholas Biddle，一七八六－一八四四）寫道：「進入一戶人家時，首先為你奉上菸斗，然後是咖啡，有時是一杓香櫞和一碗水。」香櫞皮也是製作蜜餞的傳統材料。在遙遠的東邊、安納托利亞中部的科尼亞（Konya），用來歡迎里克的是咖啡、蜜餞、冰鎮果子露與香水。[95] 一八九〇年代，那兩位漫遊的英國女士在安德里特賽那（Andritsena），呈上給她們的是一只托盤，上有兩種醃漬水果，放在玻璃罐裡，還有玻璃杯裡的水，小杯裡的咖啡：「我們品嘗的淺色果醬有點像梨子，強烈推薦。」[96]

　　一九三〇年代，杜瑞爾在科孚島收到的是「潛水艇」（ypovrikio），這是同樣的歡迎儀式，使用一種以希俄斯乳香增味的甜醬。他的描述十分清楚：

　　侍者拿著「潛水艇」從酒館裡衝過來，這是一杯水裡加了一杓白乳香。沒有別的東西。過程很簡單。你吃掉白乳香，喝掉水，把嘴裡的甜味沖掉。[97]

　　在杜瑞爾的時代，潛水艇，還是很新穎的，有幸吃到它的孩子們都很喜歡。現在也依然如此，但它已經成為傳統，是種瀕危的享受。付帳的家長現在需要得到保證：放在一杯水裡的那一茶匙希俄斯乳香，或者香草味、水果味的甜食，含糖量還沒邪惡到必須禁止的地步。[98]

冬糧

　　食物並不是一年四季都找得到，如果超市試圖讓實情看來並非如此，那麼他們將會失敗。在希臘，大多數食品多少都是季節性的。拜占庭時代希臘人得到的專家建議是，為了健康，在一月吃為了過冬儲存的包心菜、蕪菁、胡蘿蔔，推薦的水果是果乾、堅果、石榴（因為耐儲存）、梨（因為有些品種在初冬才成熟）。當然了，在三月分他們必須食用「滷水中的綠橄欖」，因為冬季醃製的生橄欖在三月就可以吃了。自然，他們要在四月呼吸花朵的香氣，在六月吃紅櫻桃，在九月摘採甜蘋果。[99]

　　除了這種純粹的季節性，基督教行事曆上全年都有很多節日，人們以儀式熱情慶祝，儀式的根源可以追溯到基督教之前的時代。這些儀式似乎都有特定的目的（有些幾乎是各地都流行，有些則純粹是當地的），而且與基督教信仰無關；無論現下的宗教是什麼，這些儀式都能確保風和日暢，季節循環規律，而這些又確保了明年會有糧食。因此，希臘的節日，尤其是冬季與春季的節日，自然與食物息息相關。

　　十一月二十一日慶祝的是 Panagia Polysporitissa[31]。從基督教的角度來

---

31 公曆十二月四日，基督教信仰中的聖母進堂節。Παναγία Πολυσπορίτισσα，也稱為 Παναγία Μεσοσπορίτισσα/Panagia Mesosporitissa，「種子中的至聖（聖母）」。

說，這一天是童貞女瑪利亞被送到猶太聖殿的紀念日，Panagia 是聖母瑪利亞的稱號之一，意為「至聖」。在這一天，把最近收穫的各種穀類與豆類一起煮熟，在教堂裡接受祝福，然後給正在為明年播種的人吃掉，許願明年有好收成。Polysporitissa 這個字，即「接受許多種子奉獻者」，現在指的是聖母瑪利亞，其意本身暗示了基督教之前的起源：古希臘人每年也把許多種子一起煮熟，獻給掌管穀物收成的女神得墨忒耳。[100]

雖然現代聖誕餐點的重點是肉類，但在傳統上並沒有必須宰殺哪種動物，相反的是，傳統的聖誕與新年食品是特殊的麵包與精心製作的蛋糕。在希臘，這些食品首先是 kourabiedes，讓許多人能夠度過聖誕節前的齋期[32]。這是一種以麵粉、奶油與糖製成的小酥餅，通常以杏仁調味，有時加橙花水，甚至白蘭地。它的歷史悠久，而且基本上不是基督教的，可以追溯至阿拉伯、波斯和土耳其烹調中的奶油酥餅 ghraiba 及 qurabiya，而且可能更久遠。

Christopsoma，即「基督的麵包」，是為聖誕節製作的，似乎延續了異教徒向諸神奉獻麵包與糕餅的習俗。這種麵包通常加了香辛料，形狀或者裝飾帶有宗教符號（有時是一個十字或者聖嬰圖案）、蛇及其他象徵多產興旺的圖案，而且通常嵌入核桃或雞蛋，也具有同樣的象徵意義。這種麵包及其他的傳統聖誕食品是用來給予和分享的，與陌生人、乞丐、鄰居、兒童分享。

卡帕多奇亞的希臘裔製作克爾塞粥（cherse），材料是牛肉及米，或者肉、碎麥粒、洋蔥及奶油，或者以核桃製作甜的阿舒拉湯（ashure）[33]，都在聖誕節早晨分送鄰居或窮人。在多日齋戒之後，此時酸奶也和麵包及肉類一樣受歡迎。[102]

希臘各地在新年都要吃聖瓦西里餅（vasilopita）[34]。這是為了確保未來

---

32 聖誕齋期，十一月十五日至十二月二十四日子夜。κουραμπιέδες/kourabiedes 源自土耳其語 kurabiye，泛指奶油餅乾。

33 阿舒拉，閃語族語義「第十」，阿舒拉日在伊斯蘭曆穆哈蘭姆月（一月）十日，第三代伊瑪目胡笙於是日遇難，是什葉派重要紀念日。當日舉行遊行，並製作阿舒拉湯（飯）分送窮人及親友。亞美尼亞基督教傳說中，這道菜是諾亞方舟登陸亞拉拉特山之後製作的第一道菜，傳統上在聖誕節及新年製作。

一年的多產與好運。傳統配方繁多，令人驚訝，有鹹有甜，但甜的蛋糕正逐漸成為新傳統（食譜見第三〇八頁）。

冬季接近尾聲的時候，就進入大齋前的 Apokries，「謝肉節」[35]。這時候可能向逝者供奉食物，據說逝者於謝肉節狂歡期間在活人之間遊蕩。看來無疑的是他們和活人一樣喜歡烤肉和油脂的味道，這是 tsiknopempti、「煙燻星期四」的香味；那幾天裡人們吃掉很多烤牛肉，因此整個星期都稱為 Kreatin，「肉類週」。接著的一週是 Tyrofagou，「吃乳酪」，此時已經禁食肉類，為大齋做準備，但仍允許吃乳酪。然後，在煙燻星期四起的十一天之後，是 katharadeftera，「潔淨週一」，這是全面實行大齋期限制的第一天：不吃肉、不吃魚、不吃油、不吃雞蛋與奶製品。然而，正如中世紀修道院長所熟知的，可以用介殼類做成很多東西。Lagana 是未經發酵的麵餅，其名稱早已出現在古典文獻中，現在人們依然在潔淨週一早晨吃它。[103]

在色薩利的提爾納沃斯，潔淨週一是不同尋常的自由節日，一定有助於緩解大齋的陰霾，而且可能對該鎮的出生率有所貢獻。這個節日的基本食物是不加油的菠菜湯（菠菜是當季的），活動包括陽具模型遊行、帶有性意味的惡作劇、淫猥的暗示性歌曲與笑話，還有大量渣釀白蘭地澤波羅。這道菠菜湯 bourani 也自有其歷史，但與基督教齋戒無關。可以確定的是它源自阿拉伯的 buraniya（在西班牙安達魯西亞稱為 alboronia）[36]，在中世紀的記載中，這道菜得名於九世紀的哈里發馬蒙（al-Ma'mun）之妻布蘭（Buran），是她發明了這道菜。[104]

希臘的復活節通常在四月初。復活節前的四十天大齋期是在三月，這就解釋了為什麼拜占庭膳食學家伊埃羅菲洛斯（Hierophilos）[37]建議在三月不吃肉。就算他建議吃肉，他的讀者也很少能吃到。十九世紀初，里克在

---

34 字面意義「（聖）瓦西里派餅」。
35 Απόκριες，字面意義「告別（肉類）」。傳統上延續三週，第一週是預告週，第二是肉類週，第三是乳酪週。
36 Buraniya 是羊肉燉茄子。安達魯西亞的 alboronia 是燉蔬菜，包括櫛瓜、茄子、番茄、洋蔥、大蒜、馬鈴薯等。
37 通常認為是十二世紀人，實際年代可能更早，約七世紀至九世紀之間，著有《膳食月曆》（*Dietary Calendar*）

新年必備的聖瓦西里餅（vasilopita），一定都有裝飾，有時還有糖霜[38]。

初春橫越伯羅奔尼撒南部，當時他的嚮導是一位老人，「走得很快，我的馬幾乎跟不上他，〔而且〕在上個月的大齋，除了麵包和洋蔥，他幾乎不吃別的東西。」[105]正如里克在書中別處說明的，大齋期間，特別有必要尋找「適合食用的野生植物」，因為許多其他食物都不允許食用。[106]多德威爾也證實了，出於同樣的原因，希臘鄉下人要是發現了一種可食用且有益健康的植物，對他們來說是一件大事。他說自己也為擴展這份可食植物名單貢獻了力量：在德爾斐的聖泉卡斯塔利亞（Kastalian spring）[39]他發現岸邊生長著水芹（watercress），摘了一些當作晚餐。「那些窮人」問他這種植物是

---

38 表面裝飾字樣 καλή χρονιά，「新年好」。
39 位於法伊得里阿德斯懸崖（Phaedriades）之間。該懸崖是兩座岩壁，位於帕納索斯山（Parnassus）南坡，下臨德爾菲。神殿的女祭司及朝聖者以此水潔淨身體。

大齋期的芝麻醬糕餅

芝麻醬糕餅不含蛋、油、奶油，是大齋期間最受歡迎的美食，從潔淨週一直到大週五（Big Friday）[40]都可以吃。

一百五十公克芝麻醬（tahini），如果油質分離了，要搖勻
一百七十公克水
二百克細的棕色砂糖
二百五十克 低筋麵粉
半小匙泡打粉
四分之一小匙丁香粉
芝麻粒

預熱烤箱至一百七十攝氏度。取邊長二十公分的烤盤，鋪上烤盤紙，將底部及四周抹上油。

在一只大碗裡，以材質較硬的打蛋器或者金屬調羹，混合芝麻醬、水、糖。麵粉及泡打粉過篩加入，混合直到均勻。

將混合物倒入準備好的烤盤，抹平頂部。撒上芝麻，烤四十至五十分鐘，如果糕餅開始變色太多，以鋁箔鬆散地蓋住。用扦子或者刀戳測試，取出時，表面必須是乾淨的。糕的質地是柔軟緻密而濕潤。

在烤盤中靜置冷卻，然後切成方塊。

40 復活節週日之前的週五，羅馬天主教稱神聖週五（Good Friday），耶穌受難日。

聖瓦西里餅

　　聖瓦西里餅是傳統的新年糕餅，在新年午夜之後，每一家酒館都會給顧客奉上一片。聖瓦西里餅現在通常做成蛋糕，從前則更像是添加奶油的麵包，類似甜麵包，或者法國的布里歐許麵包。這則食譜以斯特里阿洛斯・帕爾里阿洛斯的配方為基礎（見第二六六頁），適合熱愛蔓越莓的二十一世紀小家庭。

　　蔓越莓乾、去核李子乾，各七十五公克，切碎
　　一百毫升白蘭地，用干邑或者墨塔克薩（Metaxa）[41]
　　一百二十五公克奶油，室溫，外加一些用於塗抹
　　一百二十五公克過篩的糖粉，外加一些用於撒粉
　　一百二十五公克磨碎的杏仁
　　三個大的雞蛋，稍微散打
　　一百二十五公克麵粉，加上半小匙泡打粉，過篩
　　一枚硬幣或者小紀念物，當作 flouri [42]，放在麵糊裡

　　將切碎的蔓越莓與李子乾在白蘭地中浸泡數小時或者一夜。然後用攪拌器絞碎。將奶油、糖粉、磨碎的杏仁攪打成鮮奶油狀。
　　慢慢加入果泥，然後加雞蛋，每次添加後都要打勻。

　　用金屬調羹加入麵粉與泡打粉，將麵糊倒入一個直徑二十公分的圓形蛋糕模，蛋糕模內部要先塗抹奶油，並放上烤盤紙。將 flouri 放入麵糊中，按進去，使其藏在表面以下。以一百七十攝氏度烤四十五分鐘。

---

41 原產於雅典附近的白蘭地，主體為薩摩斯島的麝香葡萄酒。
42 Φλουρί，原指拜占庭的金幣，後指硬幣。

否可以入藥，他答道這是好吃的：「第二天早上，我遇到一群村民從聖泉回來，每個人都帶著這種新發現的蔬菜。他們……告訴我，將來他們要將其命名為 phrankochorton，弗蘭克人[43]草（Frank's Herb）。」[107]

不過在通常情況下，至少有一個基督教會的大節日能夠緩解嚴格的大齋，即三月二十五日的聖母領報節[44]，這個節日的日期是固定的。這一天雖然一向正好在大齋期，但是遵守教規的現代希臘人也會允許自己吃以橄欖油烹製的魚，或者上魚菜餚時搭配橄欖油。中世紀的僧侶也是這麼做的，拜占庭修道院對於這天什麼可吃及不可吃，有著明確詳盡的規定：允許吃魚（除非聖母領報節正好遇上聖週）[45]，可以喝比平時規定分量稍多的葡萄酒[46]，甚至鼓勵第二天加上更多的油，把剩菜吃掉。

復活節的準備工作從聖週四開始，塗紅蛋、烘烤復活節甜麵包。Lampropsomo 即「光明」或「復活節麵包」，又稱 tsoureki（阿拉伯語及土耳其語名稱），與大齋期食品完全不同，富含雞蛋與奶油，裝飾圖案包括春天的花朵與樹葉、十字架、蛇，但也有許多其他傳統圖案。在復活節週六，上述麵包與雞蛋經過祝福之後，由孩子們送一些給教父教母。

年長的希臘人也可能還記得在這一天，以公用水龍頭洗淨羊腸，然後編成寬而滑的辮子，用牛至及大量鹽與胡椒調味之後，放在麵包師的烘爐裡烤熟。現在更常見的作法是把羊腸加在燒烤內臟 kokoretsi 裡面。這道菜裡有綿羊羔或者山羊的腰子、肝、心、肺，以及大量剩餘的脂肪與網油，串在長長的金屬烤叉上，並以腸子包裹起來，就像纏繞一個細長的毛線球。這要在炭火上烤數小時，可能是在一處特製的燒烤坑上，一起烤的是一整隻綿羊羔或山羊羔，穿在烤叉上。緩慢地烹製、定時以芳香植物枝葉刷上水、不斷旋轉烤叉，帶來令人難忘的開齋盛宴。不過，明確來說，傳統上結束大齋一共有三個步驟。首先在復活節週日的午夜之後，吃

---

43 弗蘭克人是伊斯蘭文化圈對西歐白人的稱呼。
44 公曆四月七日。
45 主受難週，復活節週日前的一週。
46 大齋期間禁酒，但某些日期允許飲酒。

Kokoretsi，復活節羊羔的腸子與內臟，在烤叉上烤製。這是美國德克薩斯州達拉斯市的希臘家庭復活節慶祝活動。

mageiritsa 湯（意為「烹煮的一道菜」），這道湯裡有腰子及其他內臟，並以米飯增稠；接著，在中午前後，還在烤羊羔肉的時候，先上第一道菜燒烤內臟 kokoretsi（這個名稱顯然是阿爾巴尼亞語）[47]；最後才是烤肉。

　　在中世紀的君士坦丁堡，對於何時才應該結束大齋進食，各修道院的規定不一，有些認為午夜用餐會給僧侶的心靈與腸胃帶來太大負擔，有些則允許飽餐一頓，但要喝加了小茴香的葡萄酒，以減少腸胃脹氣。[108]因此

47　Κοκορέτσι。阿爾巴尼亞語 kukurec 意為「玉米芯」。也有人認為希臘語及阿爾巴尼亞語的這個詞是同源詞，分別直接源自南斯拉夫語支。

復活節：大餐與齋戒

　　在復活節週日要吃整隻綿羊羔或山羊羔，必須切斷關節，在烤爐裡烘一夜，或者在專門的燒烤坑上烤，這個燒烤坑非常大，因此只在這一年一度的場合使用。相比之下較小、但其實也算大的肉串和肉排，則是在一個炭火烤架上製作，就如圖中所示，餐廳的烤肉師傅正在烤製；這些肉是根據訂單從肉串上切下來的。

　　濯足節（Maundy Thursday）[48] 是給白煮蛋塗色的日子——幾乎都是紅色，但有些人喜歡彩色。然後這些蛋出現在週六／週日午夜的餐桌上，在結束齋戒的 mageiritsa 湯[49]之前（綿羊羔或山羊羔肉及香草植物做成的濃湯）。人們拿這些蛋互相敲擊，如果你的蛋殼沒有破裂，你就贏了。

現代希臘的復活節：滋滋響的烤肉……

……還有塗成紅色的雞蛋。

---

48 希臘正教稱為 ΜεγάληΠέμπτη，「聖週四」，耶穌的最後晚餐日，
49 Μαγειρίτσα，字面意義「烹煮的東西」。

有一名穆斯林人質說，在復活節週日，從大皇宮到聖索菲亞教堂的莊嚴遊行路線上，噴泉裡流的不是水，而是甜美的香料酒：

> 在節日當天，這口水池裡裝滿了一萬罐酒和一千罐白蜜，以單峰駱駝駄運的甘松、丁香、肉桂調味……。當皇帝離開皇宮，進入教堂，他看到這些雕像，以及從它們的嘴與耳朵裡流出來的香料酒，流進下面的水池裡，直到裝滿。遊行隊伍的每一個人……都能得到一杯滿滿的酒。[109]

緊接在復活節之後，逝者可能再次受邀參加節日活動。在卡爾帕托斯島的奧林帕斯村，在白色星期二（復活節週日後的兩天），婦女們在村裡墓地的墳墓旁擺放食物，比如煮小麥雜豆 kollyba（這又是一道有許多種子、堅果、水果的混合食品）50、蛋糕、葡萄酒、柳橙汁、乳酪、糖果、水果，神父在每座墳前做禱告。[110]

---

50 Κόλλυβα，有小麥、各種種子、葡萄乾等，加蜂蜜或糖調味。源自希臘化時期的 kollyba，即煮熟的小麥做成的小派餅。

尾聲
歡宴

　　超過了一定程度之後，食物就無關緊要了。半條麵包、一大塊乳酪、一瓶松脂酒，就能給一個人帶來足夠的快樂，因為他上午走了很久，下午還有很長一段路。對一個人來說，這就已經很多了。本書描述的所有餐宴，用餐者幾乎都不止一個人。一個例外可能是赫西俄德筆下的那頓飯，這可能是希臘文學中現存最古老的文本，大約在公元前七百年，時當正午，他坐在岩壁的蔭涼下，當著西風，思考著七月是「山羊最肥，葡萄酒最美，女子最風流，男子意志最薄弱」的季節，享用細膩的大麥粥和最後的山羊奶，還有森林裡放牧的小牛肉，與火一般的美酒。[1] 他似乎是獨自一人。還有一個例子是在公元九六八年，克雷莫納的利烏特普蘭德在君士坦丁堡的一餐；由於心情太差，他沒有在皇宮用餐，憋了一肚子氣回到自己的住處，吃了皇帝派人送來讓他開心的禮物：一頭塞滿大蒜、洋蔥、韭蔥的肥美山羊羔，而且澆了魚露。[2] 如果他也是一個人吃飯，他的悶悶不樂就更容易理解了。

　　除此之外，本書中其他的希臘餐宴幾乎至少都有兩個人用餐，並且因此更加精彩。安科納的賽里亞克、皮耶・貝隆，幾乎所有早期的旅人都偶爾暗示自己有旅伴同行，即使他們並沒有寫出旅伴的姓名。這種線索通常是在描述一頓飯的時候出現的：在阿托斯山，修道院長「給我們提供了芝麻菜」、韭蔥、小黃瓜、洋蔥和美味的綠色小蒜苗[3]；在希俄斯島，「我們心情輕鬆地騎馬穿過格外青翠、珍貴的乳香黃連木林」[4]；在色雷斯，「我

《歐律托斯兒缸》（*Eurytios krater*），科林斯，約公元前六百年。這是希臘最古老的宴會場景畫作。
根據神話，赫拉克勒斯（Herakles）拜訪歐律托斯、其諸子、其女伊俄勒（Iole）[1]。這件事最後以
悲劇作結，不過此時尚未發生。圖中伊俄勒正在服侍，父親、諸子與赫拉克勒斯斜倚在躺椅上。另
一幅圖中，年輕人正在烤肉。

---

1 奧卡利亞國王（Oechalia）歐律托斯，曾由阿波羅傳授箭術，是參加尋找金羊毛的阿爾戈英雄之一。他許諾將女兒
　伊俄勒嫁給箭術能夠勝過自己及諸子的人，赫拉克勒斯前來挑戰。最後歐律托斯及諸子遭其殺死。

《亞伯拉罕的款待》（Hospitality of Abraham），十四世紀晚期拜占庭聖像畫。這幅場景是希臘藝術家們逐漸發展出來的，主人與女主人都在一旁服侍，這有一個特殊原因：他們的客人是神聖的三位一體。出自《聖經》〈創世紀〉第十八章[2]。

們在柳樹下紮營……並買了一些這種肉」[5]；在坎迪亞，「我們受到親切的接待……尤其是女士們，屢次在她們的花園裡為我們舉行宴會，還有音樂與舞蹈」[6]；在瑞提姆諾，「我們的午餐是……紅鯔魚、雞蛋、麵包、乳酪，還有精彩的葡萄酒」[7]；在邁索隆吉，「我們幾乎沒碰我們的午餐章魚，而是猛灌冰鎮的菲克斯啤酒。」[8]有兩個例外像僵疼的大拇指一樣突出：安托萬・德斯・巴赫及威廉・利斯高是獨自旅行，德斯・巴赫被希俄斯的女孩們捉弄，[9]而利斯高以為她們是妓女。[10]這兩人都不自在。只要有一個人同行，就有了陪伴與安慰；但兩人之間也有區別，比如在馬涅半

---

2 聖經和合本：耶和華在幔利橡樹那裡，向亞伯拉罕顯現出來，那時正熱，亞伯拉罕坐在帳棚門口。舉目觀看，見有三個人在對面站著。他一見，就從帳棚門口跑去迎接他們，俯伏在地，說，我主，我若在你眼前蒙恩，求你不要離開僕人往前去。容我拿點水來，你們洗洗腳，在樹下歇息歇息。我再拿一點餅來，你們可以加添心力，然後往前去，你們既到僕人這裡來，理當如此。他們說，就照你說的行罷。亞伯拉罕急忙進帳棚見撒拉說，你速速拿三細亞細麵調和作餅。亞伯拉罕又跑到牛群裡，牽了一隻又嫩又好的牛犢來，交給僕人，僕人急忙預備好了。亞伯拉罕又取了奶油和奶，並預備好的牛犢來，擺在他們面前，自己在樹下站在旁邊，他們就吃了。他們問亞伯拉罕說，你妻子撒拉在哪裡，他說，在帳棚裡。三人中有一位說，到明年這時候，我必要回到你這裡，你的妻子撒拉必生一個兒子，撒拉在那人後邊的帳棚門口，也聽見了這話。亞伯拉罕和撒拉年紀老邁，撒拉的月經已經已斷絕了。撒拉心裡暗笑，說，我既已衰敗，我主也老邁，豈能有這喜事呢。耶和華對亞伯拉罕說，撒拉為甚麼暗笑，說，我既已年老，果真能生養嗎。耶和華豈有難成的事麼，到日期，明年這時候，我必回到你這裡，撒拉必生一個兒子。

島，里克的嚮導吃的是豆子湯，而里克吃的是沙拉與蜂蜜，不過兩人都很滿意。[11] 當然同行者也許不止兩個人。

拜占庭皇帝伊奧安涅斯八世帕萊奧洛戈斯，在佛羅倫斯附近野餐時是單獨用餐（身為皇帝，很不幸地沒有人與他平起平坐），他親自清洗了沙拉蔬菜，但只取了自己想要的分量，然後把菜餚送給樹下的隨從們。[12] 在克里特的修道院，李爾的希臘僕人喬治・科卡里斯（George Kokalis）沒法像他的土耳其嚮導那麼開心：「可憐的喬治最近只能吃齋日的食物，所以抓飯和雞蛋都給了土耳其人。」[13] 愛德華・多德威爾與薩洛納主教吃飯時，他有自己小心守護的專屬杯子，而他的嚮導和僕人共用一只酒杯。（見第二二〇頁）。

自費羅薩努斯的詼諧詩〈晚餐〉以來，好客，即 philoxenia（奇怪的是，他的名字正好與好客這個詞有關），一直是希臘飲食的中心。有兩個人或更多人在場的時候，主人與客人的身分職責就必須由大家分別擔任。哪怕只是一名嚮導，也可以扮演主人的角色，比如那些大膽的聖職者，不像他們的修道院長，他們會帶客人參觀修道院的酒窖；又比如那名年輕的僧侶，在阿托斯山上，他為貝隆一行人領路，不慎迷路了，但是他知道在哪裡能找到可以生吃的河蟹。[14]

主人必須公平、隆重、慷慨。《伊利亞特》中，阿基琉斯與友伴帕特羅克洛斯招待客人的時候，阿基琉斯烤肉（通常由男性負責），帕特羅克洛斯以籃子奉上麵包，而且阿基琉斯親自端肉。[15] 一九〇一年，古典學者約翰・邁爾斯（John Myres）[3] 寫道：「在希臘，這依然是一項重大儀式，而且是事先就安排好了：主人站著，把整盤肉都挑了一遍，給每位客人選出品質相等的部位，然後為客人放進餐盤裡。」[16]

即使他只有一位客人，也是一樣：派翠克・李・費摩爾的主人將帶骨的腿肉在鍋裡豎起來，切下一塊又一塊，輪流堆放在兩只盤子裡。[17]《奧德賽》中的歐邁俄斯（Eumaios）[4]，犧牲了兩隻小豬，把牠們燎掉了毛、

3　一八六九－一五九四。英國考古學家，十九世紀末至二十世紀初在賽普勒斯主持發掘及研究。

切開，穿在烤叉上烤，只有養豬人才有這樣的自由：

他端來放在奧德修斯身前，滾燙的肉塊，就著烤叉；他撒上雪白的大麥；他調出美酒，如蜜般甜，盛在大杯中，然後下坐在奧德修斯對面，請他吃用，說道：「吃吧，陌生的客人，我等奴僕的餐食，只有小豬，因為肥美的肉豬已遭求婚者們大嚼！」[18]

慷慨不一定是政治性的，但有可能是。奧德修斯接下來講了一個故事，講述自己如何招集一支隊伍去特洛斯打仗：「一連六天，豪俠的夥伴們開懷吃喝，由我整備豐足的餐宴。到了第七天上，我們登坐船板出發。」[19]里克曾引用馬涅人的一支民謠，年代比奧德修斯近得多。民謠中說，此地的貝伊，特薩涅托斯格·瑞戈拉克斯（Tzanetos Grigorakis）[5]以類似的好客而聞名，他位於古特伊奧（Gythio）的宮殿裡，有一口鐘宣告晚餐的時間，所有聽見鐘聲的人都可以進入宮殿，在他的餐桌上吃飯，然後滿意地離開。[20]

客人的角色通常很容易扮演。「陌生的友客」，歐邁俄斯對喬裝的奧德修斯說：「我不能回拒一個生人，即使來者的境況比你更壞：在宙斯的面前，每個人都是生人乞丐。」珀涅羅珀的求婚者之一比較深思熟慮，提出一個不要拒絕異鄉人的有力理由：他們可能是神明，偽裝成異鄉人，「幻取各種形貌，浪走凡人的城市，探知誰人行事好壞。」

歐邁俄斯尊褒這位流浪的異鄉人（他不知道這位是自己的主人，但是讀者知道），奉上「來自長牙白亮的肥豬，一長條脊肉」。[21]一八五三年，伊莎貝爾·阿姆斯壯與伊迪絲·潘恩訪問的修道院院長（igoumenos），是一位像歐邁俄斯一樣慷慨的主人。僧侶們的餐食中沒有肉，他利用她們的

---

4 忠於奧德修斯的牧豬人，在其離家期間於山野中繼續為其牧豬。奧德修斯隱瞞身分回鄉，受到歐邁俄斯款待，接著奧德修斯為其講述下一段提及的身世與經歷。

5 一七二一一八一三。馬涅地區的第三任貝伊（源自突厥語，意為首領，鄂圖曼帝國時期成為頭銜，意為總督、老爺），一七八二一一七九八在位。

來訪安排了一餐羊羔肉，「每當他認為我們差不多吃完的時候，就把肉塊推到我們的餐盤裡」，她們雖然不知道，但一定猜得到，有些肉塊會再回到他那邊去：

　　我們愈是表示我們不想再吃，他就愈高興，堅持我們必須吃。當他向左邊的人轉過頭去，我就趁機把他放在我盤子裡的美味肉塊悄悄移到他的盤子裡；我發現他很感激這種微妙的殷勤，只不過如果表現出注意到這一點，就不合乎禮節了。[22]

　　招待客人時，比起坐下進餐，宅中的婦女有更多事情要做。即使男人已經把肉烤好了，其餘的幾乎都是她們做。我們且從兩千七百年前的《奧德賽》開始。女仙卡呂普索向奧德修斯告別時，為他準備了午餐（一皮囊酒、一皮囊水，以及裝在皮袋裡的食物）。娜烏西卡去河灘洗衣，她的母親為她準備了午餐，放在提籃裡，還有一只羊皮囊的葡萄酒。接下來，娜烏西卡告訴奧德修斯，當他到達她家，必須直接去找她的母親，她會「坐在火塘邊，就著柴火的閃光，拿著線杆，纏繞紫色的毛線……傍鄰著她的座椅，是我父親的寶座，王者端坐椅面，啜飲美酒，神明一般」；到了晚餐時間，如果有客人，女人就不這樣露面了，但飯後女僕們會重新出現，清理一切。另一戶家宅中的僕人歐邁俄斯，則記得這樣的一個晚上：「在夫人面前閒聊，詢索發問，有吃有喝，還有一點給我帶回農莊。」沒有客人的時候，只有兩個人吃晚餐，就比較簡單，但依然各自扮演不同的角色；所以，奧德修斯與卡呂普索最後一次共餐的時候，「她擺出各種食物，凡人食用的東西，供他吃喝；她坐在神一樣的奧德修斯對面，女僕給她送來仙饌（ambrosia）與神酒，他們伸出手來，拿取眼前的肴餐。」[23]

　　在古典雅典，情況也沒有什麼不同，這一點從新發現的墨南德羅斯（Menander）⁶的喜劇《暴躁老頭》（*The Bad-tempered Man*）中可以看得到。

---

6 前三四一－二九○。雅典新喜劇代表作家。

關於家中大餐，幾乎全由婦女及奴僕做決定：什麼時候吃、用什麼動物做祭品、在哪裡吃、以哪位神明的名義吃；但這些婦女在舞台上幾乎不說話，劇中這頓飯是男人的午餐，劇中有名字的角色是主人與客人，也是男人。女人在午餐之前先吃飯，或者之後才吃，或者在一旁吃，但是幾乎沒有一句話告訴我們實際情況到底是什麼。在晚飯及其後跳舞時（此時晚飯已經變成了婚禮，這種事在喜劇中比生活中更加猝不及防），男人與女人分成兩邊，但並沒有避不見面，彼此都能看到對方。[24] 在另一齣喜劇的婚禮上，主人對廚師說：「我告訴過你，女人四桌，男人六桌。」[25] 根據一篇雅典的法學演講，「已婚婦女不與丈夫共進晚餐，她們也不願意與其他家庭的男人吃飯。」[26] 的確如此，墨南德羅斯劇中的婦女們差不多都沒有這麼做，而且能夠自得其樂。

　　威尼斯人及土耳其人統治下的克里特島，情形仍然沒有太大不同。「女性從不參加宴會，」皮耶・貝隆寫道，「當人們在一起喝酒吃飯時，她們也不在場。」[27] 兩個世紀之後，理查・波卡克的記載與此一致：「女性

在古希臘，男性很少看見女性飲酒（慶祝活動中，男女通常是分開的），但他們認為，在沒人注意的時候，女性一定會喝酒。這只缽上的圖案，是想像中一位家庭主婦正在利用自己對酒窖的監護權。

從來不與家人以外的男人同桌吃飯，雖然她們不像土耳其人那麼嚴格，但她們很少進入有陌生人在場的房間。」[28]一九一三年，在慶祝埃萊夫塞里奧斯·韋尼澤洛斯告別家鄉、成為希臘政治家的晚宴上，他唯一提議的祝酒辭是「獻給最後到來的人，她們絕非無關緊要！」這句話是獻給現場的女士們（其中一位是他的愛人帕拉斯科芙拉·布魯姆〔Paraskevoula Blum〕），因為她們直到做好了甜點，才出現在宴席上──即使是貴賓的這位女性摯友，之前也沒有露面。[29]

這種角色扮演通常以性別為區分，但也不妨礙雙方都參與不同角色。十七世紀，法國大使諾泰爾侯爵（marquis de Nointel）[7]「為女士們」舉辦了一場精心準備的娛樂活動，男性也在場，但有適當的區別：

三排長椅，上面鋪著土耳其織毯，女士們都坐在上面，這樣她們就都可以很方便地看到諾泰爾侯爵的桌子，而且自己也很容易被看到（其中有幾位很值得一看）。女士們的圈子中間，有一塊八呎多高的粗礪岩石，其實是以蜜餞、糖果、杏仁糖糕（marzipan）、水果製成，從中湧出三股泉水，一是檸檬水，一是橘子水，一是哥多華水（Cordova water）[8]。四名小邱比特不斷向女士們奉上醃漬蜜餞、水果和飲料。這個圈子後面有一只水盆，從中心噴出一股葡萄酒，噴得很高，持續了整場活動。」[30]

神靈也參與希臘的飲宴，而且可能一直都是如此。如今人們可以用最簡單的方式來表明上帝存在，比如劃十字：以拇指、食指與中指的指尖相觸，以示三位一體，十字的橫向是從右肩劃到左肩。[9]比如麵包，是聖餐中聖體的象徵，可能會隆重對待：一塊完整的麵包（幾乎所有希臘餐廳都是如此），由主人分開，剩下的可能會被親吻並儲存起來。[31]在修道院則有

---

7 一六三五──一六八五。一六七○──一六七九任法國駐鄂圖曼帝國大使。
8 不詳。哥多華 Córdoba，西班牙安達魯西亞古城，該城源自羅馬時代的飲用水供應系統很有名。
9 西方基督教以張開的右手劃十字。西方基督教及東方正教會劃十字橫向動作是先左肩後右肩。

更盛大的儀式。喬治·惠勒看到，在飯後，一片麵包和一杯葡萄酒端到修道院長的桌上，讓他祝聖，然後他在食堂裡走來走去，先讓每名僧侶都吃一點麵包，然後每人都啜一口酒。[32]

上帝（古典希臘人可能說的是「眾神」或「神」）下令在某些時候齋戒，還有一些時候則要求飲宴。《暴躁老頭》的婚禮發生之前，是一家人祭祀潘神的盛宴——而且婚禮正是這場飲宴引起的。《奧德賽》描述了祭祀諸神之王宙斯的牛祭，這也是崇拜者的宴會，而不僅僅是為了神：

> 焚燒了祭畜的腿件並品嘗過內臟，他們把所剩部分切成條塊，用叉子挑起，手握尖叉，仔細炙烤……。祭畜上半身炙烤完畢，從叉尖上擼下牛肉，他們坐著咀嚼。[33]

古老的諸神要的並非只有肉類。古典時代的旅行家帕烏薩尼亞斯急於造訪伯羅奔尼撒的菲伽利亞（Phigalia）[10]，參觀穀神得墨忒耳的著名神殿，這座神殿在當時已經很古老了。走進橡樹林後，他照例在洞口的桌子上獻上「人工栽培的果實，尤其是葡萄，還有蜂巢」，並淋上油。[34]

正教會行事曆的齋戒，將希臘人與西方訪客區分開來，後者的教會要求較低；齋戒也將希臘人與土耳其人區分開來，後者與希臘人住在一起，但各自的齋月齋戒規定不同。尼科斯·卡贊扎基斯的小說《自由與死亡》中，努里·貝伊帶來一隻鷓鴣與米哈伊爾隊長分享——「我想我們可以一起吃，回憶舊時光」：

> 「我不能吃，今天是我們的齋日。」他答道。努里·貝伊非常遺憾，握住他的雙手，說：「如果我早知道，奉先知之名，我會給你帶點黑魚子醬。」[35]

---

10 位於古阿爾卡狄亞的西南角。神殿位於橡樹林中一座洞穴裡。

食物是基本的且，必要的：二〇一五年，雅典廣場（Syntagma 廣場）議會大廈前，街頭食物出現在一場濕冷的示威活動中。

　　這不是隨口一說。米哈伊爾隊長完全有資格吃魚子醬。貝隆造訪勒姆諾斯島的時候，島上的土耳其總督請他吃了一頓簡單的晚餐（「第一道菜是不加醋和油的生黃瓜……除了鹽，沒有調味品；接著我們吃了生洋蔥和新鮮鱘魚，還有一道特拉卡納斯碎麥湯，以及蜂蜜與麵包」），但因為這群人中有一些希臘基督徒，因此也供應了葡萄酒，至於東道主本人，身為穆斯林，所以不喝。[36]

過去與未來

　　一些歷史悠久的希臘僑民群體（在喬治亞共和國、俄羅斯南部、羅馬尼亞、義大利南部及西西里）幾乎被世人忽略，其他起源較晚的則非常著

名。現在還有第三波僑民：處於工作年齡、有一技之長的希臘人到國外工作，有時會離鄉多年，但與家人、家鄉城鎮及島嶼保持聯繫，而且最終會回國。由於希臘經濟目前步履蹣跚，第三波僑民仍持續增加。

部分是因為有了這些僑民，希臘飲食在國際上才有了強烈的形象；多虧了他們，其他人才學會了解希臘飲食，對希臘飲食有了需求。幾世紀以來，希臘一直是旅人的目的地，最近希臘與賽普勒斯也成為觀光客的目標；這也有助於希臘飲食在國外為人所知，雖然並沒有得到充分的賞識。旅人有時遇上的是粗劣的食物，來自沒有資源餵飽自己、但是好客的希臘人；有時遇上的食物與他們的日常經驗相去甚遠，以至於無法學會享用（比如松脂酒）；有時遇上的食物如此聞名，以至於無法超越（比如伊米托斯山的蜂蜜）。觀光客遇上的食物是希臘人按照他們的期望巧妙塑造的，這些希臘人當中許多人在國外生活過，親眼見過外國人喜歡的東西，卻幾乎不知道當今最好的希臘飲食的全部內容。一九二三年被迫移民的希臘人，他們的子孫輩繼續豐富著希臘的飲食傳統，但觀光客看不到這些，除非他們也是無畏的探險家。

希臘一直是南歐的窮國之一，如今債台高築，只能接受歐洲北方的新殖民主義。為了歡迎廉價的度假者，希臘毀掉大片海岸線；它把自己的許多產業賣給跨國公司，於是這些公司現在靠著它的油水生活，而本地企業卻破產了；它接受了歐盟的保護名稱與產地標籤，但原本應該與市場一起創造發展的新想法，被這些事物變得僵硬而官僚。對於部分親友居住在鄉村的人來說，這個情況還沒有那麼艱難，因為農莊生產的食物與葡萄酒首要是供應給家族親友的。但是在雅典，陷入貧困的許多人沒有這樣的家族關係，沒有安全網。希臘人可能在重新發展中表現出聰明才智，可能得益於網路行銷，這可以確保良好的本地食品與小企業繼續生存。

使用本地產品的風潮，愈來愈流行，這應該有利於希臘傳統飲食習慣，但風潮並不等於大多數人都會不假思索去做、或者主動想做。在當前這樣絲毫稱不上時髦的日常現實中，對於使用本地產品這件事，全球化的世界構成了三大威脅：來自任何地方的任何產品都可以和其他產品一樣行

銷自己；食品長途運輸成本假裝比實際上便宜得多；隨著人們愈來愈失去根源，他們愈來愈不想要本地產品。與某些其他飲食比起來，希臘飲食也許還更能承受這些威脅，因為希臘人的生活方式可能比某些群體更能堅持下去。從歷史上看，希臘人一直擅長維護自己的文化。幾千年來，他們一直在輸出自己的文化，同時保持著希臘特色，保持著繼續留住希臘特色的渴望；他們欣賞享受好的希臘食物，從這一點就可以看出上述事實。

那麼，五十年後，好的希臘本地食品、好的希臘烹飪，以及享受這一切的希臘人，是否依然存在？雖然現在希臘飲食傳統的根基似乎很牢固。當年人們生活在弗冉克希洞穴、錫拉島的阿克羅蒂里、古雅典、中世紀君士坦丁堡、熱那亞威尼斯及鄂圖曼統治下的希臘，他們體驗到的滋味，都已經成為希臘飲食傳統的一部分，流傳至今。比如春天的羊羔肉，就屬於此一傳統，早在基督教復活節將其納入體系之前，希臘人就喜歡吃春天的羊羔肉。

愛琴海的好魚也是如此，古雅典人為這些魚付出高價，就像現代希臘人在吃魚的酒館裡一樣。乳酪和葡萄酒也是如此；最近的異國物種，比如哈尼亞的柳橙、錫拉島的番茄，也是如此；一般麵包、有兩千年歷史的大麥硬麵包、浸滿了蜂蜜的糕餅，也是如此；塞薩洛尼基街頭不可思議的提神飲料薩勒皮、希俄斯島的乳香酒和醃漬蜜餞、雷斯博斯島的香醇烏佐酒，也是如此。希臘的飲食傳統，終將繼續發揚光大。

引用書目

第一章 根源

1　Out of several interpretations of the Atlantis myth, this is not the most popular – but it could still be true.

2　Lawrence Durrell, *Prospero's Cell* (London, 1945), pp. 23–5.

3　'These changes must to some extent be attributed to the activities of prehistoric people,' says Sytze Bottema (p. 46), writing of the spread of styrax and terebinth as well as olive: Sytze Bottema, 'The Vegetation History of the Greek Mesolithic', in *The Greek Mesolithic: Problems and Perspectives*, ed. N. Galanidou and C. Perles (Athens, 2003), pp. 22–50.

4　P. Warren, *Myrtos: An Early Bronze Age Settlement in Crete* (London, 1972), pp. 255–6.

5　J. Aegidius van Egmont and John Heyman, *Travels* (London, 1759), vol. i, p. 255.

6　Winifred Lamb and Helen Bancroft, 'Report on the Lesbos Charcoals', *Annual of the British School at Athens*, xxxix (1938/9), pp. 88–9.

7　F. Fouqué, *Santorin et ses éruptions* (Paris, 1879), pp. 98–129; *une espèce de pois encore cultivés dans l'île, où ils sont connus sous le nom d'arakas, p. 120; une matière pâteuse, p. 128.*

8　Anaya Sarpaki and Glynis Jones, 'Ancient and Modern Cultivation of *Lathyrus clymenum L.* in the Greek Islands', *Annual of the British School at Athens*, lxxxv (1990), pp. 363–8.

9　Warren, Myrtos, pp. 255–6.

10　*Odyssey* 2.337–343.

11　Nikos Kazantzakis, Καπετάν Μιχάλης, in Jonathan Griffin, trans., *Freedom and Death* (Oxford, 1956).

12　Valasia Isaakidou, 'Cooking in the Labyrinth: Exploring "Cuisine" at Bronze Age Knossos', in *Cooking Up the Past: Food and Culinary Practices in the Neolithic and Bronze Age Aegean*, ed. C. Mee and J. Renard (Oxford, 2007), pp. 5–24, at pp. 8–9.

13　Fouqué, *Santorin et ses éruptions*, p. 128.

14　Athenaios, *Deipnosophistai*, in *Athenaeus: The Learned Banqueters*, ed. and trans. S. Douglas Olson (Cambridge, ma, 2006–12), 111a.

15　Martial, Epigrams, in *Martial*, ed. D. R. Shackleton Bailey (Cambridge, ma, 1993), Book 14 no. 22; Andrew Dalby, *Empire of Pleasures* (London, 2000), p. 151.

16　Pausanias, *Guide to Greece*, in Peter Levi, trans., *Pausanias: Guide to Greece* (Harmondsworth, 1971), 8.1.5. The oracle, of which this is only a part, is: H. W.

Parke, D.E.W. Wormell, *The Delphic Oracle* (Oxford, 1956), ii, p. 15. Phegos is Valonia oak, *Quercus macrolepis*.

17 *Homeric Hymn to Demeter*, 480–82.

18 Herodotos, *Histories*, 8.55.

19 Apollodoros, *Mythology, in Apollodorus: The Library*, ed. J. G. Frazer (London, 1921), Book 3 ch. 14, quotation abridged.

20 *Odyssey*, 7.112–21.

21 This phrase is a literary pun. The Homeric epics have the recurring formula 'oxen and fat sheep', using an archaic word for sheep, *mela*. In later Greek the same word meant 'apples'.

22 Athenaios, *Deipnosophistai*, 650c.

23 *Epitome of Athenaios*, in S. Douglas Olson, ed. and trans., *Athenaeus: The Learned Banqueters* (Cambridge, ma, 2006–12), 49f.

24 Mariana Kavroulaki, 'Pomegranates', at http://297315322.blog.com.gr.

25 Dioskourides, *Materia medica, in Pedanii Dioscuridis Anazarbei de materia medica libri quinque*, ed. M. Wellmann (Berlin, 1907–14), Book 5 ch. 20.

26 Ibid., 5.21.

27 Athenaios, *Deipnosophistai*, 374d; Aristophanes, *Birds*, 485.

28 Theognis, *Elegies*, in Dorothea Wender, trans., *Hesiod: Theogony, Works and Days; Theognis, Elegies* (Harmondsworth, 1973), ll. 863–4; *Epitome of Athenaios*, 57d.

29 Oreibasios, *Medical Collections*, in Mark Grant, trans., *Dieting for an Emperor: A Translation of Books 1 and 4 of Oribasius' Medical Compilations* (Leiden, 1997), Book 4 ch. 6.

30 Herodotos, *Histories*, 9.82.1–3.

31 Athenaios, *Deipnosophistai*, 82f.

32 Pliny, *Natural History, in Pliny: Natural History*, ed. H. Rackham et al. (Cambridge, ma, 1938–63), Book 15 section 41.

33 Theophrastos, *History of Plants*, in Arthur Hort, ed. and trans., *Theophrastus: Enquiry into Plants* (Cambridge, ma, 1916–26), 4.4.7.

34 Nikandros, *Theriaka, in Nicander*, ed. A.S.F. Gow and A. F. Scholfield (Cambridge, 1953), l. 891.

35 al-Istakhri, *Kitāb al-Masālik wa'l-Mamālik, in Viae regnorum descriptio ditionis Moslemicae,* ed. M. J. De Goeje (Leiden, 1927), p. 173.

36 Jacques de Vitry, *Historia Orientalis et Occidentalis, in Iacobi de Vitriaco . . . libri duo* (Douai, 1597), p. 86.

37 H. Winterwerb, ed., *Porikologos* (Cologne, 1992), l. 6.

38 Ibid., 4.

39 *Scholia on Nikandros' Alexipharmaka, in Scholia in Theocritum; Scholia et paraphrases in Nicandrum et Oppianum*, ed. F. Dübner and U. C. Bussemaker (Paris,

1847), l. 533. The commentator thinks the bitter orange, *nerantzion*, is the same as the ancient *melon Medikon*. A nice idea but mistaken: the latter was the citron.

40 Aglaia Kremezi, 'Greece: Culinary Travel: Ionian Islands', at www.epicurious. com/archive.

41 Aglaia Kremezi, 'Tomato: A Latecomer that Changed Greek Flavor', *The Atlantic* (July 2010).

42 Strabo, *Geography*, in *The Geography of Strabo*, ed. H. L. Jones (London, 1917– 32), 15.1.18.

43 Quoted in Athenaios, *Deipnosophistai*, 153d.

44 W. M. Leake, *Travels in the Morea* (London, 1830), vol. i, p. 309.

45 Ibid., p. 337.

46 Diogenes Laertios, *Lives*, in *Diogenes Laertius: Lives of Eminent Philosophers*, ed. R. D. Hicks (London, 1925), Book 1 ch. 81.

47 Plutarch, *Banquet of the Seven Sages*, in *Plutarchi Chaeronensis scripta moralia*, ed. F. Dubner (Paris, 1846–7), ch. 14.

第二章 古典盛宴：最早的美食文化

1 *Odyssey*, 4.620–24.

2 Ibid., 9.219–23.

3 Ibid., 9.244–9.

4 Ibid., 4.220–21.

5 See Mariana Kavroulaki, 'Mixing the Kykeon', at http://297315322.blog.com.gr.

6 *Iliad*, 11.624–41.

7 *Odyssey*, 10.233–6.

8 For a recent study of modelled pottery of this tradition see Louise Steel, 'The Social World of Early-middle Bronze Age Cyprus: Rethinking the Vounous Bowl', *Journal of Mediterranean Archaeology*, xxvi (2013), pp. 51–73.

9 Hesiod, *Works and Days*, in M. L. West, trans., *Hesiod: Theogony and Works and Days* (Oxford, 1999), ll. 582–96.

10 *Epitome of Athenarios, in Athenaeus: The Learned Banqueters*, ed. S. Douglas Olson (Cambridge, ma, 2006–12), 30f.

11 Athenaios, *Deipnosophistai, in Athenaeus: The Learned Banqueters*, ed. and trans. S. Douglas Olson (Cambridge, ma, 2006–12), 138d.

12 Ibid., 462c.

13 Ibid., 65c and 370d.

14 Ibid., 399d.

15 Ibid., 228c.

16 Ibid., 313f.

17 Hesiod, *Works and Days*, 640.

18 Athenaios, *Deipnosophistai*, 293a.

19 Ibid., 295d.

20 Ibid., 322c; the first speaker responds with a full recipe.

21 Pliny, *Natural History, in Pliny: Natural History*, ed. H. Rackham et al. (Cambridge, ma, 1938–63), Book 19 section 39.

22 *Geoponika*, in Andrew Dalby, trans., *Geoponika: Farm Work* (Totnes, 2011), Book

20 ch. 46. *Garos* can be made in suitable conditions with due care, but these recipes are not recommended for casual experiment.

23 Pierre Belon du Mans, *Les Observations de plusieurs singularitez et choses memorables trouvées en Grèce, Asie, Judée, Egypte, Arabie et autres pays étranges* (Paris, 1555), 1.75.

24 Athenaios, *Deipnosophistai*, 302e.

25 *Epitome of Athenaios*, in Olson, *Athenaeus: The Learned Banqueters*, 54f.

26 Columella, On *Agriculture, in Lucius Junius Moderatus Columella: On Agriculture*, ed. Harrison Boyd Ash, E. S. Forster and E. H. Heffner (Cambridge, ma, 1941–55), Book 10, ll. 105–6.

27 *Epitome of Athenaios*, 64e.

28 *Apicius, in Apicius*, ed. and trans. Christopher Grocock and Sally Grainger, (Totnes, 2006), Book 7 ch. 12.

29 *Odyssey*, 13.412.

30 H. W. Parke and D.E.W. Wormell, *The Delphic Oracle* (Oxford, 1956), vol. ii, pp. 1–2.

31 *Epitome of Athenaios*, 28a.

32 Ibid., 27e.

33 Athenaios, *Deipnosophistai*, 540d.

34 *Epitome of Athenaios*, 29e.

35 Athenaios, *Deipnosophistai*, 321c.

36 *Epitome of Athenaios*, 4e.

37 Athenaios, *Deipnosophistai*, 101c.

38 Ibid., 311a.

39 See Mariana Kavroulaki, 'Ovens', at http://297315322.blog.com.gr.

40 Athenaios, *Deipnosophistai*, 111f.

41 *Epitome of Athenaios*, 64a.

42 Athenaios, *Deipnosophistai*, 92d.

43 Oreibasios, *Medical Collections, in Oribasii Collectionum medicarum reliquiae*, ed. Ioannes Raeder (Leipzig, 1929), Book 2 ch. 58.

44 Athenaios, *Deipnosophistai*, 92d.

45 Catullus, in *Catulli carmina*, ed. R.A.B. Mynors (Oxford, 1958), fragment 1.

46 Athenaios, *Deipnosophistai*, 278a.

47 Ibid., 116f.

48 *Apicius*, 9.10.8.

49 Plato, *Gorgias*, 518b.

50 Athenaios, *Deipnosophistai*, 325f.

51 Ibid., 324a.

52 Ibid., 516c.

53 Athenaios, Deipnosophistai, 146f, 642f. Some editors reject the identification with Philoxenos of Kythera and call this poet Philoxenos of Leukas.

54 *Epitome of Athenaios*, 6d.

55 Athenaios, *Deipnosophistai*, 643d.

56 Ibid., 499c.

57 Ibid., 75e.

58 Ibid., 647b.

59 Ibid., 130c.

60 *Souda* s.v. 'Paxamos'. See the online edition at www.stoa.org/sol.

61 Galen, *Handy Remedies, in Claudii Galeni opera omnia*, ed. C. G. Kühn (Leipzig, 1821–33), vol. xiv, p. 537.

62 Athenaios, *Deipnosophistai*, 689c.

63 Oreibasios, *Medical Collections*, in Mark Grant, trans., *Dieting for an Emperor: A Translation of Books 1 and 4 of Oribasius' Medical Compilations* (Leiden, 1997), Book 1 ch. 3.

64 Galen, *On the Properties of Foods*, in O. Powell, trans., *Galen: On the Properties of Foodstuffs* (Cambridge, 2002), 1.3.1–2.

第三章 羅馬與拜占庭的滋味

1 *Apicius*, 2.4, in *Apicius*, ed. and trans. Christopher Grocock and Sally Grainger (Totnes, 2006), pp. 153–5.

2 Horace, *Epistles, in Horace: Satires, Epistles and Ars Poetica*, ed. H. R. Fairclough (London, 1924), Book 2 epistle 1, ll. 32–3.

3 *Anthologia Palatina, in The Greek Anthology*, ed. W. R. Paton (London, 1916–18), Book 11 no. 319.

4 *Geoponika*, in Andrew Dalby, trans., *Geoponika: Farm Work* (Totnes, 2011), Book 15 ch. 7.

5 Macrobius, *Saturnalia*, in *Macrobius: Saturnalia*, ed. Robert A. Kaster (Cambridge, ma, 2011), Book 7 ch. 12.

6 *Aetna*, in *Minor Latin Poets*, ed. J. W. Duff and A. M. Duff (Cambridge, ma, 1935), ll. 13–14.

7 Apuleius, Metamorphoses, in Sarah Ruden, trans., *Apuleius: The Golden Ass*

(New Haven, ct, 2011), Book 1 ch. 5.

8 Pliny, *Natural History*, in *Pliny: Natural History*, ed. H. Rackham et al. (Cambridge, ma, 1938–63), Book 14 section 54; compare *Odyssey*, 9.39–42. Odysseus, like Mucianus, sometimes embellished the truth.

9 Horace, *Odes*, in *Horace: Odes and Epodes*, ed. Niall Rudd (Cambridge, ma, 2004), Book 1 ode 27, ll. 1–2.

10 Galen, *On Antidotes*, in *Claudii Galeni opera omnia*, ed. C. G. Kühn (Leipzig, 1821–33), vol. xiv, pp. 4–79; A.-M. Rouanet-Liesenfelt, 'Les Plantes médicinales de Crète à l'époque romaine', *Cretan Studies*, iii (1992), pp. 173–90; Myrsini Lambraki, *Τα χορτά* (Chania, 1997).

11 Strabo, *Geography*, in *The Geography of Strabo*, ed. H. L. Jones (London, 1917–32), 14.1.35.

12 Galen, *Therapeutic Method*, in Kühn, *Claudii Galeri opera omnia*, vol. x, p. 830.

13 Horace, *Satires*, in *Horace: Satires, Epistles and Ars Poetica*, Fairclough, Book 2 satire 8, l. 52. Two thousand years later, aged Assyrtiko vinegar, made from a single Greek grape variety, would fetch high prices.

14 Pliny, *Natural History*, Book 14 section 78.

15 *Geoponika*, 8.24.

16 Theophrastos, *On Odours, Theophrastus: Enquiry into Plants*, ed. and trans. Arthur Hort (Cambridge, ma, 1916–26), ch. 10.

17 Theophrastos, *History of Plants*, in Hort, *Theophrastus* 9.20.1.

18 Tāyan-Kannanār, *āgam,* 149.7–11, in Pierre Meile, 'Les Yavana dans l'Inde tamoule', *Revue asiatique*, ccxxxii (1940/41), pp. 85–123.

19 *Periplous, The Periplus of the Erythraean Sea*, ed. and trans. Lionel Casson (Princeton, nj, 1989), ch. 56.

20 Athenaios, *Deipnosophistai, in Athenaeus: The Learned Banqueters*, ed. and trans. Douglas Olson (Cambridge, ma, 2006–12), 90f.

21 Plutarch, *Symposion Questions*, in *Plutarch's Moralia*, ed. E. L. Minar et al., vol. ix (Cambridge, ma, 1969), Book 8 ch. 9.

22 Dioskourides, *Materia Medica*, in *Pedanii Dioscuridis Anazarbei de materia medica libri quinque*, ed. M. Wellmann (Berlin, 1907–14), Book 2. ch. 160.

23 Quoted in Strabo, *Geography*, 15.1.20.

24 Galen, On *Antidotes*, vol. xiv, pp. 63–5; translation after Casson, *Periplus*, p. 244.

25 *Prodromic Poems*, 4.174–6, in *Πτωχοπρόδρομος*, ed. Hans Eideneier (Heraklio, 2012).

26 Psellos, *Poem on Medicine*, in *Psellus: Poemata*, ed. L. G. Westerink (Stuttgart, 1992), ll. 208–10.

27 Simeon Seth, *Alphabetical Handbook of the Properties of Foods, in Simeonis Sethi Syntagma de alimentorum facultatibus*, ed. B. Langkavel (Leipzig, 1868), p. 33.

28 Ibid., p. 125.

29 Pollux, *Onomastikon*, in *Pollucis Onomasticon*, ed. Ericus Bethe (Leipzig, 1900–37), Book 6 ch. 57.

30 Xan Fielding, *The Stronghold* (London, 1955), p. 115.

31 *Book of the Eparch*, in *The Book of the Eparch*, ed. I. Dujcev (London, 1970), ch. 18.

32 *Prodromic Poems*, 4.17 (ms. g) and 4.80.

33 Prokopios, *On the Wars*, in *Procopius*, ed. H. B. Dewing (London, 1914–40), Book 3 ch. 13.

34 Prokopios, *Anekdota*, in G. A. Williamson, trans., *Procopius: The Secret History* (Harmondsworth, 1966), ch. 6 section 2.

35 *Geoponika*, 18.19.

36 Simeon Seth, *Alphabetical Handbook*, p. 75.

37 Liutprand of Cremona, *Antapodosis*, in F. A. Wright, trans., *The Works of Liudprand of Cremona* (London, 1930), Book 6 ch. 8–9.

38 Ahmad ibn Rustih, *Kitab al-a'lah al-nafisa, in Ibn Rustih: Kitab al-a'lak an-nafisa*, ed. M. J. De Goeje (Leiden, 1892).

39 Liutprand, *Antapodosis*, 6.8–9.

40 William of Rubruck, *Report,* in P. Jackson, trans., *The Mission of Friar William of Rubruck* (London, 1990), ch. 9.

41 Evliya Çelebi, *Seyahatnâme,* in Alexander Pallis, *In the Days of the Janissaries: Old Turkish Life as Depicted in the Travel-book of Evliyá Chelebí* (London, 1951), p. 95.

42 Simon Malmberg, *Dazzling Dining: Banquets as an Expression of Imperial Legitimacy* (Uppsala, 2003).

43 Liutprand of Cremona, *Antapodosis and Embassy to Constantinople*, in Wright, *The Works of Liudprand of Cremona*, ch. 1.

44 W. M. Leake, *Travels in the Morea* (London, 1830), vol. ii, p. 276.

45 Allan Evans, ed., *Francesco Balducci Pegolotti: La pratica della mercatura* (Cambridge, ma, 1936), pp. 33–47.

46 Ioannes Choumnos, *Letters*, in *Monemvasian Wine – Monovas(i)a – Malvasia,* ed. Ilias Anagnostakis (Athens, 2008), p. 131.

47 Anagnostakis et al., *Ancient and Byzantine Cuisine*.

48 Ilias Anagnostakis et al., *Ancient and Byzantine Cuisine* (Athens, 2013), p. 181.

49 *Prodromic Poems*, 4.172–88.

50 Pero Tafur, *Travels and Voyages*, in Malcolm Letts, trans., *Pero Tafur, Travels and Adventures, 1435–1439* (London, 1926), p. 141.

51 Cyril of Skythopolis, *Life of St Sabas*, in *Kyrillos von Skythopolis*, ed. E. Schwartz (Leipzig, 1939), pp. 130–31.

52 Liutprand, *Antapodosis*, 5.23. Unlike Liutprand, Byzantine chroniclers attribute to Romanos a more sententious observation, quoting Isaiah 1:2: 'I have nourished and brought

up children, and they have rebelled against me.'

53 Anna Komnene, *Alexiad*, in E.R.A. Sewter, trans., *The Alexiad of Anna Comnena* (Harmondsworth, 1969), 3.1.1.

54 Leontios of Neapolis, *Life of St John the Almsgiver*, in E. Dawes and N. H. Baynes, trans., *Three Byzantine Saints* (London, 1948), Book 2 ch. 21.

55 *Prodromic Poems*, 4.394–412.

56 Unfortunately the only available recipe strays into fantasy. 'After all these dishes have been served comes in a nice *monokythron*, slightly blackened on the top, preceded by its aroma . . . Four hearts of cabbage, fat and snowy white; a salted neck of swordfish; a middle cut of carp; about twenty *glaukoi* [an unidentified fish]; a slice of salt sturgeon; fourteen eggs and some Cretan cheese and four *apotyra* and a bit of Vlach cheese and a pint of olive oil, a handful of pepper, twelve little heads of garlic and fifteen chub mackerels, and a splash of sweet wine over the top, and roll up your sleeves and get to work – just watch the mouthfuls go.' *Prodromic Poems*, 4.201–16.

第四章 重生的帝國

1 Liutprand of Cremona, *Embassy to Constantinople,* in F. A. Wright, trans., *The Works of Liudprand of Cremona* (London, 1930), ch. 11.

2 Ibid., p. 20.

3 Ibn Battuta, *Travels*, in H.A.R. Gibb, trans., *The Travels of Ibn Battuta ad 1325–1354* (Cambridge, 1958–71), p. 504.

4 Anna Komnene, *Alexiad*, in E.R.A. Sewter, trans., *The Alexiad of Anna Comnena* (Harmondsworth, 1969), 10.11.3–4.

5 *Life of St Theodore of Sykeon*, in E. Dawes and N. H. Baynes, trans., *Three Byzantine Saints* (London, 1948), ch. 3, 6. Andrew Dalby, *Siren Feasts: A History of Food and Gastronomy in Greece* (London, 1996), pp. 195–6.

6 *Timarion*, in Barry Baldwin, trans., *Timarion* (Detroit, mi, 1984), ch. 2.

7 *Pilgrimage of St Willibald*, in W. R. Brownlow, trans., *The Hodoeporicon of Saint Willibald* (London, 1891), p. 256.

8 Michael Choniates, *Letters*, in *Michael Akominatou tou Khoniatou ta sozomena*, ed. S. P. Lampros (Athens, 1879–80), vol. ii, p. 194.

9 Anthony of Novgorod, *Pilgrim's Book*, in M. Ehrhard, trans., 'Le Livre du pèlerin d'Antoine de Novgorod', Romania, lviii (1932), pp. 44–65, at pp. 63–4.

10 Claudian, *Against Eutropius*, in *Claudian*, ed. M. Platnauer (London, 1922), Book 2, ll. 326–41.

11 Benjamin of Tudela, *Itinerary,* in Marcus Nathan Adler, trans., *The Itinerary of Benjamin of Tudela* (London, 1907), p. 23.

12 Ibn Battuta, *Travels*, pp. 506–8; Gibb, pp. 430–432.

13 Allan Evans, ed., *Francesco Balducci Pegolotti: La pratica della mercatura* (Cambridge, ma, 1936), pp. 33–47.

14 *Anthologia Palatina*, in *The Greek Anthology,* ed. W. R. Paton (London, 1916–18), Book 9 no. 650.

15 *Book of the Eparch, in The Book of the Eparch*, ed. I. Dujcev (London, 1970), ch. 19.

16 Pero Tafur, *Travels and Voyages*, in Malcolm Letts, trans., *Pero Tafur: Travels and Adventures, 1435–1439* (London, 1926), p. 141.

17 Niketas Choniates, Chronicle, in Harry J. Magoulias, trans., *O City of Byzantium: Annals of Niketas* Choniates (Detroit, 1984), p. 57.

18 Ahmad ibn Rustih, *Kitab al-a'lah al-nafisa, in Ibn Rustih: Kitab al-a'lak an-nafisa*, ed. M. J. De Goeje (Leiden, 1892).

19 Simeon Seth, *Alphabetical Handbook of the Properties of Foods, in Simeonis Sethi Syntagma de alimentorum facultatibus*, ed. B. Langkavel (Leipzig, 1868).

20 Ibid., ch. 85.

21 Liutprand, *Embassy to Constantinople*, 11.

22 Eustathios, *Capture of Thessaloniki*, in John R. Melville Jones, trans., *Eustathios of Thessaloniki: The Capture of Thessaloniki* (Canberra, 1988), ch. 136–7.

23 Choniates, Chronicle, p. 594.

24 Cyriac of Ancona, in *Cyriac of Ancona: Later Travels*, ed. and trans. Edward W. Bonar (Cambridge, ma, 2003), pp. 342–5.

25 Ibid., pp. 254–5, 262–3. The phrases are synonyms, used in letters to different recipients, for one of whom Cyriac inserted the classical Greek word.

26 There was in recent times a small production of caviar in Greece: see Marina Kavroulaki, 'Fish Roe', at http://297315322.blog.com.gr.

27 Michael Apostolios, Letters, in *Lettres inédites de Michel Apostolis, publiées d'après les manuscrits du Vatican; avec des opuscules inédits du même auteur,* ed. Hippolyte Noiret and A. M. Desrousseaux (Paris, 1889), p. 77.

28 Ludovicus Nonnius, *Ichtyophagia sive de piscium esu commentarius* (Antwerp, 1616), p. 176.

29 Pierre Belon du Mans, *Les Observations de plusieurs singularitez et choses memorables trouvées en Grèce, Asie, Judée, Egypte, Arabie et autres pays étranges* (Paris, 1555), Book 1 ch. 75.

30 George Wheler, *A Journey into Greece* (London, 1682), pp. 203–4.

31 Antoine Galland, *Smyrne ancienne et moderne*, in *Le voyage à Smyrne: un manuscrit d'Antoine Galland* (1678), ed. Frédéric Bauden (Paris, 2000), p. 149.

32 Evliya Çelebi, *Seyahatnâme*, in Alexander Pallis, In *the Days of the Janissaries: Old Turkish Life as Depicted in the Travel-book of Evliyá Chelebí* (London, 1951), pp. 88–9.

33 Patrick Leigh Fermor, *Roumeli: Travels in Northern Greece* (London, 1966),

p. 186 footnote. The wise reader believes nearly everything Leigh Fermor says, likewise Lawrence Durrell below.

34 Galland, *Smyrne ancienne et moderne*, p. 144.

35 Ibid., pp. 137–8.

36 Ibid., p. 119. Verdea was once a popular north Italian wine style; wine called *verdea* is now made in the Ionian islands.

37 Ibid., p. 149.

38 *Timarion*, 2.

39 Menander Protector, History, in *The History of Menander the Guardsman*, ed. and trans. R. C. Blockley (Liverpool, 1985), fragment 10.3.

40 Ibn Battuta, *Travels*, p. 488.

41 Manuel Palaiologos, *Letters*, in *The Letters of Manuel ii Palaeologus*, ed. and trans. George T. Dennis (Washington, dc, 1977), letter 16.

42 Manuel Palaiologos, *Dialogues with a Muslim, in Manuel ii. Palaiologos: Dialoge mit einem Muslim*, ed. and trans. Karl Förstel (Würzburg, 1995), ch. 10.

43 Giovanni de' Pigli, in Ilias Anagnostakis et al., *Ancient and Byzantine Cuisine* (Athens, 2013), pp. 169–73.

44 Belon, *Observations*, 1.59.

45 Ibid.

46 Bernard Randolph, *Present State of the Morea* (London, 1689), pp. 18–19. The now-forgotten English term 'wine cute' is a version of French vin cuit.

47 *Belon, Observations*, 3.29.

48 Ibid.

49 W. M. Leake, *Travels in the Morea* (London, 1830), vol. i, pp. 17–18.

50 J. Aegidius van Egmont and John Heyman, *Travels* (London, 1759), vol. i, p. 68.

51 Michel Baudier, *Histoire générale du Serrail,* in B. de Vigenère, trans., *Histoire générale des Turcs, contenant l'Histoire de Chalcocondyle* (Paris, 1662), vol. ii.

52 Evliya Çelebi, Seyahatnâme, in J. von Hammer, *Evliya Efendi: Narrative of Travels* (London, 1834–50), vol. i pt 2, p. 148.

53 Belon, *Observations*, 3.32.

54 Ibid.

55 Felix Faber, *Evagatorium*, in *Fratris Felicis Fabri Evagatorium*, ed. Cunradus Dietericus Hassler (Stuttgart, 1843–9), vol. i, p. 165.

56 *Geoponika*, in Andrew Dalby, trans., *Geoponika: Farm Work* (Totnes, 2011), Book 3 ch. 8.

57 Belon, Observations, 1.59.

58 Charles Perry, 'Trakhanas Revisited', *Petits Propos Culinaires*, 55 (1997), pp. 34–9; William Woys Weaver, 'The Origins of Trachanás: Evidence from Cyprus and Ancient Texts', *Gastronomica*, ii/1 (Winter 2002), pp. 41–8; Mariana Kavroulaki,

'Trachana Soup' and 'Xinohondros' at http://297315322.blog.com.gr; Aglaia Kremezi, 'Greece: Culinary Travel: Ionian Islands', at www.epicurious.com/archive.

第五章 烹飪地理，第一部分：希臘境外

1 Kritoboulos of Imbros, *History*, in Charles T. Riggs, trans., *Kritovoulos: History of Mehmed the Conqueror* (Princeton, nj, 1954), 5.9.3.

2 Evliya Çelebi, *Seyahatnâme*, in Alexander Pallis, *In the Days of the Janissaries: Old Turkish Life as Depicted in the Travel-book of Evliyá Chelebí* (London, 1951), pp. 83–4.

3 Ibid., pp. 86–7.

4 George Wheler, *A Journey into Greece* (London, 1682), pp. 203–4.

5 *Geoponika,* in Andrew Dalby, trans., *Geoponika: Farm Work* (Totnes, 2011), Book 12 ch. 1.

6 Pierre Gilles (Petrus Gyllius), *De Bosphoro Thracio* (Lyon, 1561).

7 Pierre Belon du Mans, *Les Observations de plusieurs singularitez et choses memorables trouvées en Grèce, Asie, Judée, Egypte, Arabie et autres pays étranges* (Paris, 1555), Book 3 ch. 51.

8 Evliya Çelebi, *Seyahatnâme,* in J. von Hammer, *Evliya Efendi: Narrative of Travels* (London, 1834–50), vol. i pt 2, p. 137.

9 Çelebi, *Seyahatnâme*, in Pallis, *In the Days of the Janissaries*, pp. 138–9.

10 Ibid., pp. 142–3.

11 Ibid., pp. 143–4. *Kalikanzaros* is a confused reference to All Saints' Day.

12 Çelebi, *Seyahatnâme*, in von Hammer, *Evliya Efendi*, vol. i pt 2, p. 250. Evliya's modern readers suspect that his show of ignorance is a pretence.

13 Richard Pococke, *A Description of the East* (London, 1743), vol. ii pt 2, p. 38.

14 Antoine Galland, *Smyrne ancienne et moderne, in Le Voyage à Smyrne: un manuscrit d'Antoine Galland (1678)*, ed. Frédéric Bauden (Paris, 2000), pp. 146–9.

15 Ibid.

16 Mariana Kavroulaki, 'A Taste of the Past: Pastirma', at http://297315322.blog.com.gr.

17 Andrew Dalby, '"We Talked About the Aubergines": International Diplomacy and the Cretan Diet', in *Vegetables: Proceedings of the Oxford Symposium on Food and Cookery*, ed. Richard Hosking (Totnes, 2009).

18 Jonathan Reynolds, 'Greek Revival', *New York Times* (4 April 2004).

19 Elisabeth Saab, 'Michael Psilakis' Quest to Make Greek Go Mainstream', Fox News (19 December 2013).

20 'Sydney Confidential', *Daily Telegraph* (3 August 2013).

第六章 烹飪地理，第二部分：希臘境內

1 Patrick Leigh Fermor, *Roumeli: Travels in Northern Greece* (London, 1966), pp. 184–5.

2 George Wheler, *A Journey into Greece* (London, 1682), pp. 42–3.

3 Karl Baedeker, *Greece* (Leipzig, 1894), p. 10.

4 Lawrence Durrell, *Prospero's Cell* (London, 1945), pp. 44–5.

5 Wheler, *Journey into Greece*, pp. 35, 44.

6 Durrell, *Prospero's Cell*, p. 20.

7 Miles Lambert-Gócs, *The Wines of Greece* (London, 1990), pp. 224–7.

8 Durrell, *Prospero's Cell*, p. 14.

9 Quoted in Lambert-Gócs, T*he Wines of Greece*, p. 207; he gives a complete translation.

10 Wheler, *Journey into Greece*, p. 32.

11 Baedeker, *Greece*, p. 10.

12 Durrell, *Prospero's Cell*, pp. 20, 78.

13 Shakespeare, *The Tempest,* 1.2.335–6; Durrell, *Prospero's Cell*, p. 80.

14 That is, ambergris. Wheler, *Journey into Greece*, p. 44.

15 Edward Lear, 'How Pleasant to Know Mr Lear!', in *Edward Lear: The Complete Verse and Other Nonsense*, ed. Vivien Noakes (London, 2001), p. 429.

16 Edward Lear, letter to Chichester Fortescue, in *Edward Lear: The Corfu Years*, ed. Philip Sherrard (Athens, 1988), p. 131.

17 Durrell, *Prospero's Cell*, pp. 85–6, cf. p. 49.

18 Francis Vernon, 'Observations', *Philosophical Transactions of the Royal Society*, xi (1676), pp. 575–82, at p. 580.

19 W. M. Leake, *Travels in the Morea* (London, 1830), vol. ii, pp. 233–4.

20 Ibid., vol. iii, p. 108.

21 Ibid., vol. ii, pp. 517–18.

22 Bernard Randolph, *Present State of the Morea* (London, 1689), p. 17.

23 Leake, *Travels in the Morea*, vol. ii, p. 144.

24 Randolph, *Present State of the Morea*, pp. 18–19.

25 Leake, *Travels in the Morea*, vol. ii, pp. 140–41.

26 Randolph, *Present State of the Morea*, pp. 18–19.

27 Wheler, *Journey into Greece*, pp. 295–6.

28 Jacob Spon, *Voyage d'Italie, de Dalmatie, de Grèce et du Levant* (Paris, 1678), vol. i, pp. 111–12.

29 Leake, *Travels in the Morea*, vol. ii, pp. 153–4.

30 *Le Voyage de Hiérusalem*, in Ch. Schefer, ed., *Le Voyage de la saincte cyté de Hierusalem* (Paris, 1882), p. 47.

31 Pietro Casola, *Pilgrimage*, in M. M. Newett, trans., *Canon Pietro Casola's Pilgrimage to Jerusalem in the Year 1494* (Manchester, 1907), p. 194.

32 Felix Faber, *Evagatorium*, in *Fratris Felicis Fabri Evagatorium*, ed. Cunradus Dietericus Hassler (Stuttgart, 1843–9), vol. iii, pp. 336–7.

33 Ibid.

34 Ibid.

35 Leake, Travels in the Morea, vol. i, pp. 346–8.

36 Cyriac of Ancona, in *Cyriac of Ancona: Later Travels,* ed. and trans. Edward W. Bodnar (Cambridge, ma, 2003), pp. 322–5. Quotation abridged.

37 Leake, *Travels in the Morea*, vol. i, pp. 309–10.

38 Ibid., p. 337.

39 Ibid., p. 319.

40 Ibid., p. 281.

41 Ibid., pp. 241–2.

42 Wheler, *Journey into Greece*, p. 352.

43 Randolph, *Present State of the Morea*, p. 21.

44 Leigh Fermor, *Roumeli*, p. 210.

45 Ibid., pp. 184–5.

46 Anthimos, *Letter on Diet, see Anthimus: De observatione ciborum: On the Observance of Foods*, ed. and trans. Mark Grant (Totnes, 1996), ch. 13.

47 Wheler, *Journey into Greece*, p. 352.

48 Josef von Ow, *Aufzeichnungen eines Junkers am Hofe zu Athen* (Pest, 1854), vol. i, p. 84.

49 Aischylos, *Suppliants*, 952–3. The words were spoken pointedly to travellers from Egypt, where, as ancient Greeks knew, beer was the usual beverage.

50 H.D.F. Kitto, *In the Mountains of Greece* (London, 1933), p. 95.

51 Evliya Çelebi, *Seyahatnâme*, in Alexander Pallis, *In the Days of the Janissaries: Old Turkish Life as Depicted in the Travel-book of Evliyá Chelebí* (London, 1951), p. 146.

52 Wheler, *Journey into Greece*, pp. 412–13.

53 'How to Eat Well in Athens', *New York Times* (14 January 2011).

54 W. M. Leake, *Travels in Northern Greece* (London, 1835), vol. i, p. 164.

55 Vernon, 'Observations', p. 581.

56 Sources quoted by Mariana Kavroulaki, 'The Only Food They Had Was the Spring Swallows', at http://297315322.blog.com.gr.

57 Strabo, *Geography*, in *The Geography of Strabo*, ed. H. L. Jones (London, 1917–32), 10.2.3.

58 Ludovicus Nonnius, *Ichtyophagia sive de piscium esu commentarius* (Antwerp, 1616), p. 176.

59 Leake, *Travels in Northern Greece*, vol. i, pp. 9–10.

60 Athenaios, *Deipnosophistai, in Athenaeus: The Learned Banqueters*, ed. and trans. S. Douglas Olson (Cambridge, ma, 2006–12), 121c.

61 Diane Kochilas, *The Glorious Foods of Greece* (New York, 2001), p. 113.

62 Leake, *Travels in Northern Greece*, vol. i, pp. 176–82.

63 Ibid., p. 307.

64 Rumili, more often spelled Roumeli, is a name for the European provinces of the Ottoman Empire. Leake, *Travels in Northern Greece*, vol. i, p. 306.

65 Miles Lambert-Gócs, *The Wines of Greece*, p. 133. Quotation abridged.

66 Hesiod, *Works and Days,* in M. L. West, trans., *Hesiod: Theogony and Works and Days* (Oxford, 1999), ll. 609–14.

67 Gil Marks, *Encyclopedia of Jewish Food* (Hoboken, nj, 2010).

68 For the bougatsa of Crete, which has its own well-deserved fame, see Mariana Kavroulaki, 'Cretan Food Markets', at http://297315322.blog.com.gr.

69 Pierre Belon du Mans, *Les Observations de plusieurs singularitez et choses memorables trouvées en Grèce, Asie, Judée, Egypte, Arabie et autres pays étranges* (Paris, 1555), Book 1 ch. 60.

70 Çelebi, *Seyahatnâme*, pp. 137–8.

71 Leake, *Travels in Northern Greece*, vol. i, pp. 142–3.

72 Ibid., p. 273.

73 Ibid., pp. 280–81.

74 Aglaia Kremezi finds them now settled on the slopes of Parnassos, and where better? 'Greece: Culinary Travel: Athens and Central Greece', at www.epicurious.com/archive.

75 Leigh Fermor, Roumeli, pp. 15–16.

76 *Timarion*, in Barry Baldwin, trans., *Timarion* (Detroit, mi, 1984), pp. 4–5.

77 Bartolf of Nangis, *History of the Franks who Stormed Jerusalem, in Recueil des historiens des croisades: Historiens occidentaux* (Paris, 1866), vol. iii, pp. 487–543, at p. 493.

78 Eustathios, *Capture of Thessaloniki*, in John R. Melville Jones, trans., *Eustathios of Thessaloniki: The Capture of Thessaloniki* (Canberra, 1988), ch. 136, 137.

79 Claudia Roden, *The Book of Jewish Food* (New York, 1996); Diane Kochilas, *The Glorious Foods of Greece* (New York, 2001), p. 202.

80 Cyriac, *Later Travels*, pp. 212–15.

81 Belon, *Observations*, 2.8.

82 Richard Pococke, *A Description of the East* (London, 1743), vol. ii pt 2, pp. 3–4.

83 Antoine Des Barres, *L'estat présent de l'Archipel* (Paris, 1678), pp. 93–5.

84 William Lithgow, *The Totall Discourse, 1632* (Glasgow, 1906), p. 92.

85 Pococke, *Description of the East*, vol. ii, pt 2, pp. 3–4.

86 Dimitrios G. Ierapetritis, 'The Geography of the Chios Mastic Trade from the 17th through to the 19th Century', *Ethnobotany Research and Applications*, viii (2010), pp. 153–67.

87 Pococke, *Description of the East*, vol. ii pt 2, p. 22.

88 J. Pitton de Tournefort, *Relation d'un voyage du Levant fait par ordre du Roy* (Paris, 1717), vol. i, p. 409.

89 Belon, *Observations*, 1.31.

90 Lithgow, *Totall Discourse*, p. 158.

91 Aglaia Kremezi, 'Greece: Culinary Travel: Aegean Islands', at www.epicurious. com/archive.

92 Quoted in W. B. Stanford and E. J. Finopoulos, eds, *Travels of Lord Charlemont in Greece and Turkey* (London, 1984).

93 Kitto, *In the Mountains of Greece*, p. 145.

94 J. Aegidius van Egmont and John Heyman, *Travels* (London, 1759), vol. i, p. 69.

95 Wheler, *Journey into Greece*, p. 61.

96 Leigh Fermor, *Roumeli*, pp. 184–5.

97 Mariana Kavroulaki, 'Recording Food Culture of Amari Valley', at http://297315322.blog.com.gr.

98 Leake, *Travels in the Morea*, vol. i, p. 325.

99 Symon Semeonis, *Pilgrimage*, in *Monemvasian Wine – Monovas(i)a – Malvasia*, ed. Ilias Anagnostakis (Athens, 2008), p. 131.

100 Lithgow, *Totall Discourse*, p. 71.

101 *Le Voyage de Hiérusalem*, p. 51.

102 Faber, *Evagatorium*, vol. i, p. 49.

103 Casola, *Pilgrimage*, p. 202.

104 Marjorie Blamey and Christopher Grey-Wilson, *Wild Flowers of the Mediterranean* (London, 2004).

105 Belon, *Observations*, 1.19.

106 Semeonis, *Pilgrimage*, p. 131.

107 Belon, *Observations*, 1.5.

108 Xan Fielding, *The Stronghold* (London, 1955), p. 230.

109 Çelebi, *Seyahatnâme*, p. 146.

110 Fielding, *The Stronghold*, p. 75.

111 Mariana Kavroulaki, 'How to Make Your Own Butter', at http://297315322.blog. com.gr.

112 Casola, *Pilgrimage*, p. 202.

第七章 近代希臘的飲食

1 Mariana Kavroulaki, 'English Desserts' and 'Admiral's Miaoulis Sea Bass', at http://297315322.blog.com.gr.

2 Jonathan Reynolds, 'Greek Revival', *New York Times* (4 April 2004).

3 Aglaia Kremezi, '"Classic" Greek Cuisine: Not So Classic' and 'Tomato: A Latecomer that Changed Greek Flavor', *The Atlantic* (July 2010).

4 Artemis Leontis, *Culture and Customs of Greece* (Westport, ct, 2009), pp. 93–4.

5 James Pettifer, *The Greeks: The Land and People since the War, 2nd edn* (London, 2012), ch. 12.

6 'Interview with Lefteris Lazarou' and 'Interview with Christoforos Peskias', at www.exero.com.

7 Quoted in Lena Corner, 'Vefa Alexiadou: Meet Greece's Answer to Delia Smith', in *The Independent* (16 July 2009).

8 Isabel J. Armstrong, *Two Roving Englishwomen in Greece* (London, 1893), pp. 1–3.

9 Ibid., pp. 143–4.

10 W. M. Leake, *Travels in the Morea* (London, 1830), vol. i, p. 110.

11 Edward Dodwell, *A Classical and Topographical Tour through Greece* (London, 1819), pp. 155–7.

12 Pierre Belon du Mans, *Les Observations de plusieurs singularitez et choses memorables trouvées en Grèce, Asie, Judée, Egypte, Arabie et autres pays étranges* (Paris, 1555), Book 1 ch. 47.

13 Xan Fielding, *The Stronghold* (London, 1955), p. 64.

14 Patrick Leigh Fermor, *Roumeli: Travels in Northern Greece* (London, 1966), pp. 130–31.

15 Edward Lear, letter to Chichester Fortescue, in *Edward Lear: The Corfu Years*, ed. Philip Sherrard (Athens, 1988), p. 89.

16 Leake, *Travels in the Morea*, vol. i, p. 305.

17 George Wheler, *A Journey into Greece* (London, 1682), pp. 323–6.

18 Belon, *Observations*, 1.48.

19 Ibid., 1.35.

20 Wheler, *Journey into Greece*, pp. 323–4.

21 Dodwell, *Classical and Topographical Tour*, pp. 143–4.

22 Belon, *Observations*, 1.49.

23 Ibid., 1.38; Vasilii Barskii, *Travels*, in *Vasilii Barskii: Ta taxidia*, ed. Pavlos Mylonas et al. (Thessaloniki, 2009), pp. 414–15.

24 Cyriac of Ancona, in *Cyriac of Ancona: Later Travels*, ed. and trans. Edward W. Bodnar (Cambridge, ma, 2003), pp. 122–5, cf. p. 421.

25 Wheler, *Journey into Greece*, pp. 323–4.

26 Ibid., pp. 176–7.

27 Ibid., pp. 323–4.

28 Armstrong, *Two Roving Englishwomen*, pp. 250–51.

29 Lawrence Durrell, *The Greek Islands* (London, 1980).

30 H.D.F. Kitto, *In the Mountains of Greece* (London, 1933), p. 121.

31 Fielding, *The Stronghold*, p. 125.

32 Leigh Fermor, *Roumeli*, p. 149.

33 Armstrong, *Two Roving Englishwomen*, p. 27.

34 Kitto, *In the Mountains of Greece,* p. 103.

35 Ibid., p. 123.

36 Durrell, *Greek Islands*.

37 Armstrong, *Two Roving Englishwomen*, p. 22. The 'very sour clotted cream' is evidently yoghurt.

38 Felix Faber, *Evagatorium, in Fratris Felicis Fabri Evagatorium*, ed. Cunradus Dietericus Hassler (Stuttgart, 1843–9), vol. i, pp. 167–8.

39 Durrell, *Greek Islands*.

40 Fielding, *The Stronghold*, p. 135. The 'volcanic salad' ingredients are listed on page 235 of this book.

41 *Odyssey*, 7.112–21.

42 Gareth Morgan, 'The Laments of Mani', *Folklore*, lxxxiv (1973), pp. 265–98, at p. 268.

43 Lawrence Durrell, *Prospero's Cell* (London, 1945), p. 112.

44 Theodore Stephanides, *Island Trail* (London, 1973), p. 101.

45 Bernard Randolph, *Present State of the Morea* (London, 1689), p. 21.

46 Richard Pococke, *A Description of the East* (London, 1743), vol. ii pt 1, pp. 243–4.

47 Edward Lear, *Cretan Journal*, in *Edward Lear: The Cretan Journal,* ed. Rowena Fowler, 3rd edn (Limni, Evia, 2012), p. 41 and note 42. In a note that he wrote later about the disappearance of these vines, Lear blamed 'the vine disease two years earlier', but if he meant phylloxera by this, 1862 was too early for phylloxera in any part of Greece. According to Miles Lambert-Gócs, *The Wines of Greece* (London, 1990), p. 14, phylloxera had not reached western Crete at the time of writing.

48 John Fowles, *The Magus*, revd edn (London, 1977).

49 *Epitome of Athenaios, Athenaeus: The Learned Banqueters*, ed. and trans. S. Douglas Olson (Cambridge, ma, 2006–12), 54f.

50 Cyriac, *Later Travels*, pp. 322–5.

51 Leake, *Travels in the Morea*, vol. i, pp. 258–9.

52 Morgan, 'The Laments of Mani', p. 269.

53 Fielding, *The Stronghold,* p. 135.

54 Leontis, *Culture and Customs of Greece*, p. 94.

55 *Souda s.v. poulypous*, see the online edition at www.stoa.org/sol.

56 Fielding, *The Stronghold*, p. 156.

57 Alan Davidson, *Mediterranean Seafood*, 2nd edn (Harmondsworth, 1981).

58 Xenokrates, in *Xenokratous kai Galenou peri tes apo ton enydron trophes*, ed. Adamantios Korais and Georgios Christodoulos (Chios, 1998).

59 Belon, *Observations*, 1.72.

60 Wheler, *Journey into Greece*, p. 352.

61 Editor: How do you encourage something with your foot? Authors: You put your foot in it.

62 Fielding, *The Stronghold*, p. 12.

63 Martial, *Epigrams*, 13.84.

64 Diane Kochilas, *The Glorious Foods of Greece* (New York, 2001), p. 126.

65 Leigh Fermor, *Roumeli*, pp. 200, 210–11.

66 Mariana Kavroulaki, 'Blood in Food', at http://297315322.blog.com.gr.

67 Kochilas, *Glorious Foods*.

68 Mariana Kavroulaki, 'Cured Lean Pork: A Byzantine Tradition' and 'Cretan Food Markets', at http://297315322.blog.com.gr.

69 Leake, *Travels in the Morea*, vol. i, p. 17.

70 J. Aegidius van Egmont and John Heyman, Travels (London, 1759), vol. i, p. 66.

71 Armstrong, *Two Roving Englishwomen,* p. 22.

72 Durrell, *Prospero's Cell*, p. 139.

73 Geoponika, in Andrew Dalby, trans., *Geoponika: Farm Work* (Totnes, 2011), Book 15 ch. 7.

74 Pindar, *Olympian Odes*, in Pindar, ed. W. H. Race (London, 1997), ode 1, l. 1.

75 George Manwaring, *A True Discourse of Sir Anthony Sherley's Travel into Persia*, in *The Three Brothers: Travels and Adventures of Sir Anthony, Sir Robert and Sir Thomas Sherley in Persia, Russia, Turkey and Spain* (London, 1825), p. 28.

76 *Epitome of Athenaios*, 42f.

77 W. M. Leake, *Travels in Northern Greece* (London, 1835), vol. i, pp. 326–7.

78 Kitto, *In the Mountains of Greece*, p. 122.

79 Wheler, *Journey into Greece*, pp. 203–4.

80 Karl Baedeker, *Greece* (Leipzig, 1894), p. xxiv, slightly abridged.

81 Theodora Matsaidoni, 'Historic Cafés in Athens Completely Gone' (2014), at http://greece.greekreporter.com.

82 Stephanides, *Island Trail*, p. 7; Andrew Dalby, 'The Name of the Rose Again; or, What Happened to Theophrastus on Aphrodisiacs?', *Petits Propos Culinaires*, 64 (2000), pp. 9–15.

83 Evliya Çelebi, Seyahatnâme, in J. von Hammer, *Evliya Efendi: Narrative of Travels* (London, 1834–50), vol. i pt 2, p. 155.

84 *Odyssey*, 7.122–6.

85 Leake, *Travels in the Morea*, vol. i, p. 102, cf. vol. ii, pp. 279–80.

86 William Lithgow, *The Totall Discourse*, 1632 (Glasgow, 1906), pp. 163–4.

87 Durrell, *Prospero's Cell*, p. 112.

88 Ibid., p. 128.

89 J. Pitton de Tournefort, *Relation d'un voyage du Levant fait par ordre du Roy* (Paris, 1717), vol. i, p. 89.

90 Fielding, *The Stronghold*, p. 127.

91 Leigh Fermor, *Roumeli*, p. 210.

92 Aglaia Kremezi, 'Greece: Culinary Travel: Macedonia and Thrace', at www.epicurious.com/archive.

93 Wheler, *Journey into Greece*, pp. 203–4, 458.

94 Egmont and Heyman, *Travels*, vol. i, p. 258.

95 R. A. McNeal, *Nicholas Biddle in Greece: The Journals and Letters* (University Park, pa, 1993); W. M. Leake, *Journal of a Tour in Asia Minor* (London, 1824), pp. 47–8.

96 Armstrong, *Two Roving Englishwomen*, p. 74.

97 Durrell, *Prospero's Cell*, p. 49.

98 Nelli Paraskevopoulou, ''Ἔνα «υποβρύχιο», παρακαλώ!' at www.womenonly.gr.

99 Hierophilos, *Dietary Calendar*, in Andrew Dalby, *Flavours of Byzantium* (Totnes, 2003).

100 The story of the Presentation, which is not biblical, is told in the apocryphal Infancy Gospel of James. Mariana Kavroulaki, 'Ensuring Abundance of Food', at http://297315322.blog.com.gr; Evy Johanne Håland, 'Rituals of Magical Rainmaking in Modern and Ancient Greece: A Comparative Approach', *Cosmos*, xvii (2001), pp. 197–251, at pp. 205–8.

101 Charles Perry, at www.anissas.com/medieval-virgins-breasts; Mariana Kavroulaki, 'O kourabiedes!', at http://297315322.blog.com.gr.

102 Eleni Stamatopoulou, ed., *Χερσέ βασιλόπιτες και άλλα. Το μικρασιάτικο τραπέζι του δωδεκαημέρου* (Athens, 1998).

103 Håland, 'Rituals of Magical Rain-making', pp. 209–20.

104 Mariana Kavroulaki, 'Bourani: A Celebration of Fertility', at http://297315322.blog.com.gr; Manuela Marín, 'Sobre Buran y buraniyya,' in *al-Qantara*, ii (1981), pp. 193–207; Tor Eigeland, 'The Cuisine of al-Andalus', *Saudi Aramco World* (September 1989).

105 Leake, *Travels in the Morea*, vol. iii, p. 173.

106 Ibid., vol. i, pp. 258–9.

107 Dodwell, *Classical and Topographical Tour*, pp. 173–4.

108 John Thomas, Angela Constantinides Hero, eds, *Byzantine Monastic Foundation Documents* (Washington, dc, 2000), pp. 1701–9.

109 Ahmad ibn Rustih, *Kitab al-a'lah al-nafisa, in Ibn Rustih: Kitab al-a'lak*

an-nafisa, ed. M. J. De Goeje (Leiden, 1892).
110 Håland, 'Rituals of Magical Rain-making', p. 221.

尾聲 歡宴

1 Hesiod, *Works and Days*, in M. L. West, trans., *Hesiod: Theogony and Works and Days* (Oxford, 1999), ll. 582–96.

2 Liutprand of Cremona, *Embassy to Constantinople*, in F. A. Wright, trans., *The Works of Liudprand of Cremona* (London, 1930), ch. 20.

3 Pierre Belon du Mans, *Les Observations de plusieurs singularitez et choses memorables trouvées en Grèce, Asie, Judée, Egypte, Arabie et autres pays étranges* (Paris, 1555), Book 1 ch. 48.

4 Cyriac of Ancona, in *Cyriac of Ancona: Later Travels, ed. and trans.* Edward W. Bodnar (Cambridge, ma, 2003), pp. 212–15.

5 Belon, *Observations*, 1.60.

6 George Manwaring, *A True Discourse of Sir Anthony Sherley's Travel into Persia, in The Three Brothers: Travels and Adventures of Sir Anthony, Sir Robert and Sir Thomas Sherley in Persia, Russia, Turkey and Spain* (London, 1825), p. 29.

7 Edward Lear, *Cretan Journal*, in *Edward Lear: The Cretan Journal*, ed. Rowena Fowler, 3rd edn (Limni, Evia, 2012), p. 59.

8 Patrick Leigh Fermor, *Roumeli: Travels in Northern Greece* (London, 1966), p. 162.

9 Antoine Des Barres, *L'estat présent de l'Archipel* (Paris, 1678), pp. 93–5.

10 William Lithgow, *The Totall Discourse, 1632* (Glasgow, 1906), pp. 92–3.

11 W. M. Leake, *Travels in the Morea* (London, 1830), vol. i, p. 305.

12 Giovanni de' Pigli, in Ilias Anagnostakis et al., *Ancient and Byzantine Cuisine* (Athens, 2013), pp. 169–73.

13 Lear, *Cretan Journal*, p. 43.

14 Belon, *Observations*, 1.47.

15 *Iliad*, in Martin Hammond, trans., *Homer: The Iliad* (Harmondsworth, 1987), Book 9, ll. 202–17.

16 J. L. Myres, in *Homer's Odyssey*, ed. D. B. Monro (Oxford, 1901), vol. ii, p. 39.

17 Leigh Fermor, *Roumeli*, pp. 210–11.

18 *Odyssey*, 14.73–81.

19 Ibid., 14.249–51.

20 Leake, *Travels in the Morea*, vol. i, p. 333.

21 *Odyssey*, 14.56–8, 17.483–7, 14.437–8.

22 Isabel J. Armstrong, *Two Roving Englishwomen in Greece* (London, 1893), p. 251.

23 Odyssey 6.303–9, 15.376–9, 5.194–201.

24 Andrew Dalby, *Siren Feasts: A History of Food and Gastronomy in Greece*

(London, 1996), pp. 2–11.

25 Athenaios, *Deipnosophistai*, in *Athenaeus; The Learned Banqueter, ed. and trans.* S. Douglas Olson (Cambridge, ma, 2006–12), 644d.

26 Isaios, *On Pyrrhos's Estate, in Isaeus*, ed. E. S. Forster (London, 1927), ch. 14.

27 Belon, *Observations,* 1.4.

28 Richard Pococke, *A Description of the East* (London, 1743), vol. ii pt 1, p. 266.

29 Andrew Dalby, *Eleftherios Venizelos: Greece* (London, 2010), p. 54.

30 Des Barres, *Estat présent de l'Archipel*, pp. 113–24.

31 Leigh Fermor, *Roumeli*, p. 130 footnote, cf. p. 210. In restaurants today the usual way is to slice the loaf, but not all the way through.

32 George Wheler, *A Journey into Greece* (London, 1682), pp. 323–4.

33 *Odyssey*, 3.461–72.

34 Pausanias, Guide, in Peter Levi, trans., *Pausanias: Guide to Greece* (Harmondsworth, 1971), Book 8 ch. 42.

35 Nikos Kazantzakis, *Καπετάν Μιχάλης*, in Jonathan Griffin, trans., *Freedom and Death* (Oxford, 1956).

36 Belon, *Observations*, 1.27

延伸閱讀

Anagnostakis, Ilias, ed., Monemvasian Wine – Monovas(i)a – Malvasia (Athens, 2008)

—, et al., Ancient and Byzantine Cuisine (Athens, 2013)

Blamey, Marjorie, and Christopher Grey-Wilson, Wild Flowers of the Mediterranean (London, 2004)

Bottema, Sytze, 'The Vegetation History of the Greek Mesolithic', in The Greek Mesolithic: Problems and Perspectives, ed. N. Galanidou and C. Perles (Athens, 2003), pp. 22–50

Bozi, Soula, Καππαδοκία, Ιονία, Πόντος. Γεύσις και παραδόσις (Athens, 1997)

—, Μικρασιατική κουζίνα (Athens, 2005)

—, Πολιτική κουζίνα (Athens, 1994)

Brewer, David, Greece: The Hidden Centuries (London, 2010)

Brubaker, Leslie, and Kalliroe Linardou, eds, Eat, Drink, and Be Merry . . . Food and Drink in Byzantium: In Honour of Professor A.A.M. Bryer (Aldershot, 2007)

Campbell, J. K., Honour, Family and Patronage (Oxford, 1964)

Dalby, Andrew, Flavours of Byzantium (Totnes, 2003)

—, Food in the Ancient World: From A to Z (London, 2003)

—, trans., Geoponika: Farm Work (Totnes, 2011)

—, Siren Feasts: A History of Food and Gastronomy in Greece (London, 1996)

Davidson, Alan, Mediterranean Seafood, 2nd edn (Harmondsworth, 1981)

—, and Tom Jaine, eds, The Oxford Companion to Food, 2nd edn (Oxford, 2006)

Eideneier, Hans, ed., Πτωχοπρόδρομος (Heraklio, 2012)

Fowler, Rowena, ed., Edward Lear: The Cretan Journal, 3rd edn (Limni, Evia, 2012)

Gerasimou, Marianna, Η οθωμανική μαγειρική (Athens, 2004)

Graham, J. Walter, 'A Banquet Hall at Mycenaean Pylos', American Journal of Archaeology, lxxi (1967), pp. 353–60

Grant, Mark, trans., Dieting for an Emperor: A Translation of Books 1 and 4 of Oribasius' Medical Compilations (Leiden, 1997)

Halstead, P., and J. C. Barrett, eds, Food, Cuisine and Society in Prehistoric Greece (Oxford, 2004)

Hamilakis, Y., and S. Sherratt, 'Feasting and the Consuming Body in Bronze Age Crete and Early Iron Age Cyprus', in Parallel Lives: Ancient Island Societies in Crete and Cyprus, ed. G. Cadogan et al. (London, 2012), pp. 187–207

Harvey, David, and Mike Dobson, eds, Food in Antiquity (Exeter, 1995

Hitchcock, L. A., R. Laffineur and J. Crowley, eds, Dais: The Aegean Feast (Liège, 2008)

Hort, Arthur, ed. and trans., Theophrastus: Enquiry into Plants (London, 1916–26)

Isaakidou, Valasia, 'Cooking in the Labyrinth: Exploring "Cuisine" at Bronze Age

Knossos', in Cooking Up the Past: Food and Culinary Practices in the Neolithic and Bronze Age Aegean, ed. C. Mee and J. Renard (Oxford, 2007), pp. 5–24

Kochilas, Diane, The Glorious Foods of Greece (New York, 2001)

Kremezi, Aglaia, '"Classic" Greek Cuisine: Not So Classic' and 'Tomato: A Latecomer that Changed Greek Flavor', The Atlantic (July 2010)

—, The Foods of the Greek Islands (New York, 2000)

—, 'Nikolas Tselementes', in Cooks and Other People: Proceedings of the Oxford Symposium on Food and Cookery, 1995, ed. Harlan Walker (Totnes, 1996), pp. 162–9

Lambert-Gócs, Miles, The Wines of Greece (London, 1990)

Lambraki, Myrsini, Τα χορτά (Chania, 1997)

Leigh Fermor, Patrick, Roumeli: Travels in Northern Greece (London, 1966)

Leontis, Artemis, Culture and Customs of Greece (Westport, ct, 2009)

Louis, Diana Farr, Feasting and Fasting in Crete (Athens, 2001)

—, and June Marinos, Prospero's Kitchen: Island Cooking of Greece (New York, 1995)

Luard, Elisabeth, European Peasant Cookery (London, 2007)

Lyons-Makris, Linda, Greek Gastronomy (Athens, 2004)

Malmberg, Simon, Dazzling Dining: Banquets as an Expression of Imperial Legitimacy (Uppsala, 2003)

Marks, Gil, Encyclopedia of Jewish Food (Oxford, 2010)

Matalas, Antonia-Leda, and Mary Yannakoulia, 'Greek Street Food Vending: An Old Habit Turned New', World Review of Nutrition and Dietetics, lxxxvi (2000), pp. 1–24

Mee, C., and J. Renard, eds, Cooking Up the Past: Food and Culinary Practices in the Neolithic and Bronze Age Aegean (Oxford, 2007)

Megaloudi, Fragkiska, Plants and Diet in Greece from Neolithic to Classic Periods: The Archaeobotanical Remains (Oxford, 2006)

Motzias, Christos, Τι έτρωγαν οι Βυζαντινοί (Athens, 1998)

Nikitas of the Holy Mountain, Παραδοσιακές Αγιορειτικές συνταγές (Thessaloniki, 2013)

Olson, S. Douglas, ed. and trans., Athenaeus: The Learned Banqueters (Cambridge, ma, 2006–12)

Palidou, Paraskevi, Βιβλία μαγειρικής ως πήγες της ιστορίας της διατρόφης στην Ελλάδα (Athens, 2005)

Pallis, Alexander, In the Days of the Janissaries: Old Turkish Life as Depicted in the Travel-book of Evliyá Chelebí (London, 1951)

Papanikola-Bakirtzi, Demetra, Food and Cooking in Byzantium (Athens, 2005)

Papoulias, Th., Τα φαγώσιμα χορτά (Athens, 2006)

Perry, Charles, 'Trakhanas Revisited', Petits Propos Culinaires, 55 (1997), pp. 34–9

Pettifer, James, The Greeks: The Land and People since the War, 2nd edn (London, 2012)

Pittas, George, Kafenia in the Aegean Sea (Lefkes, Paros, 2012)

Powell, O., trans., Galen: On the Properties of Foodstuffs (Cambridge, 2002)

Prekas, Kostas, Tastes of a House in Syros (Ermoupolis, Syros, n.d.)

Roden, Claudia, The Book of Jewish Food (New York, 1997)

—, Mediterranean Cookery (London, 1987; new edn, 2006)

Rouanet-Liesenfelt, A.-M., 'Les Plantes médicinales de Crète à l'époque romaine', Cretan Studies, iii (1992), pp. 173–90

Salaman, Rena, The Cooking of Greece and Turkey (London, 1987)

—, Greek Food (London, 1993)

Sarpaki, Anaya, and Glynis Jones, 'Ancient and Modern Cultivation of Lathyrus clymenum L. in the Greek Islands', Annual of the British School at Athens, lxxxv (1990), pp. 363–8

Sherrard, Philip, ed., Edward Lear: The Corfu Years (Athens, 1988)

Sherratt, Susan, 'Feasting in Homeric Epic', Hesperia, lxxiii (2004), pp. 301–37

Simeonova, Liliana, 'In the Depths of Tenth-century Byzantine Ceremonial: The Treatment of Arab Prisoners of War at Imperial Banquets', Byzantine and Modern Greek Studies, xxii (1998), pp. 75–104

Skarmoutsos, Dimitris, 64 εδώδιμα (Athens, 2011)

Spintheropoulou, Charoula, Οινοποιήσιμες ποικιλίες του Ελληνικού αμπελώνα (Loutrouvio, Corfu [2000?])

Stamatopoulou, Eleni, ed., Χερσέ βασιλόπιτες και άλλα. Το μικρασιάτικο τραπέζι του δωδεκαημέρου (Athens, 1998; 2nd edn, 2002)

Steel, Louise, 'The Social World of Early-middle Bronze Age Cyprus: Rethinking the Vounous Bowl', Journal of Mediterranean Archaeology, xxvi (2013), pp. 51–73

Stocker, Sharon R., and Jack L. Davis, 'Animal Sacrifice, Archives, and Feasting at the Palace of Nestor', Hesperia, lxxiii (2004), pp. 179–95

Τα αυτοφυή μανιτάρια της Πάρου (Naoussa, Paros, 2011)

Thomas, John, and Angela Constantinides Hero, eds, Byzantine Monastic Foundation Documents (Washington, DC, 2000)

Valamoti, Soultana Maria, 'Ground Cereal Food Preparations from Greece: The Prehistory and Modern Survival of Traditional Mediterranean "Fast Foods"', Archaeological and Anthropological Sciences, iii (2011), pp. 19–39

Weaver, William Woys, 'The Origins of Trachanás: Evidence from Cyprus and Ancient Texts', Gastronomica, ii/1 (Winter 2002), pp. 41–8

Wilkins, John, and Shaun Hill, trans., Archestratus: The Life of Luxury (Totnes, 1994)

Wright, James C., 'A Survey of Evidence for Feasting in Mycenaean Society', in The Mycenaean Feast, ed. J. C. Wright (Hesperia, lxxiii, 2004), pp. 133–78

Yotis, Alexander, Ιστορία μαγειρικής και διατρόφης, 2nd edn (Athens, 2003)

—, E. Kalosakas, and A. Panagoulis, Greek Culinary Tradition: The Past Lingers On,

3rd edn (Athens, 2007)

Zen, Ziggy, The Ten Unexpected Greeks Just Arrived for Dinner Cookbook (2001)

Zohary, Daniel, and Maria Hopf, Domestication of Plants in the Old World: The Origin and Spread of Cultivated Plants in West Asia, Europe and the Nile Valley, 3rd edn (Oxford, 2001)

圖像出處

The authors and publishers wish to express their thanks to the following sources of illustrative material and/or permission to reproduce it. Some locations of artworks are given here for reasons of brevity.

Archaeological Museum, Thessaloniki: pp. 72, 82; from Isabel J. Armstrong, Two Roving Englishwomen in Greece (London, 1893): p. 226; Sebastian Ballard: pp. 10, 11; from Pierre Belon, Observations de plusieurs singularitez et choses memorables, trouvées en Grèce, Asie, Iudée, Egypte, Arabie, et autres Pays Étranges … (Paris, 1553): p. 129; Benaki Museum, Athens: p. 264; Bibliothèque Nationale de France, Paris: pp. 52 (Cabinet des Médailles), 129; Bodrum Sualtı Arkeoloji Müzesi, Bodrum, Turkey: p. 61; photo Cobija: p. 146; from William Curtis, illustration for The Botanical Magazine, or, Flower-garden Displayed …, vol. viii (1794): p. 23; photo Ian Dagnall/Alamy Stock Photo: p. 8; photos by, or courtesy of, Andrew Dalby: pp. 121, 238, 264; photos by, or courtesy of, Rachel Dalby: pp. 15, 16, 18, 26, 28 (top), 32, 41, 62, 66, 72, 81, 82, 83, 92, 101, 109, 116, 118, 120, 133, 141, 143, 144, 152, 153, 159, 166, 174, 189, 193, 194, 195, 200, 201, 206, 209, 216, 227, 239, 242 (foot), 247, 251, 255, 257; from Edward Dodwell, Views in Greece, from Drawings by Edward Dodwell, Esq. fsa. &c. (London, 1821): pp. 177, 221; photo Valery Fassiaux: p. 52; Getty Villa, Malibu: pp. 48, 49, 86, 267; from Vasilii Grigorovich-Barskii, Vtoroe Poseshchenie Sviatoi Afonskoi Gory Vasiliia GrigorovichaBarskago [1774] (St Petersburg, 1887): p. 97; photo Martin Henke: p. 127; from the Illustrated Times, 19 September 1868: p. 160; photos jps68: pp. 160, 161; photo Karaahmet at English Wikipedia: p. 126; photo Library of Congress, Washington, dc (Prints and Photographs Division): p. 142; photo Мико: p. 188; Musée du Louvre, Paris: pp. 45, 46, 51, 263; Museo Archeologico Nazionale di Napoli: p. 67; National Archaeological Museum, Athens: pp. 28 (foot), 114, 198; photo Marie-Lan Nguyen: p. 67; Österreichische Nationalbibliothek, Vienna: p. 71; photo Peter Pearsall/u.s. Fish and Wildlife Service: p. 88; photo Peter H. Raven Library, Missouri Botanical Garden, St Louis: p. 23 (courtesy the Biodiversity Heritage Library); Rethymno Archaeological Museum, Rethymno, Crete: p. 17; photo Sailko: p. 71; photos Bibi Saint-Pol, pp. 46, 51; Walters Art Museum, Baltimore: p. 196; photo Zde: p. 17.

Bernard Gagnon has published online the images on pp. 24 and 110 under Creative Commons Attribution-Share Alike 4.0 International, 3.0 Unported, 2.5 Generic, 2.0 Generic and 1.0 Generic licenses; Badseed has published online the image on p. 184, Dietrich Krieger that on p. 35, and Nikater that on p. 205 under Creative Commons Attribution-Share Alike 3.0 Unported, 2.5 Generic, 2.0 Generic and 1.0 Generic licenses; Bogdan Giuşcă has published online the image on p. 164 under a Creative Commons Attribution-Share Alike 2.5

網站

Kavroulaki, Mariana, 'History of Greek Food', at http://297315322.blog.com.gr
Kochilas, Diane, at www.dianekochilas.com
Kremezi, Aglaia, at www.aglaiakremezi.com
Mamalakis, Ilias, at www.eliasmamalakis.gr
Parliaros, Stelios, at www.steliosparliaros.gr
Sotiropoulos, Sam, at http://greekgourmand.blogspot.com

銘謝

我們在正文、引用書目及參考書目中已經盡可能註明大家給我們的具體協助。關於某些食譜，我們要感謝以下友人：勒弗克斯的克莉索拉（ChrisoulaatLefkes），瑪琳娜咖啡館的琳達（Linda at Marina Café），普羅德羅莫斯的阿列克夏（Alexia at Prodromos），科林比菲列斯的馬諾里斯（Manolis at Kolymbithres），帕羅伊基亞的范吉利斯・卡尼奧提斯（Vangelis Chaniotis），維也納的迪特爾（Dieter）及海蒂（Hedi）。特別感謝特奧菲洛斯・吉奧爾吉阿得斯（TheofilosGiorgiadis），以及艾勒尼・吉奧爾吉阿得歐（Eleni Georgiadou），這兩位教給我們很多關於朋土斯地區食品的知識。特別感謝馬諾里斯・帕諾里歐斯（ManolisPanorios），以及勒弗克斯的馬諾里斯（Manolis at Lefkes）。特別感謝琳達・馬克里斯（Linda Makris），以及黛安娜・法爾・路易（Diana Farr Louis）多方面的幫助。我們感謝瑞克申圖書（Reaktion Books）的瑪莎・傑（Martha Jay），哈利・吉洛尼斯（Harry Gilonis and），邁可・里曼（Michael Leaman）的幫助與耐心。

Mirror 032

希臘美食史：眾神的禮物
Gifts of the Gods : A History of Food in Greece

國家圖書館出版品預行編目 (CIP) 資料

希臘美食史：眾神的禮物 / 安德魯.道比 (Andrew Dalby), 瑞秋.道比 (Rachel Dalby) 著；杜蘊慈譯. -- 初版. -- 臺北市：天培文化有限公司出版：九歌出版社有限公司發行, 2022.12
　面；　公分. -- (Mirror；32)
譯自：*Gifts of the Gods: a history of food in Greece*
ISBN 978-626-96577-7-3(平裝)

1.CST: 飲食風俗 2.CST: 希臘史
538.78495　　　　111017887

作　　　者——安德魯‧道比（Andrew Dalby）瑞秋‧道比（Rachel Dalby）
譯　　　者——杜蘊慈
責任編輯——莊琬華
發 行 人——蔡澤松
出　　　版——天培文化有限公司
　　　　　　台北市 105 八德路 3 段 12 巷 57 弄 40 號
　　　　　　電話／ 02-25776564・傳真／ 02-25789205
　　　　　　郵政劃撥／ 19382439
九歌文學網　www.chiuko.com.tw
印　　　刷——晨捷印製股份有限公司
法律顧問——龍躍天律師・蕭雄淋律師・董安丹律師
發　　　行——九歌出版社有限公司
　　　　　　台北市 105 八德路 3 段 12 巷 57 弄 40 號
　　　　　　電話／ 02-25776564・傳真／ 02-25789205
初　　　版——2022 年 12 月
定　　　價——500 元
書　　　號——0305032
I S B N——978-626-9657-7-3(平裝)
　　　　　　9786269657766 (PDF)

Copyright © Andrew Dalby, Rachel Dalby 2018.
Gifts of the Gods: A History of Food in Greece was first published by Reaktion Books, London, UK, 2018.
Translation © 2022 Ten Points Publishing Co., Ltd.